CHATS
HORS DU COMMUN

Données de catalogage avant publication (Canada)
Dehasse, Joël

    Chats hors du commun

    (Nos amis les animaux)

    1. Chats – Mœurs et comportement. 2. Chats – Aspect psychique.
3. Perception extrasensorielle chez les animaux. 5. Relations homme-animal.
I. Titre. II. Collection.

SF446.5.D43 1998   636.8   C98-940283-5

DISTRIBUTEURS EXCLUSIFS:

- Pour le Canada et
  les États-Unis:
  MESSAGERIES ADP*
  955, rue Amherst,
  Montréal, Québec
  H2L 3K4
  Tél.: (514) 523-1182
  Télécopieur: (514) 939-0406
  * Filiale de Sogides ltée

- Pour la France et
  les autres pays:
  INTER FORUM
  Immeuble Paryseine, 3, Allée de la Seine
  94854 Ivry Cedex
  Tél.: 01 49 59 11 89/91
  Télécopieur: 01 49 59 11 96
  Commandes: Tél.: 02 38 32 71 00
               Télécopieur: 02 38 32 71 28

- Pour la Suisse:
  DIFFUSION: HAVAS SERVICES SUISSE
  Case postale 69 - 1701 Fribourg - Suisse
  Tél.: (41-26) 460-80-60
  Télécopieur: (41-26) 460-80-68
  Internet: www.havas.ch
  Email: office@havas.ch
  DISTRIBUTION: OLF SA
  Z.I. 3, Corminbœuf
  Case postale 1061
  CH-1701 FRIBOURG
  Commandes: Tél.: (41-26) 467-53-33
               Télécopieur: (41-26) 467-54-66

- Pour la Belgique et le Luxembourg:
  PRESSES DE BELGIQUE S.A.
  Boulevard de l'Europe 117
  B-1301 Wavre
  Tél.: (010) 42-03-20
  Télécopieur: (010) 41-20-24

R 05 11 99

Pour en savoir davantage sur nos publications,
visitez notre site: **www.edjour.com**
Autres sites à visiter: www.edhomme.com · www.edtypo.com
www.edvlb.com · www.edhexagone.com · www.edutilis.com

Dépôt légal: 1er trimestre 1998
Bibliothèque nationale du Québec

ISBN 2-8904-4636-0

nos amis les animaux

Dr Joël Dehasse

CHATS
HORS DU COMMUN

le jour,
éditeur

À Laura
Croire l'incroyable,
imaginer l'inimaginable
est une nouvelle façon d'être,
car nous créons le monde
comme nous le pensons.

À Cédric

À Harriët — elle sait pourquoi.

Pour mes amies et mes amis
qui se reconnaîtront sans être nommés.

Remerciements

Étant particulièrement inepte en histoire, j'avoue que cette histoire mystérieuse du chat n'aurait pas pu être écrite sans les apports considérables, vous l'aurez constaté dans les citations, de Liliane Bodson, qui m'a aimablement transmis des documents de sa plume, de Laurence Bobis et de Henri Limet, ainsi que de Juliet Clutton-Brock, auteur du superbe catalogue du British Museum.

Introduction

Les chats ont été associés aux dieux et au diable — à Satan et à ses ouailles, les sorcières médiévales. Animal de l'occulte, il est haï ou adulé, mais personne ne lui est indifférent. Peut-être tient-il cette déification — ange ou démon, tous deux sont des représentations du surnaturel — de ses yeux aux pupilles en fente, de son comportement incompréhensible pour le profane, de ses qualités athlétiques, de sa rapidité d'action et de sa souplesse, comme tous les félins, des chorégraphies que sont ses jeux et ses chasses, de son activité nocturne — heure du diable s'il en est...

Le chat reste mystérieux. Et pourtant ce mystère est déchiffré un peu plus jour après jour.

Penser chat

Être un chat, à quoi cela peut-il bien correspondre? Penser chat, à quoi cela peut-il bien ressembler? Le chat est doué de pensée, de raison et de conscience. Si la pensée et la conscience animale sont souvent des tabous dans le monde scientifique bien-pensant, que dire alors d'un éventuel pouvoir psi? Un autre monde scientifique n'est ni sourd ni aveugle à la conscience animale.

Mais avant de dire que le chat possède des facultés parapsychiques, peut-être faut-il connaître avant tout ses facultés psychiques et sensorielles, ses capacités de communication, ses souffrances émotionnelles, ses troubles d'humeur.

Une nouvelle génération de vétérinaires s'occupe activement de cette question: des vétérinaires éthologues ou psychiatres, au gré de leurs appellations. Nous en discuterons brièvement.

Mon intention, en écrivant ce livre, n'est pas de vous donner un relevé exhaustif — et sans doute assommant — d'idées, de pensées, de credos et de contradictions philosophiques et scientifiques sur les divers états de conscience du chat, mais de butiner, comme un papillon, parmi les anecdotes et les expériences scientifiques pour donner un aperçu de ce monde étrange. Le lecteur-ami-des-chats a le droit, s'il le désire, d'avoir accès à la masse d'informations qui ne lui était toujours pas accessible à ce jour. Le lecteur est capable de se faire sa propre opinion sur les états de conscience du chat; encore faut-il qu'il ait à sa disposition les renseignements adéquats. Ce sera désormais chose faite.

Bien sûr, les livres et les articles consultés sont malheureusement tous, sans la moindre exception, écrits par des êtres humains. Il n'est pas étonnant que l'animal y soit testé, puis jugé avec un impérialisme anthropomorphique, anthropocentrique, voire, pour utiliser le néologisme créé par Boris Cyrulnik, anthroposnobique. L'observateur ne voit qu'une part subjective de ce qu'il examine; en somme, il recueille plus d'informations sur lui-même que sur l'objet de son observation.

Le chat est donc la victime de nos pensées, de nos fantasmes, de nos désirs, de notre culture, de nos convictions et même de notre amour. Dès lors demandons-lui humblement qu'il nous pardonne nos conjectures et nos fautes méthodologiques.

Le phénomène du centième singe

Peut-être un jour, nous, les humains, parviendrons à réaliser le phénomène du centième singe. Quand les éthologues de l'université de Kyoto ont observé les macaques de l'île de Koshima, ils ont vu un jour une jeune singe femelle de 18 mois débarrasser une patate douce du sable qui collait à sa surface en la jetant dans l'eau de mer. La patate une fois nettoyée, elle s'en délecta. Les autres singes mangeaient des patates pleines de sable. Parfois, il faut oser braver son éducation et oser l'innocence comme celle des jeunes non encore trop forgés par leur culture. Imo, c'est ainsi que fut baptisée cette géniale adolescente, enseigna le truc à sa mère, à ses copains et à ses copines, qui s'empressèrent de montrer la technique à leur propre mère. En six ans, entre 1952 et 1958, tous les jeunes macaques avaient appris à nettoyer leurs patates à l'eau de mer. Les adultes (les vieux, sans intention injurieuse) qui n'avaient pas d'enfant intelligent continuaient à manger des patates pleines de sable qui leur crissaient sous les dents. Chose insupportable que l'inversion du processus éducatif, quand celui qui ne sait pas apprend à celui qui sait!

À l'automne de 1958, brusquement et mystérieusement, du jour au lendemain, quasiment tous les macaques lavaient leurs patates. Simultanément, sur d'autres îles sans contact, des macaques s'étaient mis à laver les patates.

Cette magie fut appelée le phénomène du centième singe. Peut-être est-ce apparenté à ce que le psychiatre Jung décrivait sous le nom d'inconscient collectif.

On a dit cent, mais le nombre réel n'est pas connu, était-ce réellement cent? Dès qu'un nombre critique de singes eut acquis ce comportement, toute la colonie adopta le même comportement, ainsi que d'autres colonies n'ayant aucun contact avec la première. Personne ne s'explique ce phénomène à ce jour. C'est comme si un point critique de non retour était atteint et que par la suite une nouvelle organisation, une nouvelle conscience collective, apparaissait au-delà des frontières de l'espace. Ce chiffre varie suivant le concept et la population.

Phénomènes étranges

Pour la prise de conscience des phénomènes étranges qui se passent entre humains et chats, quel sera ce chiffre? Cent mille, un million, un milliard? Plus vous serez nombreux à prendre conscience, plus aisément ce chiffre sera atteint. Cela sera-t-il pour demain, pour dans 10 ans, pour dans 100 ans? Peu importe. Un jour, proche, je pense, le point de non-retour sera atteint et l'humanité acceptera de nouveaux cadres de pensées qui comprendront la nécessité de s'occuper du comportement de nos chats et d'accueillir les phénomènes étonnants dont je parle dans ce livre.

Ce jour là, au lieu de dire «c'est impossible», on dira sans doute «c'est possible, mais je ne sais pas pourquoi et je vais essayer de le savoir». Nous serons alors plus riches de tolérance, d'ouverture d'esprit, de connaissances et d'empathie.

Croire ou ne pas croire?

Faut-il croire à toutes les idées et les anecdotes dont ce livre est farci?

Surtout pas. Ma question — votre problème — n'est pas de croire ou de ne pas croire, c'est d'être informé ou d'ignorer. Ainsi ne croyez surtout pas! La croyance (cet ensemble d'idées — imprimées dans notre cerveau au fer rouge par l'éducation parentale, la culture et l'expérience personnelle — qui dirige nos actes), tout comme l'incroyance, la superstition, la religion et la foi, n'ont rien à faire avec la prise de conscience. Je vous propose d'observer, d'ouvrir les yeux et les oreilles.

La science d'aujourd'hui a démontré que, même dans les sciences dites exactes comme la physique, l'observation était dépendante de la croyance de l'observateur. Il sera donc très difficile de mettre vos croyances au placard — chacun a ses modes de pensée — et la pensée est magique — pour observer avec des yeux neufs ou naïfs, des yeux objectifs, des choses nouvelles. Alors, l'alternative sera d'adopter la procédure scientifique et de se dire: «Admettons que ce gars ait raison — même si je n'en crois rien —, admettons, pour l'objectivité de la science, que son hypothèse soit une base de recherches et d'observations. Alors, que se passerait-il si...?»

Paraphrasons Robert Louis Stevenson qui conseillait à ses lecteurs d'essayer les manières (ou habitudes, ou éléments culturels) des différentes nations avant de se faire une opinion à leur sujet: «Essayons les perceptions, comportements et états d'humeur et de conscience des chats avant de juger de leur intelligence, de leur psychologie, voire de leur parapsychologie.»

Mais bien sûr, c'est impossible.

Première partie

Chattemite

Chapitre premier

Comment cela a-t-il commencé?

L'ancêtre du chat

Il y a 50 millions d'années, raconte le zoologue Chris Thorne, les mammifères carnivores appartenaient à deux groupes: les créodontes et les miacides. Les premiers ont disparu et les seconds se sont diversifiés en viverrinés et en miacinés. Les viverrinés sont les ancêtres des chats, des hyènes, des genettes, et de beaucoup d'autres encore. Les miacinés sont à l'origine des chiens, des ours, des ratons laveurs.

Pour Chris Thorne, deux chats sauvages se disputent la parenté récente (environ 5000 ans) de notre chat domestique: le chat sauvage européen (*Felis silvestris silvestris*) et le chat sauvage du désert africain, dit aussi chat Kaffir (*Felis silvestris libyca*). Le chat sauvage européen présente des différences anatomiques et comportementales (il semble impossible à domestiquer, même lorsqu'on tente de socialiser des chatons très jeunes) et les quelques cas de reproduction avec les chats domestiques (hybridation) ont produit des sujets infertiles témoignant d'une différence génétique. Le chat sauvage africain, qui a par ailleurs envahi l'Europe, l'Asie du Sud, l'Asie centrale et l'Afrique du Nord, présente de grandes similarités avec le chat domestique. Il est plus aisément domesticable et les hybrides sont fertiles, ce qui témoigne d'une similitude génétique. Thorne en a conclu que le chat domestique est issu des nombreux types du *Felis silvestris libyca*.

L'ethnologue Jean-Pierre Digard n'est pas totalement d'accord avec cet avis. Il écrit:

> On s'oriente de plus en plus aujourd'hui vers l'idée de plusieurs foyers indépendants: au Pakistan, où vit encore à l'état sauvage le chat orné (*F. ornata*), tigré et de faible capacité crânienne comme le chat domestique actuel (c'est de là qu'il serait passé, déjà domestiqué, en Égypte); en Libye, à partir du chat libyen (*F. libyca*), de grande capacité crânienne; peut-être aussi en Extrême-Orient méridional, expliquant l'origine séparée du chat siamois.

Premiers vestiges

L'historienne Juliet Clutton-Brock nous raconte que les premiers vestiges de chats découverts en relation avec des êtres humains datent de 9000 ans environ: une dent de chat fut identifiée à Jéricho en Israël, une autre à Harappa, dans la vallée de l'Indus, datant elle de 4000 ans. Mais ces restes très élémentaires de chats ne signifient pas que le chat entretenait avec l'homme des relations d'amitié.

Plus importante est la découverte des restes d'un gros chat de type *Felis silvestris libyca* datant de 7000 ans, dans un site archéologique de Chypre. On ne connaît pas de félins fossiles dans cette île de la Méditerranée avant les premières immigrations humaines. Les scientifiques en déduisent que ce chat a été importé par des humains avec lesquels il vivait en étroite relation de compagnonnage.

Chapitre deux

La domestication du chat

Une histoire naturelle de la domestication

Sans refaire ici une analyse exhaustive de l'histoire naturelle de la domestication des animaux, disons, avec l'ethnologue Jean-Pierre Digard, que

> nombreuses sont les sociétés primitives qui raffolent des jeunes animaux sauvages (porcs, singes, oiseaux, etc.) que les chasseurs rapportent vivants au village ou au campement; choyés et nourris par les femmes (avec de la nourriture prémastiquée, voire même au sein) au même titre que les enfants, ces animaux sont assimilés, [...] à la société humaine. L'apprivoisement d'animaux isolés enlevés à la vie sauvage, ne serait-ce qu'à des fins ludiques, pourrait d'ailleurs être à l'origine de bien des premières domestications.

L'ethnologie s'allie à l'éthologie humaine pour mettre en évidence le leurre que constitue un petit d'animal. Grosse tête ronde, grands yeux, front bombé, petit corps... voici les ingrédients qui leurrent l'être humain dans sa quête du mignon. Ces caractéristiques sont celles du bébé, qui déclenche un comportement inné chez l'être humain, celui de se pencher, de s'approcher, de prendre dans les bras et de caresser, cajoler... l'ersatz du bébé. Le terme ersatz est pris ici sans aucun aspect péjoratif. Les animaux domestiqués ont cette grande qualité de pouvoir subir une double socialisation, à leur espèce et à une espèce étrangère. Cette socialisation à une autre espèce se fait chez le chat entre 2 et 7 semaines, voire, dans de bonnes conditions d'élevage, 9 semaines — en d'autres mots, dans le très jeune âge.

Je pense pouvoir affirmer dès lors que depuis que chats et humains se côtoient, il y a eu des chatons dans les foyers humains, tout comme il y a eu des louveteaux et des chiots, des porcelets et d'autres jeunes bestioles.

Et comme l'être humain a — lui aussi — cette capacité de socialisation multiple ou de développer des attachements à différentes espèces animales, il y a eu de tout temps des amitiés entre de rares humains et de rares animaux. Étrange, excentrique ou magique au départ, ce processus s'est généralisé à certaines périodes de l'histoire, influencé par la conception religieuse, l'imaginaire populaire, la pensée abstraite, en somme la représentation animale symbolique.

On reconnaît plusieurs périodes dans la domestication du chat. Cette division arbitraire est retrouvée dans l'article de Chris Thorne (1992): période de compétition entre chats sauvages et humains pour des petites proies, avant 7000 av. J.-C.; période du chat semi-sauvage et commensal s'occupant de la vermine à proximité des humains, de 7000 à 4000 av. J.-C.; période de domestication partielle avec confinement des chats dans des temples pour des motivations religieuses, de 2000 à 1000 av. J.-C.; période de domestication complète avec sécularisation (laïcisation ou popularisation) du chat, à partir de 1000 av. J.-C.

L'Égypte

La domestication entraîne des modifications du comportement et de la structure corporelle, visible dans le squelette. Il s'agit essentiellement de modifications de la taille et de la persistance de caractères infantiles, processus désigné sous le nom de néoténie. Une face courte, de grands yeux ronds et un poil plus doux, parfois plus long sont des critères de néoténie. Retrouver ces critères sur un fragment de crâne ou de tibia est extrêmement difficile, voire aléatoire.

On attribue aux Égyptiens la domestication de nombreuses espèces animales. On ne retrouve cependant des traces de chats qu'à partir de la dix-huitième dynastie. Daté de 1400 av. J.-C., un chat est représenté sur un rouleau de papyrus retrouvé dans la tombe de Nebamun. Mais ce chat, qui est attaché à une courte laisse, qui a le poil hérissé, la queue dressée, les oreilles pointées en avant et la gueule entrouverte, et qui adopte la position en U inversé typique de la défense territoriale, pourrait bien être un chat sauvage capturé.

Le chat domestique apparaît à partir du Nouveau Royaume, vers 1567 av. J.-C. et on retrouve de nombreuses représentations graphiques de chats en compagnie d'autres animaux domestiqués comme des singes et des faucons, dans des environnements humains. C'est à ce moment que le chat devient en Égypte un animal sacralisé dévoué au culte (plutôt que sacré — respecté, vénéré, inviolable).

Ce que l'on sait du chat en Égypte ancienne nous vient des momies de chats, des représentations graphiques et des écrits d'Hérodote (484-443 av. J.-C.), qui voyagea, écrit Liliane Bodson, en Égypte au milieu du Ve siècle av. J.-C.

Hérodote écrit que l'Égypte ne regorge pas d'animaux sauvages et que tous les animaux qu'on y trouve, sauvages ou domestiqués, sont sacrés. Le pourquoi de cette sacralisation des animaux est lié à des représentations religieuses. Hérodote écrit que si un chat meurt de mort naturelle dans une maison individuelle, tous les habitants de cette maison se rasent les sourcils. À leur mort, les chats sont emportés à la ville de Bubastis pour être embaumés et ensevelis dans des tombeaux sacrés.

Juliet Clutton-Brock nous dit que de nombreux animaux étaient ainsi embaumés, notamment des ibis, des vautours, des faucons, des crocodiles, des mangoustes et des chats. Tous ces animaux ont un point en commun; ils chassent la vermine, les souris, les rats et les serpents, qui sont contreproductifs à l'économie humaine.

Le nombre de chats momifiés fut extraordinaire. Des bateaux entiers de momies de chats appareillèrent pour l'Europe. Le moindre petit musée régional reçut sa momie de chat. Et comme souvent lorsqu'il y a abondance, il y a désintérêt; des tonnes de momies de chats terminèrent leur existence sacrée comme fertilisant. Sur 19 tonnes de momies de chats importées en Angleterre, seul un crâne a été conservé au Natural History Museum. D'autres crânes, découverts par l'égyptologue Flinders Petrie, en 1907, sur le site archéologique de Gizeh, ont heureusement été conservés. On y retrouve côte à côte des crânes de chats domestiques, de chats sauvages africains (*Felis silvestris libyca*) et trois crânes de chats sauvages de la jungle (*Felis chaus*), connus au début du siècle et répandus de l'Afrique du Nord jusqu'en Inde.

Flinders Petrie a aussi importé en Angleterre des momies complètes qui furent analysées scientifiquement. Ces analyses ont permis de découvrir les techniques de préparation des momies.

Le corps du chat décédé est vidé de ses organes internes et rempli de sable ou de terre. La tête est positionnée à angle droit avec le corps, les membres antérieurs sont étendus le long du corps et les membres postérieurs fléchis et relevés comme en position assise, la queue est glissée vers l'avant entre les membres postérieurs. Le corps est alors enveloppé de bandes mouillées d'eau salée et imprégnées de résines.

La découverte la plus extraordinaire, et je pense qu'on peut y ajouter le qualificatif d'horrible, est que nombre de ces momies de chats avaient la nuque brisée.

Deux explications sont possibles. La première est que les corps de ces chats aient été manipulés après rigidification, c'est-à-dire longtemps après le décès. La seconde hypothèse est que ces chats aient été mis à mort intentionnellement, tous de la même façon! L'âge de ces chats momifiés de Gizeh est aussi préoccupant; près de la moitié avait entre 1 et 4 mois, l'autre moitié entre 9 et 17 mois, avec seulement 2 chats de plus de 2 ans! Il semble donc que ces chats aient été élevés spécialement pour être transformés en momies. Sans doute certains prêtres faisaient-ils commerce de momies de chats qui servaient d'offrandes et étaient déposées dans des tombeaux sacrés. L'aspect commercial de cette procédure est encore plus évident lorsqu'on a découvert de fausses momies faites de quelques résidus humains, tibias et autres ossements, au-dessus desquels on fixait une tête de chat. L'Égypte ancienne, royaume du chat sacré, est également le royaume du commerce des momies de chats!

Babylone

Selon Henri Limet, historien à l'Université de Liège en Belgique, «chez les Babyloniens, la divination a tenu une place prépondérante. Nullement méprisée, elle faisait partie des sciences religieuses; ceux qui s'en occupaient et avaient pour fonction de donner des "consultations" en ce domaine étaient considérés comme de savants experts, respectés en conséquence.»

Babylone, au bord de l'Euphrate, était une ville prospère de Mésopotamie, fondée par les Akkadiens vers 2350 av. J.-C. et qui connut des rois, des princes ou des empereurs puissants comme Hammourabi, Assurbanipal, Nabuchodonosor, Cyrus et Alexandre.

Suivons le texte de Henri Limet *in extenso*. Pour simplifier, j'ai enlevé certaines terminologies en langue assyrienne ancienne.

Selon une méthode éprouvée depuis des siècles, les lettrés avaient rassemblé des séries interminables de cas, de situations de la vie quotidienne qui constituent des prodiges, avec, en regard, des prévisions favorables ou non pour celui qui en a été le témoin.

C'est dans la tablette 27 du corpus qu'il est question de chats: le chat domestique (sumérien sa.a = accad. suranu) et le «grand» chat ou chat sauvage (sumérien sa.a.ri = accad. murasu).

Les omina relatifs au chat domestique n'ont pas la connotation d'ensemble négative qu'ont ceux du chien. La vue d'un chat noir est de bon augure; le succès et la bonne réputation sont promis à qui aperçoit un chat roux, arlequin ou jaune; seule la vue d'un chat blanc apporte le malheur. Les autres présages mêlent le bon et le mauvais. Ainsi la présence d'un chat dans la maison est bonne; en revanche, s'il miaule, s'il y entre et pleure ou si une chatte y met bas, ce sera respectivement mauvais, la maison détruite ou complot du propriétaire de la maison contre le roi. Il convient également d'observer que les chats, même domestiqués — mais le sont-ils jamais? — n'entraient pas dans les maisons ou, en tout cas, n'y demeuraient pas, puisque, si on les y rencontrait, le fait était considéré comme anormal et constituait, par conséquent, un signe. Ils s'en approchaient volontiers ainsi que le confirment ces lignes: un chat vient de répandre son urine contre la fenêtre, présage de mort; il fait continuellement le gros dos à la fenêtre, le propriétaire de la maison vivra vieux. Cette attitude des gens à l'égard des chats est assez conforme à celle des campagnards d'aujourd'hui, chez nous le chat n'est pas rejeté, mais n'est pas choyé non plus.

Même ambiguïté pour la suite: dans le cas où le chat grimpe ou bondit sur quelqu'un, le bonheur est assuré; si, en revanche, il bondit sur un homme et sur une femme, ou sur un mari et son épouse, le malheur s'abattra sur le couple. Une autre série, dont nous n'avons malheureusement [qu'une partie], contient l'un ou l'autre détail pittoresque: les chats tuent les souris, mais ils coupent les serpents; ils font aussi retourner les souris dans leur trou. Nous le savions, mais ceci nous confirme que le terme suranu désigne bien le chat, ce dont on avait jadis beaucoup discuté.

On imaginait — ou était-ce des faits bien réels? — que des chats étaient lâchés dans un temple ou dans le palais du roi.

Les observations relevées à propos du comportement du chat sauvage ressemblent, en partie, à celles qui se rapportent au chat domestique. Normalement, le chat sauvage n'aurait pas dû entrer dans les maisons. Cela n'empêchait pas [...] qu'on risquait de le retrouver dans son lit, sur lequel il avait bondi et où non seulement il était couché, mais où parfois il pissait ou mettait bas. Il semble qu'il n'était guère apprécié.

Nous noterons ici, simplement, deux détails. À côté du «cri» qu'il émettait (gù.dé.dé = sasu, le verbe commun), on avait remarqué qu'il geignait, gémissait: idammum, ce verbe damûmu s'applique aussi aux humains. D'autre part, on décrit des chats sauvages qui «sont tombés» dans la maison de quelqu'un, ce qui suppose qu'ils avaient grimpé sur un mur ou un arbre voisin et avaient sauté par une fenêtre, ou encore qu'ils s'étaient laissé glisser du toit.

Le grand intérêt de cet article est de démontrer, comme l'indique l'auteur, que la présence du chat dans un lieu où on ne s'attend pas à le voir peut devenir un présage. Concluons donc: le chat babylonien, s'il était un commensal de l'homme, n'était pas un compagnon dans la maison.

Le monde classique

Le chat, écrit Juliet Clutton-Brock, reste peu représenté en Europe avant 500 av. J.-C. On cite une statuette d'ivoire trouvée sur le site de Lachish en Israël (datée de 1700 av. J.-C.) et une tête en terre cuite trouvée à Palaikastro en Crète (datée de 1400 av. J.-C.). À partir de 500 av. J.-C. les représentations artistiques et les vestiges archéologiques se font plus abondants. La représentation la plus connue, sans doute, est le relief (base de statue) de Popopoulos (près d'Athènes) sur lequel on voit clairement des jeunes gens faisant «s'affronter» un chien et un chat, tous deux tenus en laisse.

J'ai mis entre guillemets le terme «s'affronter» parce que je le reprends aux historiennes Liliane Bodson et Juliet Clutton-Brock. Cependant, à l'analyse des positions corporelles des deux animaux, on reconnaît chez le chien une posture d'invitation au jeu, accroupi sur les antérieurs, le derrière et la queue relevés, l'ensemble du corps porté vers l'avant, et une posture de peur chez le chat qui est accroupi sur les antérieurs, postérieur relevé, dos arrondi, queue basse, oreilles couchées, l'ensemble du corps porté vers l'arrière. Le chat et le chien sont situés entre les jeunes gens, deux de part et d'autre du relief. Cette scène me fait penser à une prise de contact curieuse entre un chat et un chien, avec un chat mal socialisé aux chiens, mais qui ne fuit pas, et un chien enjoué qui désire une proximité de contact. À aucun moment je ne pense à un conflit ou un affrontement. Ce relief me fait penser que chiens et chats se côtoyaient en Grèce antique, dans les maisons ou dans les rues, comme ils le font chez nous aujourd'hui.

D'autres représentations sont plus courantes, tel que ce vase (daté du VIᵉ siècle av. J.-C.) dépictant Aphrodite tenant du bout des ailes un pigeon blanc qu'un chat moucheté (une robe assez rare chez le chat), debout sur ses postérieurs, tente de capturer.

Mais revenons à Hérodote avec Liliane Bodson. En Égypte, Hérodote

> [...] s'est, comme tant d'autres voyageurs en pays étrangers avant ou après lui, intéressé à la faune, particulièrement aux formes animales nouvelles à ses yeux, que le culte dont elles faisaient l'objet de la part des Égyptiens rendait encore davantage intrigante. Le chat, voué à la déesse Bastet, est de ceux-là. Mais ce que Hérodote indique des usages égyptiens à son sujet importe moins ici que la manière même dont il en parle. À la différence des descriptions assez circonstanciées qu'il éprouve le besoin de fournir à propos d'animaux tels que le crocodile ou l'hippopotame par exemple, il se borne, quand il évoque le chat, à mettre en évidence des faits jugés notables de son comportement reproducteur et parental. Cette manière de procéder confirme le témoignage archéologique évoqué ci-dessus: le chat domestique, même s'il n'était pas le plus répandu des animaux familiers, était, à l'époque, suffisamment connu dans le monde grec pour qu'il fût superflu de le décrire longuement.
> Le nom ailouros que l'historien emploie pour l'évoquer permet d'autres observations. Ce substantif composé (aiol — ouros) fonde le nom grec du chat sur le procédé rhétorique de la métonymie (la partie pour le tout).[...] Il renvoie en effet à un trait particulier du comportement de l'animal jugé typique par les anciens et retenu par eux comme un indice de référence qui fait voir le chat littéralement comme le «balance-queue». Ce terme apparaît ensuite chez divers auteurs pour désigner essentiellement le chat domestique.

Aristote (384-322 av. J.-C.), nous dit encore Liliane Bodson, cite aussi l'ailouros dans son *Histoire des animaux* et parle de sa longévité, de ses accouplements et du nombre de petits par portée. Pour Hérodote, «la quasi-totalité des allusions à l'ailouros se rapportent au chat des Égyptiens, le plus souvent pour rappeler son rôle dans le culte».

Le poète Callimaque fait allusion, dans l'*Hymne à Déméter,* à une chatte qui chassait les souris dans le palais de Triopas (souverain légendaire de Thessalie).

Pour caractériser la chatte en question, Callimaque fait état, à juste titre, de son efficacité dans la chasse aux souris. Il met ainsi en évidence la fonction économique principale du chat domestique. En Grèce cependant, il avait été devancé dans ce rôle par des mustélidés et par des couleuvres qui traditionnellement étaient requis pour protéger les réserves de vivres. Cette situation explique que, pendant les premiers temps de son acclimatation, le chat ait été reçu en tant qu'animal exotique de compagnie et moins immédiatement apprécié comme agent de la lutte contre les rongeurs. Avec le temps, ses aptitudes de chasseur ont été reconnues et appréciées.

Une étape nouvelle de son intégration a été franchie lorsque le nom *galé,* qui s'applique, en premier lieu, à un mustélidé d'habitude identifié à la belette a été étendu, autant que l'on puisse juger, au chat lui-même, vraisemblablement du fait qu'il joue, pour la sauvegarde des réserves alimentaires, un rôle identique à celui du mammifère indigène. Dans des textes du IIe siècle de notre ère, le terme *galé* est quelquefois assorti d'une épithète déterminative, telle que *katoikidios,* «de la maison», «domestique». L'indication ne suffit cependant pas à assurer entièrement l'interprétation, *a fortiori* quand elle est absente et que les contextes restent vagues sur la localisation des faits qu'ils relatent, le mot *galé* peut poser de délicats problèmes d'interprétation et de traduction qui ne semblent pas avoir toujours été suffisamment pris en compte.

Quoi qu'il en soit, des différentes manières de le nommer et de le représenter, le chat ne s'est pas inscrit d'emblée dans la catégorie des animaux favoris. Les liens que le vocabulaire grec a établi entre lui et les mustélidés, animaux eux aussi mal réputés, n'ont fait que renforcer la tendance. Les textes, peu nombreux au total, dans lesquels les anciens se sont exprimés à ce sujet sont sans équivoque. La réplique que le poète comique du

IVe siècle av. J.-C., Anaxandridès, fait adresser par un Grec à un Égyptien en donne le premier exemple: «que le chat ait du mal te met la larme à l'œil, moi, mon très grand plaisir, c'est de l'écorcher vif.» Même s'il y a lieu de tenir compte de l'exagération teintée de cynisme que le contexte de la comédie autorise, l'affirmation traduit un état d'esprit négatif jusqu'à la cruauté dont l'histoire ultérieure du chat livre, on le sait, d'autres preuves.

Ce texte et d'autres épigrammes de cette époque, et jusqu'à 10 siècles plus tard,

apportent sur le chat domestique un double témoignage. Elles confirment qu'il continuait à être admis à l'intérieur des maisons, jusque dans le séjour des occupants. Mais elles montrent aussi que son statut dans l'opinion qu'on se faisait de lui était subordonné à son comportement. Lorsqu'un oiseau familier, animal de compagnie toujours privilégié pour les anciens, devenait, par quelque accident, la proie de son instinct de chasseur, le chat «coupable du forfait» et, avec lui, toute son espèce, se trouvaient pénalisés.

Les mêmes remarques sont valables pour l'empire Romain. Liliane Bodson poursuit:

L'état dans lequel se présente la terminologie latine relative au chat domestique n'est pas sans analogie avec celui du vocabulaire grec. Des deux mots — *felis* et *cattus* — qu'il y a lieu de considérer, le vocable *felis* est le plus anciennement attesté. Il s'applique d'abord aux petits carnassiers sauvages (chat sauvage, mustélidés). Selon le même procédé que celui qui existe en grec à propos du nom *galé, felis* s'est étendu, à partir du Ier siècle avant notre ère, au chat domestique des Égyptiens; Cicéron est le premier à l'employer dans ce sens. Le terme *cattus,* dont l'origine reste incertaine, n'apparaît pas avant le IVe siècle de notre ère, dans l'œuvre de l'agronome Palladius, qui signale que le chat, comme les belettes apprivoisées, est utilisé dans les jardins potagers pour lutter contre les taupes.

Il est sûr cependant que le chat domestique était répandu en Italie de longs siècles avant l'époque de Palladius. Les Étrusques, peut-être familiarisés avec lui au contact des Grecs installés dans le sud de la péninsule et en Sicile, acceptaient sa présence dans leurs salles de banquets dès le premier quart du Ve siècle av. J.-C. La fresque découverte à Tarquinia, dans la tombe du Triclinium, en apporte une preuve indiscutable. Par la suite, quoique toutes les époques n'aient pas livré des indices analogues et que ceux qui existent soient parfois ambigus, les représentations figurées de toutes sortes et les restes osseux démontrent que le chat domestique était non seulement connu, mais présent et intégré à la vie quotidienne tant à Rome même que dans les provinces.

Juliet Clutton-Brock cite l'*Histoire naturelle* de Pline (79 ap. J.-C.): «le chat dans le monde classique était valorisé plus comme un destructeur de vermine que comme un compagnon de coin de feu, et il n'a jamais obtenu la popularité qu'a acquise le chien.»
Laissons la conclusion à Liliane Bodson:

Pour les Grecs de l'époque archaïque et classique, la divinisation des animaux telle que la pratiquaient les Égyptiens a constitué un sujet d'étonnement souvent railleur et, *a priori,* peu propice aux espèces concernées. Plus que son origine exotique, cette circonstance a conduit à classer le chat dans la catégorie des animaux étranges. L'attitude des Égyptiens eux-mêmes a beaucoup contribué à l'y maintenir. On sait en effet, qu'outre l'interdiction générale qu'ils avaient mise sur l'exportation des chats domestiques, les Égyptiens s'efforçaient de racheter, dans tous les pays où ils en trouvaient, les spécimens sortis d'Égypte à leur insu. D'autre part, arrivant en Grèce et en Italie où il entrait en concurrence, pour ce qui est de son rôle utilitaire, avec d'autres espèces, le chat domestique n'a pas eu, pendant toute une période, d'autre emploi principal que celui d'animal de compagnie, à la merci de l'évolution de la mode et du goût, une fois que la première curiosité s'est émoussée. Bref, en dépit de ses limites et de ses lacunes, la documentation gréco-romaine qui concerne l'arrivée et l'implantation du chat domestique dans le monde antique classique suffit à laisser au moins entrevoir l'influence de motivations diverses, économiques, sociales et, surtout, culturelles sur les premiers temps de son histoire en Europe. Elles ne peuvent être minimisées si l'on veut comprendre la place particulière, à beaucoup d'égards unique, qui, par la suite, a continué d'être celle du chat dans le bestiaire européen.

Divinisation et commercialisation en Égypte, divination à Babylone, compagnon exotique puis prédateur de nuisibles en Grèce et dans le monde romain, le chat est désormais prêt à remplir son rôle imaginaire dans la sorcellerie du Moyen Âge.

Le Moyen Âge

Les auteurs de l'Antiquité, écrit l'historienne Laurence Bobis, d'Hérodote à Cicéron, tournent en dérision la vénération dont les Égyptiens entouraient le chat. Ce berceau originel est totalement oublié durant le Moyen Âge, s'il est encore évoqué par les apologistes chrétiens des premiers siècles de notre ère, tels Clément de Rome, Arnobe ou Eusèbe de Césarée. Par ailleurs absent de la tradition biblique, le chat domestique est jusqu'au XIIIe siècle un «parent pauvre» dans les textes et les images.

En raison même de ces lacunes, la tradition médiévale relative au chat mérite déjà une attention particulière. Mais cette zone d'ombre de l'histoire du chat occidental joue aussi un rôle primordial dans la constitution de l'imaginaire qui lui est attaché. De façon plus générale, on ne saurait apprécier pleinement le statut du chat domestique à l'époque moderne sans prendre pour référent sa place dans la société médiévale.

La présence du chat en Europe occidentale est soupçonnée au début de notre ère. Laurence Bobis écrit:

Avant le IXe siècle, on a retrouvé des vestiges osseux de chats domestiques sur un certain nombre de sites, en France et dans le reste de l'Europe.

Entre le IXe et le XIe siècle, le chat est présent aussi bien sur des sites urbains (Paris, Douai, Exeter), que dans des camps militaires (Trelleborg), des places de commerce (Raithabu), des abbayes comme la Charité-sur-Loire ou des villages comme Villiers-Le-Sec. L'importance de la population féline durant cette période est difficile à évaluer. Le chat était-il encore un animal exotique et relativement luxueux ou, au contraire, couramment répandu et de peu de prix?

Juliet Clutton-Brock écrit pour sa part:

En Grande-Bretagne, des vestiges de chats datant d'avant 800 ap. J.-C. ont été régulièrement excavés, par exemple à Saxon Thetford où 18 squelettes de chats et chatons ont été retrouvés. Plus que des fragments osseux, ce sont des représentations graphiques d'une tête de chat que l'on retrouve dans les «Lindisfarne Gospels» d'environ 700 ap. J.-C. et de nombreux dessins de style dans le «Book of Kells».

«Son implantation en France, écrit l'ethnologue J.-P. Digard, est postérieure à l'époque gallo-romaine et ses mérites n'apparaîtront vraiment qu'avec la généralisation du rat noir.»

La valeur attribuée à un chat démontre tout de même son importance. Les premiers textes sont les lois d'Hywel Dda (ou Howal Dda), roi du Pays de Galles. Ces lois semblent avoir été écrites aux environs de l'an 945 ou plus tard. Elles ont été traduites en anglais moderne en 1823 par Probert. Voilà, écrit Juliet Clutton-Brock, ce qu'on peut lire sur la valeur d'un chat: «Le prix d'une chatte est de quatre pence. Ses qualités sont de voir, d'entendre, de tuer des souris, d'avoir l'intégrité de ses griffes, et de nourrir et non pas dévorer ses chatons. Si elle fait défaut dans une de ces qualités, un tiers de son prix doit être remis à l'acquéreur.» Ce que ce texte ne dit pas, c'est que ce chat à quatre pence a la même valeur qu'un chien, et qu'il vaut plus cher qu'un porcelet, un agneau, ou une chèvre (dont la valeur est d'un penny) et bien sûr qu'un chat vaut beaucoup moins que le Greyhound (lévrier de chasse) du roi (120 pence) ou une nichée de faucons (une livre).

La Renaissance

À partir de la fin du Moyen Âge, écrit Laurence Bobis, l'iconographie du chat se transforme. Associé, le plus souvent, à l'oiseau dans les rares témoignages antiques qui nous sont parvenus, puis à la souris au Moyen Âge, c'est désormais avec le chien que le chat forme un couple indissociable. Par ailleurs, le chat fait son entrée dans les scènes de genre, y compris les représentations de scènes du Nouveau Testament, mangeant les restes, et habitant indispensable des cuisines. Ce nouveau couple amorce un renversement dans l'alternative posée par la culture médiévale entre chat prédateur et chat familier, même si l'on exige toujours du chat de remplir son rôle d'exterminateur de rongeurs. Ainsi Buffon peut-il s'écrier que le chat est un domestique infidèle que l'on ne garde que par nécessité, à une époque où les amateurs du chat pour le chat sont désormais nombreux.

Du reste, c'est la nécessité de la lutte contre les muridés qui motive les premières tentatives de sélection de races félines. On importe, dans l'Italie du XVIᵉ siècle, et sans doute même un peu auparavant, des chats syriens, jugés meilleurs ratiers que les chats européens. Ces chats tigrés, sont vraisemblablement ceux dont on signale l'introduction et l'implantation rapide en Angleterre, un siècle plus tard. La réputation flatteuse des syriens est peut-être cause de la présence de chats, blancs ou tigrés, dans une série de représentations italiennes de l'Annonciation, aux XVᵉ et XVIᵉ siècles. Interprétés comme symboles des forces du mal, ces chats ne sont-ils pas, au contraire, des chats au symbolisme inversé, positif? Selon le bestiaire populaire vénitien, les «soriani», ou chats syriens, sont en effet des chats bénéfiques, et la Vierge en aurait gardé un dans sa maison.

Après l'introduction des syriens, très vite, ce sont des critères esthétiques, et non plus utilitaires, qui vont prévaloir dans la recherche et l'importation de races nouvelles. Au XVIIᵉ siècle, Pietro della Valle ramène en Italie des chats de Khorasan, tandis que Peiresc, en France, se fait envoyer du

Levant des chats d'Angora, dits aussi chats de Perse, et tente de les acclimater à nos régions.

L'introduction de ces races exotiques a peut-être favorisé l'essor du chat de compagnie. Keith Thomas a montré comment, en Angleterre, on note à partir du XVIe siècle la présence de nombreux chats familiers dans les maisons bourgeoises et aristocratiques: en réalité, ce qui étonne surtout les chroniqueurs du temps, c'est moins leur présence que le fait que ces chats aient désormais leurs entrées partout, y compris dans les pièces d'apparat où les portes sont équipées de chatières. La mode des chats de compagnie, dans des cercles privilégiés, notamment à Paris et à Londres, apparaît comme une nouveauté au XVIIe siècle. On parle de plus en plus des chats dans les salons littéraires. Paradis de Moncrif fait leur apologie et s'érige en redresseur des torts qui ont jadis été faits à la gent féline.

Avant même que le chat puisse être perçu comme un animal de compagnie, bien des foyers devaient cependant posséder des chats. À cet égard, il n'est qu'à prendre l'exemple fameux de Ronsard, dont on met toujours en avant la haine des chats, pour voir que les chats qui s'introduisent dans sa chambre sont, non des vagabonds, mais bel et bien des chats de sa maisonnée. De fait, la multiplication des témoignages d'affection envers le chat semble davantage amorcer un renversement culturel du système médiéval de pensée ou de classification implicite, qui niait le chat dans sa relation affective avec l'homme, que signaler un changement réel dans la «condition» du chat. Culturellement défini comme chasseur, le chat s'impose peu à peu culturellement comme un compagnon. Encore peut-on se demander si ce changement n'est pas circonscrit d'abord à l'espace urbain et à certains milieux privilégiés. Il doit aussi être mis en relation avec une mutation plus générale des sensibilités, si justement signalée pour l'Angleterre, à partir du XVIe siècle, mais qui existe aussi dans d'autres pays d'Europe et notamment en France.

Enfin, l'adaptabilité des chats, surtout son adaptation aux navires, et la nécessité d'avoir à bord un animal pour protéger les réserves de céréales contre rats et souris, lui a permis d'émigrer dans le monde entier. Il fut même importé au XVIIe siècle dans le Nouveau Monde (que ce soit les

Amériques, l'Australie ou la Nouvelle-Zélande) à la demande des colonisateurs en butte à des invasions de rats.

La période moderne

Jean-Pierre Digard écrit:

> Dans l'Europe médiévale, presque tous les gens aisés possédaient des animaux familiers: les plus prisés étaient les chiens — mais pas n'importe lesquels: lévriers ou épagneuls pour les hommes, bichons pour les dames — et aussi, à partir du XIIIe siècle, les animaux exotiques (singes, perroquets) que l'on s'arrachait à prix d'or. [...] Les prédicateurs anglais du XVIe siècle se plaignaient de ce que les dames de la bonne société négligeaient leurs enfants, préférant embrasser un chiot ou un petit chien. À partir du XVIIIe siècle, cet engouement gagne peu à peu les classes moyennes en même temps qu'il s'étend à d'autres animaux, de taille et de prix plus modestes: canaris, chats, petits chiens. Si bien qu'au début du XIXe siècle, la prolifération des chiens était devenue une véritable engeance: «Dans les villes d'une grande étendue, [...] dans les capitales comme Paris, qu'est-ce que l'œil observateur du philosophe aperçoit à tout instant? Une effroyable multiplication de chiens. [...] Chaque ménage en nourrit un, quelquefois deux ou trois; chaque rue en présente des centaines, isolés, affamés, dangereux, agacés sans cesse par des oisifs ou des enfants, excités à la fureur et au combat.»
> Remontant à 1802, ce témoignage quelque peu grandiloquent permet néanmoins de mesurer le chemin qui sera parcouru au cours des décennies suivantes. En effet, dans la seconde moitié du XIXe siècle, la situation devait être reprise en main, en (faible) partie grâce à des réglementations plus strictes — l'impôt sur les chiens a vu le jour en Angleterre en 1796 et en France en 1855, mais surtout du fait de la création des clubs et des expositions canines, d'une part, et des associations de défense des animaux, d'autre part, qui canaliseront le mouvement tout en contribuant à son développement, jetant ainsi les bases du «pétichisme» contemporain.

Le néologisme «pétichisme» a été construit par Szasz en 1968 à partir de la terminologie anglo-saxonne *pet,* animal familier.

Comment le chat a-t-il fait pour passer du statut d'animal indifférent à celui de premier animal familier en l'espace très court de deux centaines d'années d'histoire moderne et contemporaine?

Et Darwin publia De l'origine des espèces...

En 1859, Darwin publia une bombe scientifique (et antireligieuse — du moins pour l'époque) intitulée *De l'origine des espèces par voie de sélection naturelle.* En 1868, il publia *La variation des animaux et des plantes par la domestication.* Ce qu'il a découvert sur le chat était relativement mineur. Il pensait, nous dit Juliet Clutton-Brock, que les habitudes de vagabondage nocturne des chats empêchaient la sélection artificielle des races... Il reconnut cependant plusieurs races en Angleterre telles que le manx (chat anoure — sans queue) et le persan: «Le grand angora ou persan est le plus distinct de structure et d'habitudes de toutes les races domestiques et Pallas pense, sans évidence précise, qu'il descend du chat d'Asie mineure *Felis manul.*»

Le désir du rare et de l'exotique a toujours existé. Juliet Clutton-Brock raconte, reprenant cette information à Keith Thomas (*Man and the Natural World,* 1983), que: «fin des années 1630, l'archevêque Laud, amoureux des chats, reçut des chats *tabbies* d'une valeur exceptionnelle de £5 chacun. Bientôt ce chat devint si commun qu'il supplanta le chat anglais bleu et blanc.» Deux commentaires s'imposent. D'abord, il fallait à cette époque un courage certain de la part d'un membre du clergé dans un contexte de procès pour sorcellerie. Ensuite, les premiers chats importés pendant la période élisabéthaine (XVIe siècle) étaient des *tabbies* mouchetés (dans le style léopard) dont on retrouve des représentations dans *Our Cats* de Harrison Weir (1889) (et qui sont très rares aujourd'hui) et ils précédèrent les *tabbies* tigrés (*striped tabby*) si communs aujourd'hui.

La sélection de chats de robes et de formes variées débuta réellement dans la seconde moitié du XIXe siècle, à la suite des travaux de Darwin, de l'industrialisation, de l'urbanisation de la société, du développement du temps libre (et des vacances) et de l'engouement pour l'animal de compagnie. Le premier Cat Show eut lieu, on s'en doute, en Angleterre, le 16 juillet 1871 au Crystal Palace (organisé par Harrison Weir, cité plus haut). Deux types de chat existaient dès le début: le chat européen, américain ou britannique — c'est le terme courant pour parler aujourd'hui encore du chat de gouttière ou du chat commun — est un chat trapu à tête ronde, oreilles courtes et pelage épais; l'autre chat est appelé l'Étranger (*Foreign*) développé en climat chaud et présentant un corps tout en longueur et en finesse: membres allongés, longues oreilles et pelage court. Le chat étranger, le siamois particulièrement, fut présenté au Crystal Palace en 1886.

L'histoire moderne de la sélection des chats a seulement une centaine d'années alors que celle des chiens est millénaire. Cette sélection n'a aucun intérêt économique — on n'a jamais sélectionné des chats aux compétences de chasse particulières, on n'a pas encore sélectionné des chats miniatures ni des chats géants (à part le chat des forêts norvégiennes); les seuls critères qui ont défini la sélection ont été l'exotisme et l'esthétique (pour ne pas utiliser le mot luxe), ce que confirme Harrison Weir, cité par Juliet Clutton-Brock. «J'ai conçu l'idée qu'il serait bien de réaliser des Cat Shows, afin que différentes races, couleurs, marques, etc. puissent être soigneusement développées, et que le chat domestique assis devant l'âtre possède pour son maître une beauté et un attrait jusque-là non observables et inconnus parce que non recherchés à ce jour.» Le même Harrison Weir créa le Cat Club en 1887 et en devint le premier président.

Le chat échappe encore mystérieusement à la miniaturisation, contrairement aux autres espèces domestiquées. Jean-Pierre Digard écrit que:

> […] la soif de puissance de l'homme s'affirme avec encore plus de visibilité et de certitude dans la miniaturisation des animaux que dans leur maximalisation. Les chiens de salon ou les lapins nains sont aux animaux ce que les bonsaïs sont aux végétaux: des organismes vivants qui renvoient l'image d'une nature hyper-domestiquée, entièrement soumise à la volonté pour ne pas dire aux caprices des humains. Mais il y a plus, ou autre chose:

miniaturiser les animaux familiers (ou susceptibles de le devenir, comme le poney), c'est aussi les infantiliser. Déjà en 1576, Abraham Fleming écrivait à propos des chiens de compagnie: «plus ils sont petits, plus ils provoquent de plaisir, comme compagnons de jeux plus adaptés à des maîtresses minaudières pour qu'elles les portent dans leur giron, pour qu'ils leur tiennent compagnie aussi dans leurs chambres, pour qu'ils les assistent dans leur sommeil au lit, et [qu'elles] les nourrissent de viande à table, pour qu'ils soient assis sur leurs genoux et leur lèchent les lèvres quand elles voyagent en voiture.» La situation n'a guère changé depuis, bien au contraire. Les races de chiens-enfants se sont multipliées. [...]

Je crois que le jour du chat miniature est relativement proche.

La mode de l'animal de compagnie

Au XIXe siècle, l'animal de compagnie devient à la mode. En 1830, en Angleterre, la reine Victoria devient protectrice d'un groupe de défense animale qui se nommera la Société royale pour la prévention de la cruauté contre les animaux. Aux États-Unis, en 1876, on recense une vingtaine de S.P.A. Des lois pour la protection des animaux sont promulguées. Les S.P.A. ont vu le jour avant les sociétés de protection des enfants, mais des changements survinrent en 1874 lorsque le cas de sévices à l'encontre d'une petite fille est défendu avec succès en public en relation avec les lois sur la défense des animaux. Il fut alors affirmé que les enfants étaient en fait comparables aux animaux.

Au XXe siècle, l'évolution se précipite. Dans les sociétés de haute technologie, médicalisées, hygiéniques, on prend le chat dans les maisons urbaines. Dans les autres sociétés, plus pauvres, le chat reste exclu du foyer. Pour former une relation étroite entre l'animal et l'homme, il faut que la menace — infectieuse entre autres — éventuelle pour la santé humaine de la part d'un animal de compagnie soit réduite à un degré extrêmement faible. Dans les années 1960, de larges campagnes de presse jugèrent immoral l'attachement aux animaux alors qu'il y avait tant de pauvreté dans le monde.

Après les années 1970, le vent tourne et on se rend compte que l'attachement aux animaux familiers est un facteur de santé psychologique dans nos sociétés modernes fortement urbanisées. Chiens et chats entrent dans les prisons, les hospices, les maisons pour personnes handicapées, les maisons pour cas sociaux et dans les hôpitaux. L'animal est devenu un activateur, un facilitateur, un catalyseur de la communication et de la santé psychique et physique. Jean-Pierre Digard écrit:

> Si les animaux de compagnie apparaissent chez nous comme des substituts des enfants, c'est dans un sens non pas démographique, mais pédagogique, pourrait-on dire: «Dans l'élevage d'un animal familier, l'homme teste sa capacité éducative de façon analogue à la manière dont il interroge son statut d'éducateur parental au travers des réactions d'un enfant à son regard (Yonnet 1985).» En d'autres termes, ce que nous aimons dans nos animaux de compagnie, c'est leur dépendance et l'image d'êtres supérieurs, tout-puissants que celle-ci nous renvoie de nous-mêmes.
> C'est d'ailleurs la raison pour laquelle nous ne les aimons pas tous de la même manière. [...] L'erreur consisterait à traiter séparément les possessions de telle ou telle espèce alors qu'«elles forment, au sens rigoureux du terme, un système structural d'oppositions (suivant Héran)». Ainsi: «À la cynophilie très "cattophobe" des professions dont le sort est lié à la sauvegarde d'un patrimoine économique (patrons du commerce et de l'artisanat, camionneurs) ou qui sont préposés à la défense de l'ordre (policiers, militaires, contremaîtres) s'oppose diamétralement la "cattophilie" très cynophobe des intellectuels et des artistes, suivis en cela par les instituteurs, les travailleurs sociaux et les fonctionnaires, qu'ils soient employés ou cadres (Héran).» En somme, l'amour du chat et du chien est très complémentaire, dans la même personne ou dans des personnes différentes. Il en va presque de l'équilibre de la société.

En même temps, certains vétérinaires et autres félinologues s'attachent à étudier le comportement des chats familiers et à résoudre les conflits comportementaux croissants entre chats, et entre le chat et ses propriétaires. L'accent est mis sur l'harmonie des relations entre gens et animaux. Des consultations en comportement du chien et du chat s'ou-vrent dans les universités et dans certains cabinets privés. Toute la médecine vétérinaire profite de ce nouvel engouement pour le *pet* (ani-mal familier) comme disent les anglo-saxons. La médecine des animaux se détourne de l'hygiène et des soins prodigués aux animaux de rente pour s'accaparer l'animal de compagnie et cela s'accompagne de toute une technologie jusque-là réservée aux humains.

On exige du vétérinaire des qualités pour lesquelles il n'a pas été formé (psychologie humaine); il devient un conseilleur social et son tra-vail empiète — volontairement ou involontairement — sur la vie pri-vée des gens. On lui demande des conseils pour supporter la mort d'un animal chéri, pour remplir les vides de son existence par l'introduction d'un animal choisi; les gens se confient à lui, il doit tempérer leurs émo-tions, calmer les pleurs, bref, on lui demande un travail social.

Le vétérinaire est désormais chargé d'un nouveau rôle dans la «santé publique». Il doit faire, en plus de son intervention médicale stricte, des choix moraux et éthiques entre le respect des droits de l'animal et la demande des propriétaires (et il existe des conflits d'intérêt entre les deux parties).

En même temps que se développe un intérêt énorme dans la relation avec les animaux de compagnie. On compte un chat pour 10, voire 5 habitants dans nos pays riches, industrialisés et urbanisés à l'extrême et on dénombre désormais plus de chiens et de chats que d'enfants. Les S.P.A. regorgent d'animaux pour lesquels on ne trouve pas de foyer et qui sont en majorité euthanasiés. Aux États-Unis, ce sont plus de 10 millions d'animaux qui sont ainsi piqués et supprimés chaque année (sur 110 millions de chiens et de chats).

Paradoxe cruel?

Paradoxe de l'homme qui se dégage de sa responsabilité du meurtre de l'animal chéri et la délègue à un bourreau anonyme d'une société dite de protection mais qui, réellement, dans les faits et devant l'ampleur du dé-sastre quotidien des abandons, devient un organisme de destruction.

Mais que peuvent-elles faire d'autre? Les S.P.A. ont rendu ce mauvais service à l'humanité égoïste à la recherche de son confort physique et moral: l'homme irresponsable ne garde plus de l'animal que le bon qu'il lui donne et divorce du mauvais dont il le rend responsable. Ce comportement n'est pas réservé aux animaux, loin de là, il s'étend aux malades, aux personnes handicapées, aux personnes âgées, au conjoint qu'on ne supporte plus. Mais l'animal, qui ne sert plus ou qui n'a pas adopté le rôle qu'on attendait de lui, subira la punition capitale. En effet, seulement 10 à 20 p. 100 des chats abandonnés retrouveront un maître.

Est-ce moral? Est-ce immoral?

Est-il moral de noyer ou de chloroformer des chatons nouveau-nés? Est-il moral pour un scientifique d'expérimenter sur l'animal? Il n'y a pas de réponse simple.

De l'asservissement de l'animal à celui de l'homme...

L'histoire du chat a été marquée par ses nombreuses utilisations comme prédateur et comme animal symbole. L'histoire contemporaine démontre une nouvelle spécialisation féline, celle de l'inactivité: l'aptitude à ne rien faire si ce n'est d'être présent quand la main veut caresser une fourrure, de se taire quand on parle, d'être le compagnon asexué de nos solitudes et l'oreille attentive de nos épanchements verbaux et émotionnels.

Ce tableau vous déplaît? Regardez autour de vous: combien de groupes humain-chat ne rentrent-ils pas dans cette description? Bien sûr, c'est exagéré! Le chat de tout le monde remplit les maisons d'une vie active, mais c'est aussi vrai que le chat est devenu un hôte permanent: l'animal au foyer, nourri, gavé, choyé, brossé, promené, toiletté, lavé, juste en échange de sa présence, voire de son amitié.

L'histoire de la relation entre chats et humains est l'histoire naturelle de leur représentation!

Chapitre trois

Le rôle du chat dans l'histoire

Le chat est-il plus chasseur que compagnon? L'histoire médiévale qui suit, racontée par Laurence Bobis, tenterait de nous le faire croire.

On peut se demander en premier lieu si les qualités de chasseur reconnues au chat n'ont pas eu de répercussions dans l'imaginaire, puisque le chat médiéval est conçu comme formant couple avec la souris. Dès le haut Moyen Âge, puis dans toute la littérature latine et romane médiévale, l'instinct du chat, sa «nature», qui le pousse irrésistiblement à prendre les souris, est constamment souligné. Dans le *Conte du chat et de la chandelle,* attesté au moins dès le IXe siècle en Occident, et dont des versions sont connues des contes populaires français, cette idée est articulée en récit. Le roi Salomon possédait un chat dressé à tenir une chandelle pour éclairer ses hôtes. Un rustre du nom de Marculf s'engagea au péril de sa vie à lui démontrer que «nature passe nourriture», c'est-à-dire, que l'instinct l'emporte sur l'éducation. Pour ce faire, il sortit de sa manche des souris. Le chat ne broncha ni à la première ni à la deuxième mais, ne pouvant tenir, se jeta sur la troisième, et lâcha sa chandelle. Le succès de ce motif, sous une forme ou sous une autre, montre toute l'ambiguïté du statut du chat dans le monde de l'homme. Familier, il est toujours chasseur, domestique, il est encore sauvage. Bien plus, c'est à la qualité du chat la plus réfractaire à tout dressage, la prédation, que l'homme doit faire appel contre les rongeurs, fléau réel mais aussi symboles de destruction.

Le chat chasseur

Laurence Bobis écrit:

La fonction dévolue au chat dans la société médiévale est clairement définie: le chat est un chasseur. [...] Comme chasseur, on s'efforce d'attacher le chat à la maison, au grenier, ou au navire. Une série de pratiques, évoquées par les encyclopédistes du XIIIe siècle, reflète cette volonté de contrôle: Thomas de Cantimpré, Vincent de Beauvais, Albert le Grand et, au XVIe siècle, Jérôme Cardan conseillent l'amputation des oreilles qui retiendra au foyer le chat, craignant la rosée ou la pluie. Barthélémy l'Anglais propose de roussir le poil du chat qui, honteux de son pelage, n'osera plus quitter la maison. Dans les Évangiles des quenouilles, au XVe siècle, des recommandations du même genre sont faites: «Qui veult son chat ou sa geline tenir a l'hostel sans les perdre, si pregne le chat ou la geline et la tourne par trois fois entour la cremaillie, et puis leur frote leurs pattes contre le mur de la cheminée, et sans nulle faulte jamais de cest hostel ne se departiront»; «Femme qui jamais ne veult perdre son bon chat, on doit lui oindre les quatre pates de bure par trois vesprez, et jamais de cestui hostel ne se departira»; «Des procédés analogues étaient connus au XIXe siècle dans plusieurs provinces, en Gironde, dans les Deux-Sèvres, en Normandie, en Lorraine et dans la province de Liège, où on frotte de beurre les pattes du chat nouveau venu avant de lui faire faire trois fois le tour de la crémaillère et de le forcer à gratter, des pattes de devant, le contrecœur de la cheminée. Au XVIe siècle, la castration des chats des deux sexes était pratique courante, si l'on en croit [Conrad] Gesner [vétérinaire du XVIe siècle], pour rendre les chats, mâles surtout, plus gras, plus doux et plus fidèles.»

En tant que vétérinaire, je peux vous garantir que le «beurre aux pattes» est toujours traditionnel dans la connaissance populaire. Et il y a des raisons scientifiques à cela: l'acide butyrique est un des éléments de certaines phéromones des chats, notamment les phéromones d'alarme sécrétées au niveau des coussinets plantaires.

Le chat chassé

Outre son rôle fondamental de chasseur, la fourrure du chat

fait l'objet d'un commerce en partie occulte, écrit Laurence Bobis, mais sur lequel on possède d'indubitables témoignages. Ainsi celui du frère mineur Salimbene d'Adam:

«J'étais à Imola quand un clerc me dit avoir pris au piège, dans des villages dévastés, vingt-sept chats, grands et beaux, dont il avait vendu les peaux à des pelletiers. Ces chats étaient sans aucun doute, du temps de la paix, des chats domestiques dans ces villages.»

Mais les chats domestiques étaient tout aussi exposés en temps de paix. Barthélémy l'Anglais affirme que bien souvent les chats pourvus d'un beau pelage sont capturés par des pelletiers, et Thomas de Cantimpré ajoute que ces attaques constantes rendent les chats méfiants. À peu près à la même époque, selon Jacques de Vitry, des étudiants parisiens jouaient aux dés avec un chat, puis en vendaient la fourrure, lorsqu'il avait perdu. D'autres rançonnaient le chat d'un aubergiste. [...] Le *Livre des mestiers* d'Étienne Boileau (1268) fixe le tonlieu à quatre deniers pour douze peaux de chats sauvages, tandis que «les piaus de chaz privez que l'en apele chat de feu ou de fouier» sont taxées deux deniers les douze peaux. Les Coutumes du port d'Ipswich, au début du XIVe siècle, donnent des chiffres impressionnants et un écart de prix plus considérable: les mille peaux de chat domestique sont taxées quatre deniers, les douze peaux de chats sauvages, un denier. Il y a là un indice sur l'importance de la population des chats domestiques à cette époque, et l'ampleur du commerce de leurs peaux. Peu coûteuses, ces peaux étaient l'occasion d'abus: les statuts de la ville de Rome au XIVe siècle prohibent les fraudes qui consistent à mêler du cuir de chat à des peaux neuves de renard. Des traces matérielles de ce commerce subsistent, avec des concentrations anormales d'ossements de chats sur certains sites médiévaux et des marques de découpe sur les vestiges. Au XVIe siècle, Conrad Gesner fait état de l'utilisation des peaux de chats domestiques par les pelletiers, et cette utilisation persiste jusqu'au XVIIIe siècle: les chiffonniers notamment commercialisaient les dépouilles de chiens et de chats.

Ces fourrures avaient à l'évidence une destination vestimentaire. Les coutumes monastiques prescrivent aux moines et moniales de ne porter que des fourrures viles, agneaux, chats ou lapins, afin de combattre le froid mais d'éviter tout luxe.

Le chat médicinal

Il n'est pas exclu cependant, continue Laurence Bobis, que la fourrure de chat ait pu être employée à des fins médicales peut-être pour lutter contre les rhumatismes, puisque la réputation de la peau de chat pour soulager ce type de douleurs s'est perpétuée jusqu'à nos jours.

Le chat, et particulièrement le chat noir, a de nombreuses indications dans la médecine médiévale: on se sert de son sang, son fiel, sa graisse, ses excréments, sa chair ou sa dépouille. Albert le Grand connaît au fiel de chat des propriétés sternutatoires et le recommande surtout dans des affections gynécologiques. Vincent de Beauvais emprunte à Haly Rodohan ('Ali ibn Ridwan) l'utilisation des chairs de chat pour soulager les douleurs d'hémorroïdes et le mal de dos. Un mélange d'excréments de chat, de sénevé et de vinaigre vient à bout de l'alopécie. Le *Thesaurus pauperum* de Petrus Ilispanus, copié puis édité continûment du XIIIᵉ au XVIIIᵉ siècle, mentionne le chat à plusieurs reprises: les excréments de chat guérissent l'épilepsie, mais le chat vaut surtout contre la goutte.

Le chat au menu

Laurence Bobis écrit:

En revanche, la chair et la cervelle de chat ont la réputation d'être des poisons: Hildegarde de Bingen l'affirme dès le XIIᵉ siècle et, plus tard, des médecins comme Antonio Guainieri, Ambroise Paré ou Conrad Gesner. En l'an 1500, l'officialité de Paris eut à instruire un procès où un certain Gillet de Bailly accusa Philippot Malaquis et Jacques le Page de lui avoir fait manger un pâté de cervelle de chat, «dont il demeura infirme, parce que, depuis, à ce qu'il dit, il ne mange pas de viande».

Montaigne lui-même signale qu'une femme mourut pour s'être persuadée qu'elle avait mangé de la cervelle de chat.

Cette croyance ancienne en la nocivité de la chair du chat n'exclut nullement qu'elle ait pu être exceptionnellement consommée. Les chroniques médiévales évoquent bien souvent les affres de la faim qui réduisent des assiégés à consommer des chiens, des chats, des chevaux ou des ânes. Cette consommation devient un trait de barbarie quand elle ne répond pas à une nécessité vitale. L'évêque Otton de Freising, au XIIe siècle, accuse ainsi les peuplades hongroises de manger couramment de la viande de chat. La consommation de la viande de chat est mieux attestée à l'époque moderne et contemporaine. Conrad Gesner note que la viande de chat se rapproche de celle de lapin et qu'on mange des chats dans plusieurs pays, notamment en Espagne, en Italie et en Narbonnaise, où on les laisse faisander un jour ou deux pour les attendrir. On s'étonne qu'il ne fasse pas état de la même pratique pour les pays germaniques où le chat, qui a reçu là aussi le surnom significatif de «Dachhase» (lièvre des toits), était, comme le chien, couramment consommé jusqu'à une époque très récente.

Comme je l'écrivais dans le chapitre «Le culte du chien», dans le livre *Chiens hors du commun*, la dernière boucherie canine a fermé ses portes à Munich entre les deux guerres. Mais continuons avec Laurence Bobis: «Au XIXe siècle, en Vénétie, l'excommunication frappait qui mangeait de la viande de chat, alors qu'il était d'une pratique courante de transformer en civet les "lapins de gouttière".»

La magie populaire

Au Moyen Âge, écrit Laurence Bobis, puis à l'époque moderne, voire contemporaine, le chat est l'animal domestique le plus utilisé dans la magie, sans doute en raison de sa symbolique négative. Une des grandes affaires de magie du XIVe siècle met en cause un abbé de Cîteaux, accusé d'avoir enterré vivant un chat noir, dans l'espoir de recouvrer une importante somme volée. Un siècle plus tard, on imputera aux Gazares savoyards, la préparation d'une poudre aux effets dévastateurs grâce à la dépouille d'un chat noir, emplie d'herbes variées.

Une superstition a fait le tour de l'Europe, ou du moins de la France et de la Grande-Bretagne. Le peuple superstitieux croyait que si l'on enfermait dans un mur d'une maison en construction un chat (parfois vivant), mieux encore un chat et un rat, cela tiendrait les rats à l'écart. Juliet Clutton-Brock raconte que «cette croyance a persisté jusqu'à la fin du XVIIIᵉ siècle et on a retrouvé un nombre important de corps momifiés dans des constructions anglaises et européennes. Certains de ses chats se sont sans doute introduits dans des trous lors de la construction de la maison, mais d'autres ont été séchés en posture proche du vivant et ensuite enfermés et maçonnés dans les murs».

La représentation imaginaire a un pouvoir étonnant sur le façonnement des idées et des croyances et sur le développement des coutumes populaires. L'incompréhension des lois qui gouvernent le monde, l'esprit religieux qui établissait par la foi que l'être humain était supérieur aux animaux, et l'association du chat avec le malin et l'esprit magique ont engendré des pratiques horribles. Durant les XVIᵉ et XVIIᵉ siècles, les chats ont été tourmentés et torturés de mille façons, jetés du haut des tours, projetés vivants dans des flammes, pendus, maçonnés vifs dans des murs, martyrisés dans les célèbres «orgues à chat», qui consistaient, écrit Jean-Pierre Digard, «à tirer sur la queue de chats entassés dans une caisse percée de trous pour les faire miauler...»

Le chat métaphorique

La métaphore est l'utilisation d'une représentation imagée, animale par exemple, pour raconter une situation, une vérité. Dans l'Angleterre médiévale, William Langland écrit en 1362 sa *Vision of Piers Plowman*.

Dans le prologue, il décrit cette allégorie. Je traduis de l'anglais le texte de Juliet Clutton-Brock: «[...] un certain rat suggère de fixer un collier et une clochette à un chat qui décimait rats et souris. On apporta les clochettes mais personne n'osa les mettre au chat. Puis une souris prit la parole et dit que même s'ils arrivaient à se débarrasser de ce chat, un autre, ou ses chatons, prendraient sa place pour les persécuter.» Fin de l'allégorie. Les historiens auront compris. Explications de Juliet Clutton-Brock:

> Langland rendit ce passage compréhensible à tous. Le chat était le roi Édouard III, le chaton qui le remplacerait était son petit fils Richard, héritier du trône; les rats et les souris étaient la populace. La fable devint célèbre et fut racontée par Lord Gray aux conspirateurs opposés au roi James III et Archibald, comte d'Angus, s'exclama: «Je suis celui qui mettra la clochette au chat» (*I am he who will bell the cat* — et à cette occasion il reçut le surnom de Archibald Bell-the-cat). Cette allégorie fut même représentée dans une peinture de 1559 intitulée Proverbes des Pays-Bas de Breughel (Bruegel) le Vieux, peintre flamand renommé du XVIe.

Et le diable se fit chat...

Vers 1180, écrit Laurence Bobis, apparaît la première mention du diable s'incarnant sous la forme d'un chat, lorsque Gautier Map évoque la synagogue des hérétiques patarins. Si, parallèlement, les vies de saints et les exemples continuent à donner aux démons des formes animales variées, dont la forme féline, l'étymologie, fantaisiste sur le plan linguistique, mais évocatrice sur le plan symbolique, est invoquée pour associer Cattus et cathari.

Le motif d'adoration du chat-diable, imputé aux vaudois, aussi bien qu'aux cathares, culmine avec la bulle *Vox in Rama*, adressée en 1233 par Grégoire IX à l'archevêque de Mayence, qui décrit le déroulement des cérémonies de réception dans les sectes hérétiques. Ce motif est repris, à la même époque, dans une série de documents, liés entre eux comme si l'on pouvait suivre la propagation d'une rumeur. Le même thème réapparaît de façon résiduelle, à l'occasion des procès menés contre les Templiers, et, sans que cela soit systématique, dans les accusations portées contre d'autres hérétiques au XIVe siècle. Il persiste également dans les crimes imputés aux «vaudois» du XVe siècle, qui ne sont plus des hérétiques mais bel et bien des sorciers: vers 1440, Martin le Franc, dans son *Champion des dames,* décrit l'envol des sorcières pour la synagogue où elles adorent le diable sous la forme d'un chat ou d'un bouc.

On constate cependant, à se plonger dans les procès en sorcellerie de la fin du Moyen Âge et du début de l'époque moderne, que le chat est loin d'être la seule incarnation animale du diable, tant dans le cadre du sabbat, qu'au moment de la rencontre initiatique qui scelle le pacte diabolique: en Dauphiné, si le chat est parfois adoré au sabbat, ce n'est pas sa forme la plus fréquente. En Lorraine, sur une série de procès des XVIe et XVIIe siècles, le diable du sabbat se manifeste le plus souvent sous une forme humaine et, quand il adopte la forme animale, préfère celle d'un chien ou d'un bouc.

Il est intéressant de noter tout de même que les procès pour sorcellerie ont surtout eu lieu pendant la Renaissance et non au Moyen Âge! Juliet Clutton-Brock écrit:

> Topsell écrit en 1607: «les familiers des sorcières apparaissent sous la forme de chats; ceci explique que l'animal est dangereux pour le corps et l'âme.» Le premier procès pour sorcellerie en Angleterre date de 1566, pendant le règne d'Élisabeth I. Agnes Waterhouse et sa fille Joan furent exécutées pour sorcellerie avec un chat qui était «un chat blanc tacheté [...] qu'elles nourrissaient de pain et de lait [...] et qu'elles avaient appelé Sathan». La dernière exécution pour sorcellerie eut lieu en Angleterre en 1684... Suivant Tabor (1983), la croyance que les chats ont neuf vies débuta par une déclaration faite en 1560 par Baldwin dans *Fais attention au chat* (*Beware the Cat*): «une sorcière peut prendre le corps de son chat à neuf reprises» (*it was permitted for a witch to take her cattes body nine times*).

C'est, écrit Laurence Bobis,

la forme féline que préfèrent les sorciers, quand ils veulent en toute impunité perpétrer des crimes et, notamment, fasciner des enfants. Dans l'Antiquité, les attaques d'enfants étaient le fait des striges, des oiseaux de nuit. Or, curieusement, le mot «cattus», dans ses premières apparitions, désigne non un chat mais un strigidé. Dans les langues romanes, ce rapprochement se poursuit: le mot «chat» sert à former des noms de strigidés, tel «chat-huant». Ces rapprochements linguistiques, mais aussi des similitudes de comportement et des ressemblances physiques, semblent montrer l'existence d'un lien entre le thème de la strige et celui du chat-vampire dont la première occurrence médiévale est due à Gervais de Tilbury, au début du XIIIe siècle:
Nous savons que l'on a retrouvé au matin des traces de coups et des blessures sur les membres de certaines femmes, qui avaient été aperçues et blessées, sous forme de chats, par des hommes qui les avaient guettées au cours de la nuit.
La métamorphose de la sorcière en chat, ou thème du chat-vampire, est une croyance largement répandue, tant dans les traités de démonologie que dans les procès. Elle appartient en fait au folklore universel, et c'est elle, plus encore que celle concernant le chat diabolique, qui a perduré dans le folklore contemporain.

La notion diabolique est devenue tellement populaire qu'elle se retrouvait même dans le *Livre de la chasse* de Gaston Phœbus, Comte de Foix (écrit avant 1391, année de sa mort). «Des chats sauvages, écrit Juliet Clutton-Brock, il avait ceci à dire: "Sur le chat sauvage commun, je ne dois pas élaborer, car tout chasseur en Angleterre les connaît, ainsi que leur fausseté et leur malice. Une chose que j'oserai dire c'est que si une bête a l'esprit du diable en elle, sans aucun doute c'est le chat, autant le chat sauvage que le chat domestiqué".»

Le chat de compagnie médiéval

Dans la littérature médiévale, écrit Laurence Bobis, ce rapport (affectif) est toujours exprimé de façon ambiguë, car il tient à la fois au réel, au culturel et à l'imaginaire. Dès le haut Moyen Âge, on dispose d'exemples de chats considérés comme des animaux familiers. Un poème irlandais anonyme, daté du VIIIe ou du début du IXe siècle, célèbre un chat blanc, Pangur, qui met autant d'ardeur à accomplir son travail de chasseur que son maître à se livrer à l'exégèse. Eadmer de Cantorbéry, élève de saint Anselme, évoque, quant à lui, le plaisir combiné de la vue et du toucher, que l'homme éprouve à voir et caresser un chat blanc. Caractéristique aussi, un texte extrait d'une encyclopédie en français, *La fontaine de toute science* du philosophe Sydrach, où, à la question «Qui est plus gentil, le chien ou le chat?» Sydrach répond: «Ne l'ung ne l'aultre ne sont gentilz mais le chat est plus privez de l'ome que le chien car le chat peut dormir sur le lit de son seigneur mieulx que le chien; et si est pour garder le dedens de la maison de son seigneur et si a plus grant franchise d'aler par l'ostel a mont et a val que le chien car le chien ne doit demourer que a la porte dehors et non pas dedens, ou aux champs se mestier est. Donc le chat a plus de noblesse que le chien.»

En dépit de ces exemples, la proximité affective de l'homme et d'un chat apparaît comme une attitude excentrique. [...] Au XIIIe siècle, Salimbene d'Adam évoque les critiques suscitées par certains frères mineurs qui dénaturent les préceptes de saint François en jouant avec un chat. Le problème fondamental posé par l'animal familier et, en particulier par le chat, est bien la difficulté de distinguer l'amour que l'on peut licitement porter à l'animal, frère de l'homme dans la Création, de celui, impur, de la créature.

On retrouve l'histoire suivante chez Ermold le Noir, un poète de la cour de Louis le Pieux:

[...] un ermite, ayant obtenu de voir et d'entendre le Seigneur, se voit refuser cette faveur après avoir recueilli un chat. Comprenant qu'il a péché sans en connaître la cause, il manifeste une telle contrition que

Dieu lui signifie enfin que le chat est la cause de son malheur, car l'amour qu'il portait à cet animal l'avait éloigné de l'amour divin. La fin de l'histoire est exemplaire: l'ermite chasse le chat et le renvoie à ses souris.

Tout se passe donc comme si la culture cléricale tendait à dénier au chat toute autre fonction que celle de chasseur. Mais ce déni montre aussi que le chat pouvait avoir pleinement un statut de familier, même si celui-ci est fondamentalement contraire à l'ordre des choses: dans les enluminures, seuls les fous ont des chats dans les bras.

Cette attitude changera progressivement après 1727. Ainsi que l'écrit Jean-Pierre Digard, le chat, spécialiste de la chasse aux souris et aux rats noirs,

ne pourra rien contre l'invasion massive et définitive, en 1727, du terrible rat gris (surmulot ou «rat d'égout», *Rattus norvegicus*), venu d'Asie; on lui préférera alors le chien ratier. Phénomène curieux mais fréquent: de même que l'adulation occidentale du cheval date du développement des transports motorisés, c'est à partir du moment où le chat fait la preuve de son inutilité qu'il est pris en affection par l'homme, à l'égal du chien mais dans un registre différent. Auparavant, pour rester un chasseur efficace, il devait être maintenu à distance.

Désormais, inefficace comme protecteur des champs et des granges à céréales, le chat peut plus aisément rentrer dans les maisons pour s'occuper des souris et du confort affectif des gens.

Le chat a pu avoir aussi une symbolique positive.

Dans certaines légendes, écrit Laurence Bobis, il sert d'auxiliaire, notamment pour l'acquisition de biens matériels. Ainsi dans un récit relatif à la fondation de Venise, un jeune homme fait fortune grâce à ses chats en débarquant dans une île où les chats sont inconnus et où les souris font des ravages. Au XVIe siècle, des contes populaires français présentaient encore des versions de cette histoire, qui est aussi célèbre en Angleterre puisque associée au maire de Londres, Richard Whittington. Le Chat botté relève, semble-t-il, de la même thématique. Mais même ce chat bénéfique a pu être diabolisé: dans le folklore breton, c'est parce qu'ils sont suppôts du démon que les chats noirs sont les gardiens de trésors enfouis ou pourvoient leur maître en or.

La chasse, un plaisir en soi

Au cours d'une expérience, raconte V. B. Dröscher, Paul Leyhausen a donné à des chats souris sur souris afin de voir laquelle de ses actions instinctives correspondait à la disposition la plus faible et cesserait d'être effectuée la première.
Le chat a tout d'abord commencé par cesser de manger, mais a continué à tuer quelques souris dont il ne s'est plus occupé. C'est ensuite la prédisposition à tuer qui s'est éteinte. Mais il a continué à s'approcher sans bruit des souris et à les capturer. C'est ensuite le plaisir de capturer qui s'est éteint et, en dernier lieu, le plaisir de se mettre à l'affût.

Le chat présente ainsi une hiérarchie des réflexes innés tout à fait logique. S'il attendait d'avoir faim pour se mettre à l'affût, il s'affaiblirait rapidement et mourrait sans doute de faim. Le chat ne capture en général qu'une proie toutes les 10 à 15 chasses.

Le chat rassasié par un repas — industriel ou ménager — préparé par l'être humain, ne chasse pas moins. Et heureusement que le chat est ainsi sinon, très probablement, il ne serait jamais devenu un animal de compagnie parce qu'il ne serait jamais devenu, au préalable, un animal nécessaire. S'il ne chassait et ne tuait que les souris qu'il mange, le chat aurait été un ratier peu efficace.

Nous subissons donc aujourd'hui le revers de cette médaille. L'intérêt que l'homme a eu pour le chat est lié justement à ses compétences de chasseur. Qu'on regrette aujourd'hui qu'il capture l'un ou l'autre oiseau ou campagnol est normal et en même temps paradoxal. Cela témoigne du changement de paradigme de l'être humain et de la constance du chat à travers les millénaires.

Record estimé

Personne, à mon humble avis, ne fut présent pour compter les souris, mais la carrière de ce chat du Lancashire fut estimée à 22 000 souris en 23 ans. Minni, le chat du White City Stadium de Londres, attrapa entre 1927 et 1933 la bagatelle de 12 430 rats.

Pour les amoureux des oiseaux, et ils ont raison, signalons que le menu du chat haret ou la chasse du chat domestique compte entre 4 et 19 p. 100 d'oiseaux, le reste étant constitué de petits mammifères, d'insectes, de poissons, de charognes et d'ordures ménagères.

Chapitre quatre

Le chat symbole sexuel

Une question de sémantique et d'histoire

L'argot est riche en symbolique féline sexuelle. Pourquoi dit-on quasiment en toutes langues le mot «chatte» ou «minou» en français, «pussy» en anglais et «katze» en allemand, pour désigner le sexe de la femme? En quoi le sexe de la femme évoque-t-il une sémantique féline? Séduction, fécondité, narcissisme sont des caractéristiques attribuées à la femme et au chat. Pourquoi cet amalgame?

Une histoire de déesses plus qu'une histoire de fesses

Si l'on retrouve des pictogrammes sexuels dans les grottes des Magdaléniens, ils ne sont jamais associés à des symboles félins. Et c'est sans doute normal puisque cette période du paléolithique se termine aux environs de 9500 av. J.-C. et que le chat était à peine domestiqué. C'est alors du côté de l'Égypte que l'on se tourne pour les premières interprétations grivoises. Laurence Bobis écrit: «Au cours des quelques siècles qui séparent le moyen Empire du nouvel Empire (1785-1557 av. J.-C.), la chatte devient l'attribut de la déesse Bastet. Cette divinité bénéfique et amicale incarne [...] la chaleur qui féconde.» Bastet, fille du dieu-soleil Râ, est la déesse lunaire qui préside aux accouchements. «La fécondité de la chatte, son comportement maternel remarquable jouent sans doute un grand rôle dans cette association. [...] Dans son traité *Isis et Osiris,* Plutarque soutient que la chatte porte 7 fois et met au monde 28 chatons pendant sa vie, soit autant que de jours dans le mois lunaire.» Plutarque force quelque peu la métaphore pour arriver à ses fins. La chatte est un symbole féminin comme la lune et leur cycle de 28 jours à toutes deux. «On croyait également que les pupilles du chat crois-saient et décroissaient en suivant les phases de l'astre. Hérodote assimile pour sa part Bastet à Artémis, personnification de la lune: d'après un mythe grec, Artémis, poursuivie par le monstrueux Typhon, se serait réfugiée en Égypte après s'être transformée en chatte.»

Bastet était honorée dans sa ville, Bubastis. «Chaque année, écrit Bobis, s'y déroulaient d'importantes festivités. Hérodote raconte qu'on s'y rendait par eau et qu'aux chants, aux danses se mêlaient des prati-ques plus étranges: les femmes, depuis leurs embarcations, injuriaient les habitantes des cités devant lesquelles elles passaient et retroussaient indécemment leurs robes.»

Bastet, la chatte, symbole lunaire, est elle-même «Œil de Râ» et avait antérieurement un aspect solaire, comme son père, appelé occasionnel-lement le «Grand chat», voire le «Grand Matou».

De Bastet à Artémis, déesse grecque de la nature et de la chasse, on associe ensuite le chat avec Aphrodite, déesse de la beauté. Sur un vase, on retrouve la déesse qui excite un chat en lui montrant un pigeon. Le chat se dresse, la queue parallèle à ses postérieurs, les antérieurs levés à hauteur de la tête, tendu vers l'oiseau. Si on est d'humeur gaillarde, on y verrait sans doute la déesse de la beauté taquinant le matou, cette fois symbolique masculine qui se dresse. Mais Freud n'étant pas né à cette époque, je resterai sage dans mes propos.

Vénus, déesse romaine de la beauté et de l'amour, est la seule qui n'ait pas été associée historiquement à une chatte. Mais elle n'a pas perdu au change puisqu'elle a récupéré une description anatomique: le mont de Vénus.

Faisant un grand bond vers le nord, on retrouve la déesse de la jeunesse et de l'amour, Freya, celle qui nous donna les noms Friday et Vendredi. «Un poème eddique, écrit Laurence Bobis, la blâme pour son inconstance et son attitude impudique, l'accusant d'avoir eu tous les dieux et tous les elfes pour amants.» Mais où est la chatte? Si Freya n'est pas représentée en chatte, son char est néanmoins tiré par plusieurs chats noirs.

La chatte, image de la beauté et de la fécondité, représente l'essence fécondante de la femme et par extension, ce qui est visible de son appareil génital. En relevant leurs robes, les femmes célébrant Bastet ne montraient-elles pas leur chatte — en célébration de la chatte sacrée — au tout-venant?

Le Moyen Âge est misogyne

Et l'association de la femme et du chat est en défaveur de l'une et de l'autre.

Au XIe siècle, écrit Laurence Bobis, le prince troubadour Guillaume IX écrivit un poème licencieux où l'on voit deux dames nobles utiliser un énorme chat roux comme instrument de supplice. Celles-ci, rencontrant le poète sur une route d'Auvergne, le prennent pour un pèlerin. Loin de les détromper, Guillaume, en quête de bonnes fortunes, sent l'aubaine et feint d'être muet. Ravies de l'occasion, Ermesent et Agnès pensent aussitôt avoir trouvé l'homme rêvé pour assouvir leurs désirs, sans faire courir le moindre risque à leur réputation. Par surcroît de prudence, elles décident cependant d'éprouver son mutisme en posant leur chat toutes griffes dehors sur son dos. Guillaume sort victorieux de l'épreuve et, malgré ses blessures, affirme ne pas avoir eu à regretter son héroïsme!

Les fabliaux, dits et autres pièces satiriques témoignent également de cette affinité entre chatte et femme, à forte connotation sexuelle; selon le Dit de Chastie-Musart, la femme est semblable à trois bêtes de proie à la réputation de rapacité bien établie: la chatte qui cherche, la renarde qui guette et la louve qui ravit.

Le jeu du chat et de la souris lui-même, continue Bobis, n'est pas exempt de symbolique sexuelle. Le plus souvent, c'est à la sexualité féminine et aux défauts féminins que le chat est associé: gourmandise, coquetterie, luxure, hypocrisie et appât du gain.

Mais, là aussi, sa symbolique est plurielle. Montaigne (1533-1592) désigne le sexe masculin du mot allemand «katze».

Dans une nouvelle de Sacchetti (1330-1400), le chat de la maison prend pour des souris les organes sexuels de son maître.

Je reviendrai sur cette métaphore.

Queue dressée

«Dans les histoires de maris trompés ou de femmes trop coquettes, le chat montre souvent le bout de son nez. Son attitude impudique, la queue dressée découvrant son anus, s'accorde ici à la moralité d'une gravure qui porte ce titre explicite: "Le miroir est le vray cul du diable"» (Bobis). La gravure en question représente une dame coquette qui s'admire dans un miroir; derrière elle un diable fait des grimaces, un chat sur l'épaule, la queue dressée montrant son anus. Et ce n'est pas tant le bout de son nez que le chat nous montre mais bien l'autre extrémité de son anatomie.

Il n'est pas exclu que cette connotation ait, entre autres, porté le chat à entrer dans le bestiaire diabolique: c'est par un baiser sur l'anus que le novice hérétique, et plus tard le sorcier, rendent hommage au chat-diable. Ces associations ont facilité le processus de diabolisation du chat.

Sur un médaillon d'une *Bible* moralisante, on voit au centre un chat dans les mains tendues d'un homme, face au Christ, reconnaissable à son auréole, qui a un air contrit. Ce chat, selon Laurence Bobis, évoque toute la lubricité féminine et les tentations de la chair qui guettent les clercs et les religieux.

Et dans une miniature, un chat se lèche le derrière. «Cette posture semble avoir particulièrement frappé l'attention des artistes médiévaux: par son impudicité sans doute et par sa forte connotation sexuelle» (Bobis).

Cette symbolique s'étend dans les cuisines où femmes et chats exercent, pour les unes, bienfaits et pour les autres, méfaits. «Laisser le chat aller au fromage» signifie tout bonnement pour une femme avoir des complaisances coupables envers un homme. Mais qui est le chat et qui est le fromage dans cette métaphore? Et quand Laurence Bobis continue avec «être friande comme une chatte» — étant lui aussi un vice décliné au féminin —, on ne se demande pas très longtemps la signification première, puis le double sens grivois.

La chatte-garou

Associé à la femme, le chat l'est jusque dans la transformation de l'une en l'autre. Si le garou est loup pour l'homme, il est chat ou chatte pour la femme. Laurence Bobis écrit:

> En 1486-1487, les inquisiteurs rhénans Henri Institor et Jacob Sprenger, auteurs du célèbre *Marteau des sorcières,* mentionnent une affaire de ce genre: un ouvrier habitant le diocèse de Strasbourg fut attaqué par trois chats tandis qu'il était en train de couper du bois. Ayant réussi à les chasser, il revint à la ville et fut accusé de coups et blessures par trois des femmes les plus considérées de la ville; le rapprochement était facile à faire; cependant le juge fit promettre le silence à l'ouvrier et les inquisiteurs eux-mêmes, «par charité et honnêteté» étouffèrent l'affaire.

Cette histoire ne cacherait-elle pas, sur fond de la misogynie médiévale, une tentative de viol dont l'affaire est rapidement étouffée?

D'autres histoires du même type sont contées dans *Les évangiles du diable.* Un homme rencontre une chatte blanche nuit après nuit sur le chemin. Il se marie peu après. Mais sa femme disparaît la nuit et il la retrouve à ses côtés au matin. Une nuit, à minuit, sa femme a disparu mais il trouve une grosse chatte blanche dans la chambre. Un matin, il voit la chatte passer la patte par la chatière pour tirer le verrou; il lui coupe la patte d'un coup de hache. Sa femme, Nanon, resta trois jours hors du logis et quand elle y rentra, elle avait la main coupée.

Et aujourd'hui?

Sommes-nous en continuité avec le Moyen Âge et gardons-nous dans le langage argotique la simple transmission d'une culture misogyne passée? Au XIXe siècle, Toussenel, ennemi des chats, groupait sous le même vocable les courtisanes et les chattes, «race où la femelle prend toute la place» (Bobis).

Un certain érotisme félin

La sexualité des chattes a quelque chose de remarquable. Chattes et matous se clament leurs amours sans réserve. Celui qui n'a pas entendu ces appels à l'amour doit être sourd ou de mauvaise foi. Je suis persuadé que ce comportement fut connu de tous temps.

La chatte est la seule femelle à témoigner, comme la femme, d'un véritable orgasme; celui-ci est partie jouissance partie douleur. Le pénis de ces chers matous est une arme, petite et conique, certes, mais munie de pointes de kératine qui se dressent lors de la copulation comme les piquants d'un hérisson. Pour l'introduire, il lui faut saisir la nuque de la chatte entre ses mâchoires pour l'immobiliser. Part viol, part relation consentante. Alors que la chatte se roule sur le sol, plus d'extase manifestement que de douleur, le matou tient ses distances. Le consentement était temporaire. L'après-coït se vit seul. Dans la même journée, la chatte peut accepter une demi-douzaine d'amants. Quant au matou, il peut servir plusieurs chattes différentes.

Machos et anti-machos

Il faut avouer que d'arriver à flirter avec une chatte, à la convaincre du bien-fondé d'une relation sexuelle — qu'elle demande, par ailleurs — ou de se proposer comme le meilleur parti en vue — quelle audace! — la violer avec son consentement — sans risques légaux — et la faire jouir, a de quoi fertiliser les fantasmes de plus d'un matou moyenâgeux ou plus d'un macho actuel.

Cependant, amadouer et domestiquer une chatte sauvage nécessite doigté, compétence et patience.

Du désaccord des métaphores

Si la métaphore de la chatte est finalement tout à l'honneur de la femme, celle complémentaire, proposée par Sacchetti — la souris ou le rat (c'est la chatte qui mange le rat, la souricière qui capture la souris) — n'est pas du tout à l'honneur de l'homme. La symbolique phallique a toujours été — depuis le paradis terrestre, et perdu — celle du serpent, qui se faufile partout et qui possède, fierté masculine, une longueur non négligeable. Faut-il en rire?

Conjectures graphiques

Certains dessins de tête de chats s'inscrivent dans un triangle à pointe inférieure ou dans un cercle. Faut-il y voir une caricature du mont de Vénus, le pubis féminin? On pourrait le deviner entre les lignes de ces vers érotiques du XVIe siècle dus à la plume de Guillaume Bochetel (et que l'on peut lire, entre autres morceaux choisis dans l'*Anthologie de la poésie érotique* de P. Perret):

> *... Agile et prompt en tes folâtres jeux*
> *Plus que le singe ou le jeune chaton,*
> *Connin vêtu de ton poil folâtron...*

D'autres voient dans une caricature des lèvres du chat l'image des lèvres vulvaires. Il faut beaucoup d'imagination!...

Et pourtant, la tête d'un chat noir projetée comme une ombre sur le pubis de la femme — en caricature de sa pilosité — se retrouve dans *La chair et le diable* de Jean-Didier Vincent avec cette légende: «Par la ruse diabolique de sa dissimulation, le sexe transforme l'apparence de la femme et assure la pérennité du désir sur lequel se construisent les grands travaux du cerveau: la technique, l'art et l'écriture.» Alors que chez les anthropoïdes, le sexe féminin est glabre et se pare de charmes visibles au milieu du pelage lors de l'œstrus, celui de la femme se cache sous une toison alors que fesses et seins se dévoilent au regard concupiscent du mâle.

On comprend dès lors mieux comment l'image a pu évoluer à partir des déesses de la féminité Bastet, Artémis, Aphrodite, Vénus et Freya, associées à la chatte, au pubis de la femme.

Humour noir

Fernando Arrabal écrit ce poème sans titre, cité par Laurence Bobis:

Elle souriait et me caressait. Puis elle me mettait dans son lit et je l'observais pendant son sommeil; parfois elle me laissait dormir avec elle toute la nuit.

Quand je ne faisais pas tout ce qu'elle voulait, elle me battait avec un martinet. Alors j'allais dormir dans l'autre chambre et j'attendais son retour et ses caresses le lendemain matin.

Un jour, comme je sentais mauvais, elle m'a châtré, et depuis lors, même si elle me met dans son lit et me caresse, je ne peux plus ronronner.

Il y a à ce poème plusieurs lectures, au premier degré celle d'une femme et d'un chat, au second degré celle d'une femme dominatrice et de la virilité d'un homme qui... ronronnait.

Les chats des fleurs du mal

Dans *Les fleurs du mal* (qui parfois ressemblent aux pleurs du mâle ou aux miaulements désirants du matou), Charles Baudelaire (1821-1867) terminait un de ses poèmes, intitulé «Les chats», avec ces vers:

> *Leurs reins féconds sont pleins d'étincelles magiques,*
> *Et des parcelles d'or, ainsi qu'un sable fin,*
> *Étoilent vaguement leurs prunelles mystiques.*

Dans cet autre poème, nommé tout simplement «Le chat», le poète parle de la voix d'un chat:

> *Elle endort les plus cruels maux*
> *Et contient toutes les extases;*
> *Pour dire les plus longues phrases,*
> *Elle n'a pas besoin de mots.*

Et ensuite, dans les quelques vers suivants, on peut tellement aisément lire le double sens:

> *De sa fourrure blonde et brune*
> *Sort un parfum si doux, qu'un soir*
> *J'en fus embaumé, pour l'avoir*
> *Caressée une fois, rien qu'une.*

Le chat de Baudelaire, me semble-t-il, est une chatte. Et ce poète n'a-t-il pas résumé mon sujet?

Un sujet de thèse

Je n'ai fait qu'effleurer une idée, inspiré par les textes de Laurence Bobis. J'aurais dû, pour bien faire, parcourir toute la littérature historico-érotique, mais je n'en ai pas eu l'occasion. Peut-être un lecteur passionné en fera-t-il son sujet de thèse?

Chapitre cinq

Le chat psychanalysé ou histoire naturelle de l'étude de l'intelligence du chat

Peut-on psychanalyser un chat? Non, mais on peut le psycho-analyser! Et ce jeu de mot nous permet de dire que si le chat ne peut pas encore nous raconter ses pensées, il peut tout de même nous en faire connaître certaines, car il a son langage et nous sommes désormais capables de l'interpréter. Nous ne sommes plus au temps de Descartes et la thèse de l'animal-machine n'a plus vraiment cours aujourd'hui.

Dans les paragraphes suivants, je propose une courte histoire naturelle de l'étude de l'intelligence, qui se révèle être aussi une histoire naturelle du changement de paradigme (cadre de pensée). J'aimerais que vous gardiez ceci en mémoire lorsque vous aborderez le chapitre sur l'hypo-thèse étonnante.

Les cartésiens

Pour René Descartes (1596-1650), l'animal n'est pas sensible, ne pense pas et n'a pas de langage. Nicolas Malebranche (1638-1715), un bon père de l'Église, continua sur la lancée cartésienne et affirma qu'un chat pouvait être battu puisqu'il ne le sentait pas: «les animaux mangent sans satisfaction, crient sans souffrance, se reproduisent sans le savoir, ne souhaitent rien, ne craignent rien.»

Oh combien avaient-ils tort! Les éthologues démontrent que le langage animal existe bien, même s'il n'est pas constitué de paroles symboliques.

Les darwiniens

Charles Darwin (1809-1882) a révolutionné la pensée. Il a changé le paradigme. Pour que soit valable son hypothèse de la sélection naturelle des espèces et de l'homme, de ses caractéristiques physiques et aussi de son fonctionnement mental, il faut qu'il y ait une continuité entre les facultés mentales humaines et animales. On lui attribue cette phrase, citée par Jacques Vauclair, spécialiste de psychologie comparée entre homme et animal: «chez les animaux supérieurs, les facultés mentales, quoique si différentes par le degré, sont néanmoins de même nature que celles de l'espèce humaine.» Et il parlait de la curiosité, de l'attention, de la mémoire et du raisonnement.

Dans sa foulée vient George Romanes qui écrit *Animal Intelligence* en 1882, dans lequel il émettait l'hypothèse — appelée inférence subjective — que les activités des organismes non humains étaient analogues à celles des humains et que les états mentaux auxquels ces activités sont associées étaient présents chez d'autres espèces. Mais c'est toute la problématique de l'analogie.

Selon Vauclair, la méthode préconisée par Romanes est déterminante pour l'établissement du behaviorisme par John B. Watson et Burrhus Frederic Skinner lorsque, déjà en 1882, il écrivait: «l'organisme réalise de nouveaux ajustements ou en modifie d'anciens en fonction des résultats de sa propre expérience individuelle.»

Les behavioristes

En 1879, Wilhelm Wundt (1832-1920) fonde à Leipzig le premier laboratoire de psychologie expérimentale. En 1894, C. L. Morgan

NOS AMIS LES ANIMAUX   CHATS HORS DU COMMUN

met la communauté scientifique en garde contre les hypothèses de Darwin et de Romanes, d'interpréter par une faculté supérieure ce qui peut l'être par une faculté inférieure. Ce «principe de Morgan» signifie simplement, écrit Vauclair, qu'«il n'est pas nécessaire de faire appel à des structures psychologiques d'ordre supérieur (de type volonté ou pensée) quand des systèmes explicatifs plus simples (réflexes par exemple) peuvent rendre compte de façon adéquate d'un comportement donné».

En 1898, Edward Lee Thorndike (1874-1949) — l'inventeur des boîtes à problèmes — publie *Animal Intelligence* et affirme que les animaux apprennent par «essai et erreur». Thorndike peut aussi être considéré comme l'inventeur du rat (blanc) de laboratoire. Depuis ce moment — grâce à Thorndike et Morgan — il y a eu une sérieuse et fâcheuse tendance à extrapoler du rat à l'être humain.

La boîte à chats de Thorndike

Jacques Vauclair illustre une des lois de Thorndike de la façon suivante:

> Un chat est placé dans une boîte et de la nourriture est déposée à l'extérieur. Pour pouvoir sortir de la boîte, le chat doit se livrer à des manipulations diverses, comme par exemple tirer un levier. Thorndike observe que le chat effectue beaucoup d'actes différents (gratter, griffer, pousser avec le museau, etc.) au cours de ses premières tentatives, jusqu'à ce qu'il parvienne, par hasard, à tirer le levier et à sortir de la boîte. La situation se répétant, le chat réussit à s'extraire de la boîte de plus en plus vite et il exécute également de moins en moins de réponses inappropriées. [...] Selon [Thorndike], l'apprentissage consiste en une sélection des réponses, avec élimination des réponses inadéquates et conservation de celles qui conduisent à la solution du problème.

Ivan Pavlov (1849-1936) entre alors en scène et parle de psychopathologie expérimentale en avril 1903 au Congrès International de Madrid. Ensuite, Wolfson met en évidence les conditionnements (que l'histoire attribue à Pavlov). Pavlov et Vladimir Bechterev fondent une nouvelle discipline scientifique et philosophique: la réflexologie.

En 1913, avec la publication de *Psychology as the behaviorist views it*, John Watson (1878-1958) se fait connaître. Il veut soustraire la psychologie au «mentalisme» post-darwinien et en faire une discipline expérimentale objective. Il élabore le modèle «stimulus-réponse» (S-R) et estime que ce qui se passe entre S et R, c'est-à-dire dans le cerveau, la boîte noire, est inaccessible à l'analyse et à la spéculation. De plus, Watson reprend à Aristote le concept de la *tabula rasa*: l'individu est vierge à la naissance et tous les comportements sont acquis. Watson rejoint ainsi le club des behavioristes.

En 1938, Burrhus Frederic Skinner crée le néobehaviorisme et développe les conditionnements opérants ou instrumentaux: les comportements sont appris ou éliminés suivant leurs conséquences: récompense ou punition.

Enfin, plus récemment est né le behaviorisme méthodologique qui reconnaît, comme Skinner par ailleurs, qu'il est difficile d'étudier objectivement les états mentaux et conclut qu'il vaut mieux concentrer son attention sur ce qui est mesurable directement, à savoir, les comportements.

Aujourd'hui encore, et toujours, le behaviorisme fait des ravages dans les pays anglo-saxons. C'est ainsi qu'ont été préconisées des techniques éducatives punitives, basées sur des jets d'eau, des trappes à souris, des colliers et des tapis électriques..., utiles parfois, mais loin d'être le système éducatif idéal.

Mais le système éducatif reflète sans doute l'éducation de l'éducateur, car il existe une autre application du behaviorisme, plus en vogue aujourd'hui, celle du renforcement positif. Punir supprime sans doute des comportements mais ne met rien à la place de l'acte supprimé; récompenser, en revanche, permet d'engendrer de nouvelles réponses. Le renforcement positif est ce petit quelque chose (biscuit, caresse, attention) qui encourage l'animal à répéter un comportement, dans l'espoir de recevoir à nouveau un salaire. Oui, c'est efficace, bien entendu! La récompense renforce le comportement en intensité et en fréquence.

Les behavioristes, confinés dans leurs laboratoires avec leurs boîtes à problèmes et leurs labyrinthes — dans lesquels s'ébattent rats, souris, lapins, et parfois quelques rares chats et quelques pigeons — ont également entraîné l'abandon de l'intérêt pour les comparaisons entre espèces. On tente désormais d'expliquer les processus mentaux les plus complexes par des mécanismes simplifiés et... insuffisants.

David Premack et G. Woodruff (cités par D. Griffin) écrivaient ironiquement en 1978, à propos des chimpanzés qui imputent aux autres des désirs et des croyances plus par empathie que par évaluation objective des comportements d'autrui: «le singe ne peut qu'être mentaliste. Sauf si nous nous trompons totalement, il n'est pas assez intelligent pour être un behavioriste.»

Les cognitivistes

Avec Edward Chace Tolman, le mouvement behavioriste connaît une opposition de l'intérieur. Le dogme — la camisole de force — behavioriste est ébranlé lorsque Tolman émet les concepts des cartes cognitives.

> Les sciences cognitives sont aujourd'hui en vogue, écrit J. Vauclair, et elles sont abordées par des disciplines aussi diverses que les neurosciences, la linguistique, la robotique, l'informatique, la logique, l'intelligence artificielle, l'épistémologie et, bien entendu, la psychologie, où les phénomènes cognitifs ont été originellement décrits. [...] Pour le cognitivisme contemporain, penser c'est calculer, c'est-à-dire manipuler des symboles. [...] Les symboles sont porteurs de sens, et le sens constitue en lui-même une information sur le monde. Autrement dit, un système cognitif est un système qui contient des représentations et, de ce fait, penser constitue à transformer ces représentations en d'autres.

Cette notion permet à nouveau d'étudier la cognition animale. Vauclair continue:

> Les changements de paradigme dans l'étude du comportement dit «intelligent» des animaux ont suivi de près l'évolution de la psychologie humaine. Aussi, c'est à la suite des théories de l'information, puis des développements de l'intelligence artificielle dans les années 1960, qu'on a vu se dessiner progressivement une approche du comportement animal qualifiée aujourd'hui de cognitive.

Les éthologues

Dans son *Histoire des animaux,* livre VIII, intitulé *La psychologie des animaux,* Aristote (384 à 322 av. J.-C.) signalait déjà qu'il fallait faire plus confiance à l'observation qu'à la théorie. En cela, il était un précurseur de l'école éthologique. Le terme éthologie a été introduit en 1859 par Isidore Geoffroy Saint-Hilaire (1805-1861) pour décrire les recherches sur les animaux dans leur habitat naturel. La science de l'éthologie n'a cependant été connue du public qu'à partir des travaux de Konrad Lorenz (1903-1989) et de Niko Tinbergen (né en 1907).

En médecine vétérinaire, l'éthologie a pris une place officielle en 1966 en Europe avec la création de la Société d'Éthologie Vétérinaire et en 1975 aux États-Unis, sous l'impulsion de Bonnie Beaver, avec la Société Américaine d'Éthologie Vétérinaire, rebaptisée ultérieurement Société Vétérinaire Américaine pour le Comportement Animal — avec une connotation behavioriste.

Les vétérinaires qui traitent les affections (dites) psychologiques du chat mettent l'accent sur la description des comportements. Il ne suffit pas, par exemple, de dire dans un élan d'anthropomorphisme qu'un chat est «jaloux», il faut décrire ce qu'il fait pour que le propriétaire pense à ce qualificatif. C'est grâce à cette description méticuleuse qu'on peut désormais savoir comment le chat «pense» — mais malheureusement pas encore ce qu'il pense — les émotions qui le tourmentent, ses peurs, ses phobies et même la chimie de son cerveau.

Un credo philosophique

On peut émettre le credo philosophique suivant: entre le psychisme de l'homme et celui de l'animal existe un fossé infranchissable. C'est ce qu'ont fait les cartésiens et, avant eux, saint Augustin (354-430) et saint Thomas d'Aquin (1225-1274). C'est encore une position scientifique classique, celle du solipsisme d'espèce, ce credo philosophique qui affirme que seule l'espèce humaine pense. Cet héritage de la pensée religieuse garde la définition moyenâgeuse de l'intelligence qui rapproche l'homme de Dieu et le sépare de l'animal. Le schisme sémantique «homme-animal» en fournit une autre preuve. On ne parle pas de l'homme en tant qu'espèce, comme le chat, le chien, mais de l'homme en tant que super-espèce et tous les animaux comme des infra-espèces.

Mais on peut prendre le parti inverse — autre credo ou hypothèse scientifique — et affirmer que les psychismes humain et animal sont en continuité, tout en se différenciant en quantité et qualité. C'était déjà l'avis d'Anaxagore et d'Aristote, de Montaigne, de Rousseau, de Darwin, et de tant d'autres, dont je suis. Cette théorie philosophique se retrouve aussi sous le nom de panpsychisme qui stipule que «toute matière possède certains attributs mentaux; un continuum allant des atomes à l'homme en passant par les autres organismes vivants» (Griffin). Comme l'écrit aussi le Prix Nobel Eugen Wigner, cité par Olivier Costa de Beauregard, physicien, sur la base du principe qu'à toute action correspond une réaction: «il doit exister une action directe de l'esprit sur la matière.»

Les continualistes, comme je les appelle, reconnaissent à l'animal un processus de pensée, de réflexion, d'intégration, d'anticipation, en somme de cognition. L'animal est guidé par des intentions et des désirs et n'est pas seulement façonné par des instincts, des réflexes et des renforcements.

Si l'animal n'était dirigé que par des essais et des erreurs émis au hasard (selon Thorndike), il ne survivrait pas très longtemps (dans la Nature, la majorité des erreurs sont fatales, létales). Non, l'animal a une intelligence; il apprend non seulement par l'expérience personnelle, mais aussi par l'imitation d'autrui. Et pour imiter un autre, il faut être en sympathie, en empathie avec lui, il faut partager les mêmes émotions. Connaître les émotions du congénère nécessite un décodage, un langage. Langage, intelligence, communication et apprentissage par imitation sont les ingrédients de la culture.

Les chats ont une culture! Oui, mais ces bribes de culture ne sont pas transmises par un langage symbolique oral ou écrit et l'animal parle peu — ou difficilement — du passé ou de l'avenir, et reste ancré dans le présent.

Les cognitivistes nouveau cru

Avec les théories de Jean Piaget en 1967, l'étude de la cognition animale revient dans la continuité avec le biologique. Éthologues et psychologues trouvent un terrain d'entente. L'étude des processus cognitifs et de l'intelligence animale fait un bond en avant. Mais même pour les continuistes les plus acharnés, il faut qu'il y ait une différence entre l'homme et l'animal. Alors les critères que l'on imposera pour cette différentiation se compliqueront d'année en année, réintroduisant la discontinuité entre animal et homme. Bientôt, pour que l'animal ait des compétences cognitives équivalentes à celle d'un humain, il devra être... humain.

Comme l'écrit Jacques Vauclair: «tout se passe en effet comme si les progrès de l'éthologie et de la psychologie animale contraignaient les chercheurs à évoquer de nouveaux traits spécifiques du langage humain.» Il parle aussi de «la spirale inflationniste des traits» que les chercheurs engendrent progressivement. On en est sans doute actuellement à une conception continuiste de la cognition et à une conception discontinuiste du langage. Peut-être cette hypothèse satisfera-t-elle tout le monde!

Les psychiatres pour chats

Les vétérinaires psychiatres — qui s'appellent en fait les éthologues cliniciens — utilisent différentes méthodes pour obtenir la guérison des affections comportementales du chat. Ils associent à l'éthologie, la psychologie expérimentale, les techniques behavioristes, la systémique familiale, des disciplines aux noms compliqués nommées neurobiochimie, psychopharmacologie, psycho-neuro-immunologie, etc. Les simples conseils éducatifs ne sont pourtant pas étrangers à leur bagage thérapeutique. Je parle de tout cela dans le chapitre 22 intitulé «De l'éthologie clinique à la systémique familiale».

De quels problèmes s'occupent ces vétérinaires bien particuliers? Il y a deux grands groupes d'affections. D'abord, les comportements qui gênent le propriétaires: marquages urinaires, griffades sur le mobilier, morsures, destructions, souillures, miaulements intempestifs et autres délinquances, mauvaise présentation en exposition, etc. Puis il y a les comportements qui provoquent une souffrance chez l'animal: dépressions, anxiétés, etc. Nous avons divisé ces deux groupes en fonction du propriétaire, et non pas en fonction du chat. Pourquoi? Parce que cela correspond à la réalité quotidienne actuelle en clientèle (l'homme est et reste anthropocentriste, c'est-à-dire essentiellement centré sur son propre intérêt d'espèce, sur son propre nombril humain), mais pas du tout à la réalité psychique animale.

Ainsi, même le meilleur ami du chat, son propriétaire, reste parfois myope devant les demandes, ainsi que les souffrances psychiques de son compagnon animal. Un chat déprimé, immobile, qui dort toute la journée, est comme une peluche vivante; il ne gêne personne. Pourtant, la dépression de son humeur se répercutera sous peu dans son système de défense, entraînant une dépression immunitaire, et le cortège des maladies psychosomatiques suivra.

Bientôt, avec l'aide des médias et la prise de conscience des hommes, les chats seront aussi soignés dans leur essence psychique et leurs pensées ne laisseront plus personne indifférent. Vous aurez par ailleurs remarqué que j'évite autant que possible les mots névrose et psychose trop galvaudés et sur lesquels pèse plus qu'un soupçon de religion psychanalytique.

Une conscience féline

Si l'on définit la conscience comme la perception de ses propres états mentaux, alors le chat possède une certaine forme de conscience. Quand un chat a peur d'un bruit violent, il tente de gérer ce stimulus, par la fuite par exemple. Fuit-il par réflexe? Fuit-il instinctivement? Ou fuit-il pour diminuer l'intensité du bruit, pour mettre ce stimulus à plus grande distance. Sait-il qu'en fuyant, il obtiendra ce résultat? Bien entendu, le chat a conscience d'avoir peur, il sait très bien qu'il ne peut modifier le stimulus-bruit violent qu'en s'éloignant de lui et il choisit la stratégie la plus efficace à court terme.

Une pensée peut modifier tout un comportement. Et au cours de la lecture de ce livre, vous assisterez à des spectacles troublants de chats confus ou dans des états de conscience différents, altérés. La confusion est, elle aussi, un processus cognitif, une perturbation de la conscience.

Mais si le chat pense (ou même, s'il délire), rétorqueront certains, pense-t-il qu'il pense? Et d'autres de renchérir: le chat présente des comportements instinctifs, mais en est-il conscient? Jetez un coup d'œil au chapitre suivant intitulé «L'intelligence chez le chat».

L'homme est-il conscient de ses comportements innés? L'homo sapiens pense-t-il qu'il pense? Ou est-ce le seul apanage de certains philosophes? Ou est-ce une simple propriété du langage symbolique humain? «Comment fait-on, écrit Boris Cyrulnik en 1991, pour communiquer quand on n'est pas un homme, et comment fait-on pour communiquer quand on est un homme sans parole? [...] L'illusion anthropomorphique n'affecte pas seulement notre interprétation du comportement animal, elle imprègne, si je puis dire, notre propre comportement vis-à-vis des animaux.»

Comment observer une conscience de chat à partir de l'intérieur d'une conscience d'homme? L'être humain ne perçoit pas le caractère extrêmement singulier, biaisé et irrationnel — dans une rationalité de chat — de son point de vue, de ses représentations en mots-symboles. Il est plus aisé de compter le nombre de maisons d'un village depuis une vue aérienne que depuis l'intérieur d'une maison de ce même village. Cette métaphore permet de comprendre qu'il est malaisé d'appréhender un autre niveau de réalité sans s'extraire au préalable de son propre niveau de réalité. C'est ce que Thomas Kuhn, épistémologue, cité par Costa de Beauregard, appelle «un changement de paradigme, une réorientation des perspectives qui bouscule les préjugés régnants».

Avez-vous déjà essayé de penser sans mots, avec simplement des images, des odeurs, des sons...? Essayez! Vous aurez une première idée des capacités cognitives du chat. Vous aurez déjà pensé, en rêve, avec une succession d'images sans mots. Pourriez-vous imaginer ne penser que de cette façon? Une pensée-images au lieu d'une pensée-mots.

Chapitre six

L'intelligence chez le chat

La notion d'intelligence est floue et les tests destinés à la mesurer sont controversés. Il y a de grandes discussions philosophiques sur l'utilisation d'une terminologie — adaptée à la psychologie humaine — aux processus cognitifs des animaux. La grande difficulté provient du fait que les concepts élaborés pour définir l'intelligence animale proviennent de concepts humains. On en revient toujours à ce dualisme homme d'une part, animal de l'autre, qui pervertit jusqu'aux définitions. Il serait plus simple, à mon avis, de parler de chaque animal en soi et de l'animal dans l'homme et puis du «sapiens» dans l'homme, pour autant que cela soit possible.

Définitions

Les sciences cognitives distinguent, à raison, intelligence et cognition. La cognition regroupe les opérations qui permettent l'apprentissage, le traitement de l'information et l'élaboration d'un savoir sur le monde. Deux processus sont étudiés: la construction des éléments de base, comme les représentations, les symboles et les concepts (catégories d'éléments, etc.), et la liaison de ces éléments (le raisonnement par exemple). Le traitement de l'information s'occupe de la perception, du recueil, du stockage (mémoire), de la structuration et de l'utilisation de l'information ainsi que de sa mise en pratique dans la communication. La cognition nécessite différentes qualités dans la réalisation des opérations mentales: la plasticité, la flexibilité, l'adaptation, la nouveauté (être indépendant de la préprogrammation innée) et une capacité de généralisation. La cognition est en relation avec la structure et le fonctionnement des cellules nerveuses (neurones) sans que l'on soit capable aujourd'hui de dire avec précision la nature de cette relation.

L'intelligence est une capacité générale d'adaptation à des situations nouvelles par des procédures de cognition. Parler d'intelligence introduit souvent des notions de performance et d'adaptation spécifique à des problèmes imprévus, comme la généralisation d'une règle ou d'un concept.

Cognition et intelligence sont en relation avec la représentation, en d'autres mots, le reflet mental ou cognitif, l'image d'un élément de l'univers extérieur perçu par les sens. La représentation, c'est l'image X' d'un stimulus X après filtration sensorielle et classification, c'est-à-dire après un processus cognitif. La mémoire est la capacité d'un système à encoder l'information, à la stocker et à la restituer.

Les résultats des comparaisons entre l'homme et le chat dépendent des motivations de chaque espèce, et ces motivations sont elles-mêmes sous influence biologique. Les comportements innés — instinctifs — ne sont que des additions ajustées de petites séquences comportementales qui peuvent se retrouver identiquement dans diverses activités comme, par exemple, le jeu, la chasse, l'agression compétitive et les comportements de cour (séduction). Cette organisation complexe de petites séquences est déjà pour John Paul Scott un processus cognitif, et même un processus intelligent. Parler d'intelligence chez le chat reviendra à déterminer le degré d'organisation et d'adaptation des comportements, indépendantes de la contrainte génétique.

Organisation sociale et attachement

Dans la nature, en dehors des périodes de reproduction, le chat est un animal solitaire et ses moyens de communication sociale sont limités. Les interactions sociales s'enrichissent lors de développement en groupe (nurserie) grâce à l'élaboration de rituels. Un transfert d'attachement se passe de la mère au groupe ou à certains de ses éléments ainsi qu'au territoire.

Deux types de groupes existent: les matriarcats et les fraternités.

Les matriarcats sont des groupes de femelles et de non-mâles (impubères et castrats) et sont hiérarchisés par structuration de l'espace; le rang hiérarchique est transmis par «tradition» de la mère à ses filles. On trouve chez les chats les plus sociables une recherche du congénère d'attachement, des marquages familiers mutuels (frottements), du toilettage mutuel et des apprentissages par imitation (comportement allomimétique). Les fraternités sont des associations temporaires de mâles avec une hiérarchie linéaire (A domine B qui domine C, etc.). Les membres des fraternités ont des activités exploratoires communes et synchronisées. Dans les deux types de sociétés, les activités de chasse sont solitaires, à l'exception de rares observations de chasse synchronisée en groupe.

Le chat ne forme pas avec l'être humain un système social hiérarchisé. On ne trouvera donc pas une autorité naturelle d'un dominant comme chez les mammifères sociaux, le chien par exemple. Une obéissance à des demandes ne sera obtenue que par des motivations personnelles (récompense, évitement d'une punition), et pas par intérêt pour le groupe social ni par obéissance à une figure d'autorité.

Cognition sociale et croyances

Qu'en est-il maintenant de la cognition sociale? Des études chez les singes démontrent la reconnaissance vocale des enfants et des parents, la reconnaissance visuelle et le concept de filiation (je suis la mère de X, je ne suis pas la mère de Y), l'abstraction de la notion de dominance, etc. Ceci nécessite pour le moins l'identification de l'autre et sa différentiation des autres. Cela n'implique-t-il pas, pour le moins, la différentiation de soi par rapport aux autres, voire la reconnaissance de soi?

Le problème doit être posé différemment dans des espèces multipares qui, au lieu d'avoir un petit à gérer, en ont plusieurs, et cela peut aller jusqu'à 14 chatons. La reconnaissance du petit individuel est — pourrait être — secondaire à celle de la portée dans sa globalité.

La reconnaissance auditive de ses chatons est importante pour la chatte solitaire qui réagira de façon sans doute plus indifférenciée à leurs cris de détresse. Cette même reconnaissance sera moins importante pour la chatte en nurserie qui se laisse téter par des chatons de plusieurs filiations différentes.

Les études de reconnaissance visuelle seront remplacées avantageusement par les études de reconnaissance olfactive chez le chat. La recherche dans le domaine des phéromones d'allomarquage (marquage mutuel ou social) naturelles et synthétiques chez le chat permettra sans doute d'établir des cartes olfactives cognitives dans cette espèce. Des expériences faites par Patrick Pageat (1996) ont déjà démontré que l'on peut leurrer un chat en lui imposant un double ou un jumeau visuel d'un des congénères amis de son groupe social, en l'imprégnant de phéromones d'allomarquage. La discrimination visuelle serait donc hiérarchiquement assujettie à la discrimination olfactive.

Quoi qu'il en soit, l'autre est reconnu. Dans un groupe de chats, les comportements d'un chat A seront différents en face de B, de C ou de D. Le chat reconnaît donc B, C et D à des critères différentiels. Ses comportements s'adapteront d'avance à ce que B, C ou D pourraient faire. Il attribue à B, C ou D une probabilité d'intentions différentes, c'est-à-dire des croyances, dans la définition de Pascal Engel, cité par Pierre Livet: «dire que les animaux ont des croyances, c'est dire qu'ils entretiennent un rapport intentionnel avec des états de choses via des représentations.»

Nommer

Nommer c'est symboliser. Si, aidé de ma compagne et de mon fils, nous avons nommé nos cinq chats Princesse, Gizmo, Spoutnik (anciennement nommé Vélociraptor), Laïka et Muffin, qu'en est-il d'eux? Quels noms nous ont-ils donné? H. Hediger suspectait en 1976 que certains animaux, dans leur système de pensée sans mots, avaient des «noms non nominatifs», des «noms sans nom» pour leurs congénères et leurs compagnons humains. Sommes-nous nommés par des odeurs, des images, des phonèmes symboliques? Nous sommes identifiés, mais comment? Quand un de mes chats pense à moi, comment me symbolise-t-il?

Un dressage tout à fait possible

Certains éducateurs ont réussi à présenter des chats dans des cirques (à l'instar de leurs cousins, les félidés solitaires sauvages comme le tigre) et de nombreux chats sont dressés pour des films de publicité. On peut en effet, avec beaucoup de patience, de récompenses (renforcement positif) et de façonnements, apprendre aux chats à venir, à s'asseoir et à se coucher à l'ordre, à se promener en laisse, à sauter à travers un cerceau (enflammé), à manger dans une boîte avec la patte, et à éliminer fèces et urines en se perchant sur les sièges de toilettes de leurs propriétaires.

Le dressage des chats est chose malaisée parce que l'animal ne répond pas à des renforcements sociaux mais bien personnels, parce que la majorité des gens aimeraient que leur chat obéisse pour leur faire plaisir et non pour se faire plaisir, et enfin parce que l'humanité a basé les techniques éducatives — de ses enfants et de ses animaux — sur des modèles punitifs (on obéit pour éviter la punition) plus que sur des modèles de renforcement (on travaille pour un salaire). La répartition globale du système punitif-coercitif est de

80 p. 100 alors que le système renforcement-récompense n'est que de 20 p. 100. Quand je propose l'inversion des tendances — 80 p. 100 de récompenses —, cela apparaît comme une révolution en éducation populaire, alors qu'en psychologie expérimentale, c'est la règle.

Héritabilité

Le chat domestique, vivant avec l'homme, est un animal aux traits infantiles (néoténiques) chez lequel le jeu et l'apprentissage persistent toute la vie. Ce sont des critères de bien-être, de santé émotionnelle et d'intelligence. Le système nerveux se construit sous influence biologique mais aussi sous influence environnementale: la perception, la régulation émotionnelle et psychomotrice, la socialité, la sociabilité, le choix du partenaire sexuel, etc., sont façonnés par l'expérience acquise pendant le développement synaptique cérébral, c'est-à-dire entre 2 et 10 à 14 semaines.

Dans l'ensemble des études d'héritabilité (McFarland) des facteurs comportementaux chez les carnivores, on découvre des moyennes de 10 p. 100 pour l'inné et de 90 p. 100 pour l'effet de l'environnement. C'est dire l'importance accordée aux facteurs d'apprentissage par rapport aux facteurs génétiques. C'est aussi donner une idée des potentialités d'adaptation à de multiples environnements. La vie commune avec l'homme dans des environnements variables, de l'activité de ratier dans l'Égypte ancienne ou sur les bateaux des conquistadores à la satisfaction affective de l'homme occidental moderne, en est un témoignage depuis 5000 ans.

Cognition et imprégnation

Il est largement démontré en éthologie et en psychologie expérimentale que le chaton vit une période sensible entre 2 et 9 semaines. Cette période, appelée période de socialisation primaire ou d'imprégnation, est caractérisée par des apprentissages particuliers et facilités. En résumé, le chaton apprend:

— qu'il appartient à l'espèce chat;
— qu'il peut entrer en relations sociales et sociables avec ses congénères (c'est-à-dire rechercher la compagnie de ceux-ci), mais aussi d'autres espèces comme les humains, les chiens, les volailles, etc.;
— qu'il peut vivre dans un monde environnant qui présente certaines attributions (calme-animé, silencieux-bruyant, avec ou sans humains, etc.);
— qu'il faut maîtriser ses activités motrices, ses morsures, ses griffades, au risque de subir le courroux maternel — en d'autres mots, qu'il faut apprendre à se contrôler.

Ces apprentissages sont particuliers parce que conceptuels: concepts d'espèce propre, d'espèces amies, de seuil de tolérance sensoriel, etc.

Récemment on s'est rendu compte que cette période était parallèle au développement du cerveau. Celui-ci vit trois phases: une phase de développement anarchique, chaotique, du nombre des cellules et des contacts qu'elles forment entre elles (synapses); une phase de maturation des synapses; et une phase de mise en ordre, phase suicidaire d'autodestruction de tout le matériel (cellules et synapses) qui n'a pas fonctionné.

Si la première et la troisième phases sont sous contrôle génétique — on a mis en évidence des gènes qui codaient pour des protéines tueuses de synapses et de neurones —, la deuxième est sous l'influence majeure de l'environnement. Un chaton ayant vécu ses neuf premières semaines de vie dans l'obscurité deviendrait aveugle, tout en ayant des yeux fonctionnels, mais n'ayant pas pu développer un cerveau capable de décoder les images. Il en est de même pour l'apprentissage des concepts d'espèce chat, d'espèces amies (humains, chiens...), des concepts d'information sensorielle normale (niveau d'intensité de bruit, de luminosité...)

et non habituelle, face à laquelle il faudra que le chaton émette des comportements de vigilance, de crainte, de peur, d'évitement ou d'agression.

L'existence d'une période sensible a aussi été démontrée chez l'enfant humain (Illingworth, 1990). Le développement de l'oreille musicale se fait avant l'âge de 4 ans, la notion de diagramme et d'images de l'espace tridimensionnel se fait avant 6 ans, le développement des performances au QI devient significativement différent après l'âge d'un an et demi et avant le début de la scolarité, etc. En somme, les compétences cognitives — l'intelligence — sont forgées par l'apprentissage. C'est au contact de la parole que l'on se met à parler, c'est au contact de concepts que l'on se met à conceptualiser.

Une parenthèse est ici nécessaire. Malgré ces connaissances de la science du développement cognitif de l'enfant, les enfants de moins de 6 ans sont encore aujourd'hui dans des classes surpeuplées, sous la responsabilité pédagogique de professeurs moins formés alors qu'ils auraient justement besoin des professeurs les plus compétents dans des enseignements individualisés permettant à chacun de développer au mieux ses compétences affectives, cognitives, musicales, sportives, abstraites...

Pour en revenir au chat, les neuf premières semaines de vie sont très vite passées et peu de propriétaires ont pris le temps de développer au mieux l'information sensorielle reçue et, donc, la structure du cerveau de leur chat.

Facteurs de motivation

Quel que soit le débat sur l'hérédité et l'environnement, il n'en reste pas moins que les facteurs de motivation sont influencés par le biologique. Dans les tests de discrimination visuelle permettant de suspecter une certaine forme d'intelligence abstraite, il faut une cinquantaine d'essais pour distinguer deux luminosités différentes, alors qu'il en faut plus de 300 pour distinguer des formes distinctes et plus de 1000 pour distinguer deux longueurs d'ondes (couleurs) différentes (Daw, 1973). Le chat, chasseur crépusculaire, est plus intéressé par les mouvements et les différentes luminosités que par les formes et les couleurs. Ce n'est pas une preuve de son absence d'intelligence, mais une indication de son manque d'intérêt, lié à ses capacités sensorielles. Combien d'essais ne faudrait-il pas à un humain pour distinguer olfactivement deux phéromones de chat ?

Discrimination latérale et formation d'habitudes

Dans un test de discrimination d'odeurs (choix entre deux odeurs situées sur des supports séparés de 45 cm et équidistants de la zone d'accès à la surface de test), 8 chats sur 14 (57 p. 100) ont préféré systématiquement aller vers la gauche ou la droite (latéralité), quelle que soit l'odeur (intéressante, neutre ou rebutante), et toutes les odeurs étaient investiguées de la même façon (Chaffin, 1993) (Chaffin, Beaver, 1993).

Les tests comparatifs d'intelligence devraient tenir compte de l'*a priori* de plus de 50 p. 100 des chats dans la latéralisation des choix dans des tests de discrimination, et de la pauvreté des performances dans les tâches monotones (tests répétitifs).

L'outil

L'utilisation d'outils est un critère classique d'intelligence. Si l'outil est défini comme un objet extérieur, détaché de son substrat, modifié (manufacturé), tenu par l'utilisateur et orienté dans l'espace, alors le chat n'utilise pas d'outil. L'emploi de la chatière pour sortir n'est rien d'autre qu'une adaptation à une paroi pivotante. La projection de phéromones d'alarme et d'urine en direction d'un intrus n'est pas non plus l'utilisation d'un outil manufacturé à partir d'un objet extérieur.

Le chat utilise un instrument corporel (ses pattes antérieures). La patte antérieure du chat sert à la locomotion ainsi qu'à l'ascension d'arbres, mais aussi à la capture des proies. Une utilisation particulière de la patte-outil est la recherche de proies dans des anfractuosités. Cette compétence permet d'apprendre au chat à se nourrir seul dans une boîte ou dans un verre dont l'ouverture est insuffisante pour y insérer la face. Dès lors le chat utilise sa patte, comme une main ou comme une cuillère, pour porter de la nourriture à sa gueule ou l'épandre par terre et s'en nourrir ensuite. De plus, ne disposant pas d'une main avec un pouce opposable aux autres doigts, le chat se sert de ses deux pattes antérieures — disposées face à face donc opposables — pour capturer ou tenir un objet ou une proie (un oiseau) dans un milieu aérien.

L'utilisation d'un congénère — comme «objet social» — de la même espèce ou d'une autre espèce, peut prendre le statut d'outil. Dans le chapitre intitulé «Télécommunications», je fais part de deux anecdotes dans lesquelles une chatte se fait comprendre d'un chien pour la récupération et le déplacement de sa portée de chatons. L'utilisation du chien peut être considérée comme l'utilisation d'un outil, équivalent en fait à une pelleteuse ou à un moyen de transport. Mais ces anecdotes sont exceptionnelles et le comportement n'est pas répétitif.

L'utilisation d'un jeune chaton comme bouclier à l'agression n'a pas été démontrée chez le chat (au contraire des singes anthropoïdes). En revanche, le rapprochement de deux congénères peut très bien avoir un effet dissuasif sur l'agression d'un troisième. Mais cette utilisation de la proximité sociale n'a pas été définie comme une utilisation d'un outil, ce dernier n'étant pas tenu par l'utilisateur.

La représentation spatiale

Pour tout animal qui se déplace dans un domaine vital (voir le chapitre intitulé «L'alchimie du territoire»), il faut une représentation spatiale. «La représentation des positions relatives de différents lieux de l'environnement, écrit Jacques Vauclair, et la mise en place des trajets pour les relier ont été désignés par le concept de "carte cognitive"» (Tolman, 1948). La notion de carte cognitive est métaphorique. Si l'animal possède une cartographie de son espace vital, il doit être en mesure de réorganiser et d'optimiser ses trajets par le choix de nouveaux parcours.

Le chat, animal essentiellement sylvestre, se doit d'avoir une cartographie complexe. Le domaine est structuré par des indices visuels et surtout olfactifs.

Des abeilles, lâchées à plusieurs centaines de mètres de la ruche — en dehors de leur domaine familier — se perdent. Dans les tests effectués par Herrick en 1922 (voir le chapitre sur l'orientation), des chats lâchés à des distances comprises entre 3 et 7,5 kilomètres revinrent à la maison dans un délai de 8 à 18 heures. La carte cognitive du chat s'étendrait donc à plus de 7 kilomètres de rayon de son gîte.

Une expérience d'Anne Joubert et de Jacques Vauclair avec des babouins montre que ceux-ci reconnaissent rapidement des objets nouveaux dans leur environnement familier et qu'ils réagissent très vite à des changements même minimes dans leur environnement familier. Tout propriétaire de chat sait que son compagnon fait la même chose. Vauclair en déduit que «ces comportements attestent chez ces animaux une connaissance de l'espace et des objets qui correspond bien au concept de carte cognitive».

La carte cognitive peut fonctionner localement ou globalement, lorsqu'elle permet d'intégrer différents lieux et les relations entre ceux-ci. La carte cognitive du chat ne peut être que globale, son domaine vital se divisant en autant de champs différents (activité, agression, repos...) reliés par des chemins et des zones de passage.

Des recherches complémentaires sont encore nécessaires pour déterminer les capacités d'abstraction des cartographies cognitives des chats.

Recherches piagétiennes: la permanence de l'objet

Jean Piaget a proposé d'ancrer le développement cognitif dans la biologie. Les apprentissages sont possibles si le développement de la structure neuronale le permet. Il y aura donc plusieurs stades dans le développement tant de la structure biologique que de la cognition.

Une des mesures du stade de développement est la mise en évidence de la permanence de l'objet. Pour un enfant en bas âge et un chaton de moins de 4 mois, un objet qui disparaît n'existe plus dans la construction de son monde.

Ce test, même s'il donne des taux de réalisation comparables à ce que l'on trouve chez l'enfant, n'implique pas que les capacités cognitives de l'animal soient identiques à celles de l'enfant.

Dans le test, un bol de nourriture est déplacé en ligne droite (par exemple sur un petit train électrique): visible au départ, il est ensuite masqué par un premier écran; il réapparaît et est ensuite caché par un second écran. Le chat est capable d'aller chercher la nourriture cachée derrière le second écran, comme des enfants de 12 à 18 mois (ce que Piaget a nommé le stade 5 — sur 6 stades — de la permanence de l'objet). Le sixième stade n'est pas, semble-t-il, atteint par le chat: il s'agit de retrouver un objet dont on a vu la direction de déplacement au départ mais qui s'est déplacé alors qu'il était caché.

Il est certain que cette compétence de «permanence de l'objet» (une proie par exemple) est indispensable à un animal dont le domaine de chasse est la forêt et qui a des obligations arboricoles; le masquage temporaire des proies par des arbres ou des branches ne doit pas interférer avec leur capture. Utilisant d'autres compétences sensorielles comme l'olfaction, le chat arrive très certainement au sixième stade de la permanence de l'objet (la proie, un jouet...) qu'il va chercher dans une anfractuosité, sous un meuble...

La fonction symbolique

Au-delà de cette phase cognitive de l'acquisition de la notion de permanence d'objets de référence se trouve, selon Piaget, l'acquisition de la fonction symbolique, c'est-à-dire, selon Vauclair: «l'ensemble des procédés qui permettent de représenter un signifié quelconque (objet, événement) au moyen d'un signifiant différencié (geste, image mentale, signe linguistique)». Une fois ce stade obtenu, l'individu peut faire des classifications d'objets, il peut relier les objets d'une classe, extrapoler ou généraliser ces notions à de nouveaux objets, etc. C'est ce que les pigeons font très bien avec le concept d'arbre, reconnu même sur une diapositive.

Le chat est-il capable d'opérations conceptuelles? L'utilisation des phéromones d'identification des lieux de passage (ou phéromones d'apaisement ou de rapprochement), des phéromones d'identification du groupe social (allomarquage) et des individus d'autres espèces avec lequel il entre en relations sociables, des phéromones d'alarme et d'espacement, permet au chat d'établir des catégorisations, de grouper les éléments de ces catégories et d'émettre vis-à-vis d'eux des comportements adaptés. Cette catégorisation se fait sur une reconnaissance olfactive et non pas visuelle, même si l'opération est généralement multisensorielle. Il est malaisé pour un être humain «ordinaire» — sans aspect péjoratif — d'imaginer des concepts autres que visuels, concrets ou abstraits (chiffres, mots); un œnologue n'aura aucun problème à classer des vins suivant le concept de «bouquet».

Le chat peut aussi, et c'est plus aisé pendant la période d'imprégnation entre 2 et 9 semaines, être socialisé à différentes catégories de personnes — ou d'autres espèces animales, comme le chien, le canard... — et par la suite classer un individu rencontré dans la classe (conceptuelle) connue. Si cette imprégnation n'a pas été correcte, cette classification est bien plus difficile. On sait aujourd'hui que la stimulation précoce entraîne une réelle structuration microcérébrale au niveau même des cellules nerveuses, de leurs contacts intercellulaires (synapses) et de leur chimie de transmission de l'influx nerveux — en somme, dans la structuration des cartes cognitives, de la mémoire et de la représentation. Et c'est là que le biologique rejoint aisément le cognitif: les deux sont indissociablement liés.

Les différents niveaux d'abstraction

L'imprégnation multispécifique oblige à l'acquisition d'une certaine abstraction permettant d'élaborer et de classer différents concepts:

— concepts sociaux et affectifs: humain féminin, humain masculin, humain bébé, chien de petite taille, chien au pelage clair, chien noir, canard, etc. pour autant qu'il y ait eu imprégnation ou socialisation au type d'individu en question;
— concept des proies potentielles: petit animal mobile courant (souris, ratons, musaraignes, lapereaux), petit animal mobile volant (oiseaux), petit animal mobile grimpant (oiseaux, écureuils), animal mobile de taille moyenne, par exemple équivalente à celle du chat (lapins, rats noirs, pigeons...), etc.;
— concept des prédateurs: chiens de grande taille, oiseaux de grande taille (faucons...), humains d'un certain type, liés à une expérience traumatisante avec l'individu (phobie traumatique) ou à un manque d'imprégnation et de socialisation.

Cette classification minimale, apportée par l'éthologie, doit être complétée. Le Dr Bernhard Rensch de l'Université de Munster (Allemagne) avait déjà émis en 1965 différentes catégories d'abstractions découvertes chez l'animal. Il est évident que dans la chasse, le prédateur — le chat — doit pouvoir avoir une idée multidimensionnelle de sa proie: il doit pouvoir la reconnaître de gauche, de droite, de haut, de bas, de derrière, de devant (comme une image holographique), il doit isoler et sélectionner la proie du décor environnant (animal en mouvement

— notion abstraite de mouvement relatif). Ce premier niveau d'abstraction est évident et obligatoire.

Le deuxième niveau est la capacité à définir une règle. Expérimentalement, on propose par exemple aux animaux en laboratoire de préférer des objets couverts de lignes étroites plutôt que de lignes larges. Si on donne à choisir entre les lignes étroites et les lignes très étroites, l'animal choisira cette dernière solution. Une civette indienne (*civet cat* en anglais, un viverridé et non pas un félidé) a été entraînée à choisir un écran couvert de lignes courbes plutôt que de lignes droites, ainsi qu'à préférer un écran couvert de divers symboles différents et à rejeter un écran couvert d'au moins deux symboles identiques. La règle mémorisée est le concept de différent ou le concept de complexe.

Cette abstraction peut être à l'origine de la tendance qu'a un chat de choisir des proies préférentielles comme les oiseaux ou les souris. Si la majorité des chats, quelle que soit leur base d'apprentissage, finissent par devenir des chasseurs plus ou moins compétents — principe d'équifinalité —, il y a une sélection marquée pour chasser les proies pour lesquelles il y a eu un apprentissage précoce. Pour expliquer cela, on pourrait recourir à la détermination d'un concept: un oiseau se chasse mieux qu'un rat, ou inversement. C'est comme si dans le cerveau de l'animal s'établissait un filtre sensoriel facilitant la sélection sensorielle — attention sélective — d'un type de proie plus particulier.

Un troisième niveau d'abstraction est atteint lorsque l'animal peut comparer des concepts ou des symboles les uns aux autres. Cela a été démontré chez des chimpanzés à qui l'on donnait des billes de couleur — de la «monnaie de singe» — pour acquérir par troc des aliments. On est même arrivé à perturber — voire renverser — la hiérarchie en donnant plus de billes, plus de privilèges, à un singe plus bas dans la hiérarchie. Des tests comparables n'ont pas, à ma connaissance, été effectués sur des chats, sans doute en raison de leur difficulté à manipuler non pas des concepts, mais des objets.

L'apprentissage par imitation

L'apprentissage par imitation permet au chat d'entrer parfois dans la catégorie de l'intelligence conceptuelle. Il n'en est pas question, bien sûr, dans l'apprentissage de l'utilisation d'un bac à litière (par imitation de la mère et tendance biologique à éliminer à distance des lieux de couchage sur un support meuble) ou dans celui de l'apprentissage des préférences alimentaires bizarres chez le chaton (par imitation d'une mère chez laquelle on a développé un goût préférentiel pour les bananes ou les pommes de terre) (Wyrwicka 1978), mais bien dans l'ouverture d'une porte en se pendant à la clenche. Dans ce cas, un raisonnement hypothético-déductif est en jeu avec une imitation interspécifique de l'être humain. Ensuite quelques tentatives d'apprentissage par «essais et erreurs» sont nécessaires pour parfaire le comportement.

Comme l'écrit Karen Pryor, les chats sont d'excellents imitateurs:

> Si vous apprenez un truc — presser la sonnette pour entrer — à un chat d'un habitat, de nouveaux chats, ou d'autres chats, vont l'apprendre sans votre intervention. Des chats vont également copier d'autres animaux. Un soir, ma fille passa une heure à apprendre à son caniche à rester assis sur une chaise berçante d'enfant et à se balancer, utilisant comme récompense des morceaux de jambon. Un des chats les observait. À la fin de la leçon, le chat, sans aucune exigence, sauta sur la chaise et la balança très correctement, son regard demandant sa part de jambon, qu'il avait bien évidemment bien mérité.

Copycat, pourrait-on dire!

La communication

Les éléments de communication du chat sont complexes. Ils sont liés à l'expression corporelle (postures et mimiques faciales), aux expressions sonores, aux marques visuelles et olfactives déposées sur des supports appropriés (voir le chapitre intitulé «L'alchimie du territoire»). Ces éléments de communication n'obtiennent cependant pas la complexité du langage humain qui est composé globalement des mêmes éléments auxquels s'ajoute le langage verbal, seul à être capable de faire référence à des objets absents, à des événements passés ou futurs, à articuler des sons (phonèmes) en noms (monèmes) hautement symboliques, arbitraires, etc.

Les expressions vocales des chats ont été étudiées par M. Mœlk en 1944 et tous se réfèrent à cette étude qui prétend traduire différentes vocalises (une quinzaine) de chats en phonétique humaine et à lui donner une signification contextuelle: salut, demande, plainte, protestation, colère, ronronnement, etc. Ces études devraient être refaites avec des enregistrements sonographiques et vidéo. Ensuite des expériences devraient être réalisées pour déterminer la réponse de chats à des enregistrements sonores de vocalises d'autres chats, connus — du même groupe social — et inconnus.

On peut néanmoins accorder aux chats différentes vocalises de signification (internationale) précise. Tous les chats comprennent les sons murmurés de type ronronnement, ce qu'on a appelé des voyelles, le «miaou» ou «meow» anglo-saxon qui participe aux interpellations et aux accueils, et les sons de forte intensité, comme les feulements, crachements et autres sifflements, liés aux comportements de défense ainsi que les miaulements de forte intensité rattachés aux accouplements. Toutes ces vocalises sont liées à un contexte. Si elles ne l'étaient pas, elles deviendraient un signe linguistique dont la caractéristique, selon Jacques Vauclair, est d'être détachée de l'événement.

L'attribution d'états mentaux à autrui

Question complexe. Entre humains, nous savons l'importance des croyances, des doutes, des intentions d'autrui et, si on est habile, on peut prédire le comportement d'autrui avec assez d'exactitude.

Le chat, s'il pense, pense-t-il que les autres chats pensent et pense-t-il que les autres chats ont des intentions? Déjà dans le point sur la cognition sociale, j'avais conclu hypothétiquement que oui.

Des recherches faites avec des primates ont démontré que oui. Mais à ce jour je ne connais aucune recherche faite sur le chat à ce propos. Il est certain que le chat peut inférer de notre langage corporel — et de celui de ses congénères et de celui d'autres espèces avec lesquelles il est en relation sociale étroite — certaines intentions. Comment l'objectiver?

Daniel C. Dennet a proposé en 1983 une échelle pour évaluer la complexité des échanges sociaux animaux. Niveau 0: expression pour raison émotionnelle, par exemple, l'excitation. C'est le feulement du chat en colère. Niveau 1: expression parce que A voudrait que B fasse quelque chose comme s'en aller. C'est l'utilisation, par exemple, des postures et des phéromones d'alarme dans l'agression territoriale. Niveau 2: A voudrait que B croie que A va faire quelque chose. C'est, par exemple, l'utilisation de la posture en U inversé, poil horripilé, queue dressée et gonflée avec la course en crabe de la défense territoriale. Niveau 3: A voudrait que B croie que A croie que B... C'est toute la subtilité de la transmission de ses croyances et... du mensonge. Le chat en est-il capable? Pas encore de réponse à ce jour.

La reconnaissance de soi: miroir et camouflage

Depuis les expériences de G. Gallup en 1970, le test du miroir est devenu un classique du genre. On peint une tache rouge au-dessus d'une paupière d'un chimpanzé et on le place devant un miroir. Il explore la tache. Les autres primates, excepté l'orang-outan, ne réussissent pas ce test. Un enfant doit attendre l'âge de 2 ans pour parvenir à réussir l'expérience. Le test n'a pas été effectué avec le chat. Un chaton propose une communication à son image dans le miroir. Bientôt, il abandonne ces tentatives en raison, sans doute, d'un manque de complémentarité dans la communication. Quelques rares chats ont des comportements que l'on pourrait dire perplexes, assis tête penchée, devant leur image reflétée par un miroir. Ce test, comme l'écrit Vauclair, pourrait ne pas être significatif chez les espèces pour lesquelles le regard de face — fixe, dans les yeux — est une menace.

Mais cette reconnaissance de soi devant un miroir n'est pas un gage de conscience de soi. Une autre constatation éthologique, moins aisée à expérimenter, mais plus aisée à observer, est le comportement de camouflage des animaux. Si l'animal se cache d'un prédateur, d'une proie ou d'un être humain — d'un stimulus à risque —, comment se fait-il qu'il se cache totalement — tout en conservant la capacité de voir le stimulus — et qu'il ne se camoufle pas seulement la tête? Pour faire cela, il doit y avoir une certaine conscience de son corps, des limites de son corps.

Tout le monde a vu des chats chasser des oiseaux, se mettre ventre au sol, ramper pour s'approcher de la proie. Qui n'a pas vu des chats se cacher sous un meuble au moment de l'arrivée d'une personne ou d'un chien inconnus? Dans ce dernier cas, aucun chat ne se cache la tête laissant son corps à découvert. Parfois un bout de queue reste visible, m'autorisant le questionnement suivant: le chat perçoit-il toujours sa queue comme faisant partie de son corps? Il arrive que le chat s'attaque la queue, la capture, la lèche ou la mâchonne; mais ce symptôme doit faire penser à une pathologie comportementale comme l'anxiété mais peut-être aussi à des états dissociatifs.

La majorité des chats ne présentant pas cette dissociation, on peut envisager qu'ils aient une conscience de leur corps et donc une conscience d'eux-mêmes comme élément stable dans un environnement changeant.

Opérations mathématiques

Cette anecdote vient encore renforcer cette idée: si on enlève un chaton nouveau-né à une chatte, on induit chez elle une détresse évidente et une recherche du chaton égaré. Peut-on en déduire pour autant que la chatte puisse faire des opérations arithmétiques élémentaires?

Latéralisation hémisphérique

L'être humain présente une latéralisation des hémisphères cérébraux avec, en psychologie populaire, la différentiation entre le cerveau droit (responsable de l'affectivité, de l'intelligence affective) et le cerveau gauche (générant l'intelligence rationnelle, celle qui est mesurable par le Quotient Intellectuel).

Le fait qu'il y ait plus d'humains droitiers que d'humains gauchers a engendré un monde technologique fait pour les droitiers mais ne permet pas de conclure sur la prédominance cognitive d'un de leurs hémisphères cérébraux. Dès lors que le chat soit droitier ou gaucher, ou encore ambidextre, ne sera pas indicatif de la latéralisation de ses cerveaux.

Une information nous vient de la pathologie comportementale. Des observations répétées ont démontré que le chien et l'homme partagent une latéralisation de leurs automutilations. En effet, 70 p. 100 d'entre elles se situent sur la partie gauche du corps. L'homme s'arrache les poils (cils, sourcils, barbe, moustache et cheveux, poils corporels et pubiens éventuellement), le chien se lèche, se mordille et se tète, réalisant des zones sans poil (alopécie), des irritations, des ulcérations et indurations cutanées. Cette problématique est liée à des troubles affectifs, notamment des phénomènes anxieux. Peut-on en conclure que l'homme et le chien présentent tous deux une latéralisation hémisphérique comparable?

Le chat, en revanche, ne présente pas cette latéralisation. Dans les mêmes pathologies comportementales, il s'automutile des zones symétriques, ventrales ou dorsales, assez étendues. Et lorsque la zone de mutilation est limitée, c'est généralement l'extrémité de la queue qui est attaquée, ou une région corporelle à connotation affective, comme le périnée ou une zone délimitée du ventre, ou une cicatrice.

Si le chat ne présente pas de spécialisation hémisphérique, quelles conclusions pouvons-nous tirer sur ses capacités rationnelles?

Et le langage humain?

Si Judy, le chimpanzé vedette de la série *Daktari* connaissait 125 commandes verbales, qu'en est-il des chats et des chiens? Bill Schul raconte que Fellow, un berger allemand, fut testé à l'Université Columbia de New York; il fut alors démontré qu'il comprenait 400 mots. Le chat de monsieur-tout-le-monde connaît, semble-t-il, une vingtaine de mots. Mais pourquoi le chat a-t-il besoin de comprendre des mots? Et comment s'y prend-il? Les mots que le chat comprend ne sont pas très différents d'onomatopées ou de sons complexes comme en produisent une assiette posée sur le sol, un ouvre-boîtes, l'ouverture de l'armoire à croquettes, une souris qui traverse un sentier sablonneux à 10 ou 20 mètres, le bruit des ciseaux pour couper la viande... Ces sons complexes sont associés, par un processus de conditionnement à des contextes, à des situations, à des informations ou à des représentations (abstraites), en somme, à ce que je résumerai comme des stimuli déclencheurs d'activités plaisantes ou déplaisantes.

Le chat ne comprend pas les mots. Le chat perçoit les phonèmes (sons), il ne comprend pas les monèmes (noms et phrases). Un bébé humain montre dès l'âge de deux jours un attrait pour les sons articulés de la langue maternelle et préfère ces sonorités à celles d'une autre langue. Le chat n'est pas préconditionné à comprendre et à apprécier notre langage humain. Il n'en a rien à faire, ni de sa complexité ni de sa syntaxe. Et pour lui, le français, l'anglais, le chinois, qu'importe? L'important est qu'un son, simple ou complexe, soit associé de façon répétitive à un stimulus.

Jamais le chat ne comprendra des phrases, son cerveau n'est pas construit pour cela. Au plus détachera-t-il ou isolera-t-il un son d'une phrase afin d'y répondre par un comportement approprié qui sera alors récompensé.

Conclure temporairement

Je vous avoue, pour ma part, que l'écriture de ce chapitre me laisse avec plus de questions que de réponses. Une certitude se dégage cependant: le chat montre des capacités cognitives objectivables.

Chapitre sept

Le QI de votre chat

Un test facile

Ce test de quotient intellectuel, de quotient cognitif de votre chat n'est là que pour vous distraire. Il n'a aucune prétention scientifique et n'a pas été contrôlé ni validé scientifiquement. Il n'est intéressant que pour des chats familiers et n'aurait aucune valeur pour un chat haret.

Entourez une réponse, une seule par question. En cas de multiples possibilités, entourez la réponse qui propose les points les plus élevés.

Après avoir répondu aux 46 questions, une simple addition des chiffres dans la colonne de droite vous donnera le QI de votre chat.

Organisation et cognition sociales

1. Si le chat vit seul — sans autre chat — au sein d'un groupe humain...

il n'a matériellement jamais de contact avec un autre chat	1
il a l'occasion de voir d'autres chats, mais il est agressif	1
il a l'occasion de voir d'autres chats et il est tour à tour intrigué, intéressé ou agressif	3
il a l'occasion de voir d'autres chats et n'est jamais agressif	5
mon chat ne vit pas seul, il vit en groupe avec d'autres chats	0

2. Si le chat vit dans un groupe de chats: par rapport aux autres chats du groupe, est-il...

indifférent, il s'isole	1
agressif actif: il souffle, gronde, agresse les autres et les poursuit	3
agressif passif: il souffle, gronde, s'isole, est poursuivi et s'enfuit	2
sociable: recherche la compagnie, joue, dort avec un autre chat — mais peut agresser d'autres chats ou se défendre	4
il est complètement obnubilé par un autre chat qu'il poursuit sans cesse, restant des heures à le regarder (se cacher), etc.	2
mon chat ne vit pas en groupe, il vit seul	0

3. Nourri en groupe, à côté d'un autre chat ou partageant la même assiette...

il attend que l'autre ou les autres aient fini et ne s'impose pas	1
il vient directement, étant peu importuné par la présence d'autrui	3
il s'impose, prend toute la place, bouge, comme s'il avait peur de ne pas avoir son compte	2
mon chat vit seul, il n'a pas l'occasion de partager son repas	0

4. Le chat a l'occasion d'être en votre compagnie presque partout dans la maison pendant que vous cuisinez, lisez ou regardez la télévision...

il se trouve toujours à moins d'un mètre de moi et me regarde faire, vient au contact ou sur les genoux, en somme, il est «collant»	1
il est souvent occupé à m'observer, mais il vit sa vie également, de façon autonome	3
il n'est que rarement près de moi, il est toujours occupé à une activité ou à une autre	3
il n'est jamais près de moi, même s'il n'a rien à faire ou s'il dort; il reste seul dans son coin	1
il est parfois avec moi, mais il reste avec moi ou d'autres familiers quand ils sont malades	4

5. Le chat s'est attaché à un objet personnel, fétiche, qu'il transporte partout avec lui...

mon chat n'a jamais fait cela	1
mon chat a fait cela dans sa jeunesse	2
mon chat a toujours fait cela et continue	2

Dressage

6. Appel pour manger. Si vous appelez le chat, faites un bruit avec la gamelle ou un autre bruit significatif: ciseaux à viande, ouverture de l'armoire à boîtes ou à croquettes, secouer la boîte de croquettes, etc.: le chat...

    vient directement à sa gamelle au moment de l'appel sonore,
        où qu'il soit dans la maison ou dehors, dans un rayon de 20 mètres —
        c'est d'ailleurs une bonne façon de l'induire en erreur
    et de le récupérer quand on veut   **3**
    est indifférent   **1**
    vient à son aise, intéressé par votre appel, mais pas par sa gamelle   **2**

7. Appel pour rentrer, pour se rapprocher de vous, etc. Le chat...

    est indifférent   **1**
    vient à l'appel, intéressé   **2**

8. Apprentissage de la marche en laisse...

    le chat marche en laisse sans faire de nœuds dans les fils   **2**
    le chat tire dans tous les sens, fait des nœuds dans les fils   **1**
    je ne sais pas, il n'a jamais été en laisse   **1**

9. Apprentissage de la chatière, pour les chats ayant un accès extérieur (jardin, terrasse)...

    le chat n'a pas de chatière   **1**
    le chat a très vite compris l'utilisation de la chatière   **3**
    le chat n'a jamais compris l'utilisation de la chatière; il
        faut la laisser ouverte   **1**

10. Au cours des jeux, vous avez appris à votre chat...

    à ramener des objets: boulettes de papier aluminium, etc.   **4**
    à s'agiter et chasser une ficelle avec un objet en mouvement   **2**
    rien; le chat ne joue pas   **0**
    en fait, c'est le chat qui lance les boulettes de papier d'aluminium
        ou de papier et c'est vous qui allez les rechercher   **5**

11. Quand une porte ou fenêtre est fermée et qu'il veut entrer ou sortir, le chat...

    attend sagement assis ou couché devant la porte   **1**

miaule, s'excite, se manifeste par des comportements
de son répertoire de communication habituel 2
a établi un rituel: il gratte, donne des coups de patte
à la porte ou à la fenêtre, etc. et cet appel est spécifique
(il ne l'utilise que pour cela) et vous l'avez très bien compris 5
a établi un rituel (en dehors du répertoire normal de l'espèce)
mais qui n'est pas spécifique et qui est utilisé pour plusieurs
demandes: ouverture de portes, aliments, caresses, etc. 3
ouvre la porte tout seul 5

12. Le chat a appris un comportement en vous regardant (ou en regardant un chien), par exemple ouvrir la porte en se pendant à la clenche, faire balancer une chaise berçante, faire tomber la boîte de biscuits du haut de l'armoire, etc.

non, il ne fait jamais cela 1
oui, il a appris un comportement de ce type 5

Facteurs de motivation

13. Obéissance à quelques ordres...

le chat obéit à quelques ordres mais seulement pour de la nourriture 3
le chat obéit à quelques ordres pour des aliments et aussi
pour des attentions sociales, des caresses, des jeux, etc. 4
le chat a compris que quand vous dites non, il doit arrêter
un comportement (même s'il recommence deux minutes après
ou en votre absence) 2
le chat n'obéit jamais 1
je ne sais pas 1

Discrimination/routines

14. Si vous changez le lieu d'alimentation, le chat...

retourne toujours à l'endroit antérieur et miaule ou attend
patiemment que vous lui rapportiez l'aliment à cet endroit habituel 1
fait quelques explorations et a directement compris
que l'aliment pouvait se trouver à différents endroits 3

15. Lors de changements d'heure, ou les fins de semaines, lorsque vous vous levez plus tard, le chat...

ne s'habitue que très lentement ou pas du tout à ces variations
(et il se lève aux mêmes heures qu'avant)   1
s'habitue en quelques jours au changement d'heure mais pas
aux variations dans la semaine (et il adapte son heure
d'éveil en quelques jours)   2
s'habitue directement à toute variation, comme s'il suivait
votre rythme (son heure de réveil est la vôtre)   3

Préhension d'objet

16. Jeux avec des petits objets qui roulent ou glissent sur le sol: le chat...

les tape, joue au football (soccer), poursuit l'objet   3
est indifférent, ne joue jamais avec ces objets   1
les tape occasionnellement, joue peu avec ces objets   2

17. Jeux avec de petits objets qui pendent au bout d'une ficelle: le chat...

tape, saute après l'objet, le met en mouvement et
ne se fatigue qu'après cinq minutes ou plus   3
est totalement indifférent quand l'objet est immobile
et est vaguement intéressé quand l'objet est agité
par le vent ou le propriétaire   2
est totalement indifférent à tout moment   1

18. Préhension à une ou deux pattes: le chat...

ne capture jamais d'objets entre ses deux pattes antérieures,
il ne fait que les taper ou les agripper avec une patte   1
capture de temps en temps des objets entre ses deux pattes antérieures   2
capture très fréquemment des objets entre ses deux pattes antérieures,
et les tient un instant, restant ainsi assis sur son postérieur
ou même debout un court moment   4

19. Objets dans des anfractuosités et sous des meubles: le chat voit l'objet glisser dans une cachette, l'objet reste accessible à la vue (par exemple quand vous vous penchez pour regarder sous le meuble): le chat...

est intéressé, passionné par la recherche d'objets cachés et y passe
    un temps considérable   4

est intéressé mais abandonne rapidement la recherche d'objets cachés   3

trouve sans intérêt de passer son temps à glisser ses pattes antérieures
    ou à se faufiler sous les meubles à la recherche d'objets cachés   1

miaule devant la cachette où l'objet a disparu, parce qu'il
    sait que le propriétaire ira lui chercher l'objet en question   4

miaule devant la cachette puis part à la recherche d'une autre activité   1

20. Objet social: en cas de risque mineur — présence d'un chat ou d'un humain étranger, d'un chien dans une pièce de la maison, par exemple — ou d'un chien inconnu dans la rue (le chat étant en hauteur et hors de portée), votre chat...

se tient à l'écart, mais reste dans la même pièce que vous   2

fuit dans une autre pièce, ou si c'est impossible, se cache sous
    le canapé ou au-dessus d'une armoire haute et on ne le voit plus   1

reste à proximité de vous, d'un chat ami ou d'un chien ami   3

s'assure qu'il est bien hors de portée et provoque l'intrus   2

21. Le chat a développé une compétence particulière

pour ouvrir un objet avec ses pattes, comme ouvrir le frigo,
    ouvrir des tiroirs, etc.

non, il ne fait jamais cela   1

oui, il le fait très régulièrement (et parfois on doit prendre des
    mesures pour fermer ces objets par des sécurités)   3

Prédation — proie réelle

22. Chasse aux mouches et aux insectes dans la maison: le chat voit une mouche ou un insecte (papillon, araignée, etc.)...

il est totalement indifférent   1

le chat chasse l'insecte et le capture une fois sur trois,
    sauf s'il reste au plafond   4

le chat regarde l'insecte, voudrait le poursuivre, mais est
    peu actif, sauf qu'il claque des dents de frustration   2

le chat s'excite puis se désintéresse rapidement de l'insecte   3

le chat est obnubilé, rien d'autre n'existe que l'insecte, et on
    n'arrive pas à le déranger, même avec le bruit de sa gamelle   3

23. Ayant l'occasion de sortir dans un jardin ou une région boisée, le chat...

chasse régulièrement des proies qu'il ramène à la maison 3

chasse régulièrement mais ne ramène jamais les proies
à la maison parce qu'on le lui a interdit 4

chasse mais ne capture que rarement une proie 2

ne chasse pas, il regarde oiseaux, souris et papillons
sans se bouger le derrière 1

est intéressé, vigilant, claque des dents, mais reste immobile 1

a peur de sortir au moindre chant d'oiseau — peut-être
parce qu'il s'est fait attaquer par des oiseaux 0

n'a jamais l'occasion de sortir ou de chasser 1

Proie symbolique

24. Réaction face à un reflet lumineux mobile (reflet du soleil dans un verre de montre, etc.)

le chat est indifférent... 1

le chat est intéressé mais dès qu'il se rend compte de l'absence
de matière en touchant le reflet, il se désintéresse 3

le chat est très intéressé, voire obnubilé: il court d'un côté à l'autre,
saute sur les murs, et ce petit jeu peut durer plus de 10 minutes 2

25. Le chat voit s'écouler l'eau par le trou de la baignoire ou d'un évier...

il restera devant le trou pendant des minutes ou des heures 2

il est totalement indifférent 1

il regarde, parfois tente de griffer l'eau qui s'écoule
puis est indifférent lorsqu'il n'y a plus d'eau 3

26. Pour les chats vivant généralement plus exclusivement en appartement et qui n'ont pas l'occasion de chasser...

il chasse et attaque les chevilles ou les mains de ses
propriétaires, mais sans jamais faire mal 5

il chasse et attaque les chevilles ou les mains de ses propriétaires,
c'est douloureux et on aimerait éventuellement y trouver
une solution 1

il est totalement indifférent aux chevilles ou aux mains
de ses propriétaires et ne chasse aucun autre objet mobile 0

il est indifférent aux chevilles ou aux mains de ses propriétaires,
  mais il joue avec des objets mobiles, des objets pendus, etc.   3
le chat sort et ne voit pas la nécessité de se défouler
  sur les chevilles ou aux mains de son maître   1

27. Vous taquinez votre chat avec un leurre de souris (tenu directement, glissé sur le sol ou tenu au bout d'une ficelle), il court après, s'en saisit, vous lâchez l'objet...

il s'en désintéresse immédiatement   1
il emporte la souris et va se réfugier à quelques mètres   2
il emporte la souris et vient vers vous pour continuer le jeu   4
il n'est jamais intéressé par ce genre de jeu   0

Représentation spatiale

28. Le chat a l'occasion de sortir en milieu urbain ou rural...

vous devez sans cesse le chercher chez les voisins parce qu'il ne retrouve pas son chemin vers la maison   0
le chat rentre chez lui sans problème   1
vous avez déjà rencontré votre chat à plus de 3 kilomètres de la maison   3
mon chat n'a pas l'occasion de sortir   1

29. Marquage facial: le chat se frotte les joues contre le pied du mobilier, contre vos jambes, votre visage...

il ne le fait jamais ou que très rarement   0
il le fait très régulièrement, on le voit faire une dizaine
  de fois par jour   2
il le fait sans cesse, je dirais plus de 20 fois par jour   1
il le fait dès qu'il y a — et sur — un nouvel objet, une
nouvelle personne   4

30. Marquage urinaire: le chat en position debout fait une projection d'une quantité très petite d'urine sur un support vertical...

il le fait extrêmement rarement   2
il le fait très souvent et j'aimerais traiter ce problème   0
il le fait parfois, il renifle toujours avant de marquer à l'urine   1
je ne sais pas   1

31. Marquage par griffades: le chat se dresse contre le mobilier, un fauteuil ou un mur et fait des lacérations verticales...

il le fait très rarement   1
il le fait très souvent, il abîme beaucoup et j'aimerais traiter ce problème 0
il le fait parfois, uniquement aux mêmes endroits,
        identiques, sans changer de lieu   1
il le fait uniquement sur son grattoir, son arbre à griffer   2

32. Réaction à un changement dans l'environnement: lors d'un déménagement, d'un changement de mobilier ou même d'un nettoyage très complet de l'environnement, le chat...

fait un ou plusieurs marquages à l'urine   1
fait des marquages faciaux répétés   3
est indifférent   2
fait des selles ou des urines hors de son bac à litière,
        souille des endroits inconvenants   1

Abstraction — conceptualisation
Socialisation dans le jeune âge, imprégnation

33. Le chat face à différents types d'humains: adultes hommes ou femmes, enfants, bébés, etc.

le chat craint tout le monde, sauf les gens qu'il connaît bien   1
le chat craint ou a peur d'un type d'humains, par
        exemple les bébés, les enfants en général (sauf exception)   2
le chat ne craint aucune catégorie d'humain, sauf quelques
        personnes individuelles qu'on ne peut pas classer
        (par exemple, un enfant, une personne âgée...)   3
le chat ne craint personne   4

34. Socialisation à une autre espèce animale que l'être humain: chiens, lapins...

le chat n'est socialisé à aucune autre espèce animale   1
le chat est socialisé à une espèce, par exemple le chien, mais ne
        recherche pas spécialement la présence de tous les individus
        de cette espèce et en craint certains   3

le chat est très bien socialisé à une autre espèce et
en recherche la compagnie sans arrêt, au point éventuellement
de prendre des risques avec des animaux qu'il ne connaît pas   2
le chat est socialisé à plusieurs espèces animales   4

Miroir, TV

35. Réaction du chat (âgé de plus de 4 mois) placé devant un miroir qui lui reflète son image...

il est totalement indifférent   3
il cherche à jouer avec son image   2
il cherche à agresser son image   1
il reste de quelques secondes à quelques minutes devant son image,
    parfois il incline la tête sur le côté, puis s'en va   4
il reste des heures à regarder son image dans le miroir   5

36. Réaction du chat face à une image de chat à la télévision (image et sons comme des miaulements)...

sans réaction   1
réaction émotionnelle de colère (crache, souffle) ou de fuite   2
réaction d'intérêt, il vient voir l'image, miaule   4

37. Réaction du chat face à certaines images mobiles à la télévision: balle de tennis, chien qui court, etc. (mais sans le son)...

sans réaction   1
réaction d'intérêt, il vient voir, miaule parfois   3
réaction d'intérêt, il vient voir, va regarder au-dessus ou
    derrière la télévision   5

38. Réaction du chat aux sons (télévision, radio, enregistrement) de chiens, de chats, d'oiseaux, etc.

il est sans réaction   1
intérêt, réactions d'orientation des oreilles, du corps, il
    vient parfois voir en direction des haut-parleurs   2
intérêt marqué, le chat s'oriente vers le son et en cherche la source   3

Camouflage

39. Le chat craint quelqu'un ou quelque chose et se cache, ou le chat joue avec vous ou un autre chat et tente de se cacher (jeu de cache-cache). Il est...

complètement caché	3
complètement caché, sauf la queue qui dépasse de la cachette	2
incomplètement caché, on voit au moins une partie de son corps ou de ses pattes, etc.	1

40. Le chat chasse un oiseau ou une autre proie et rampe dans sa direction: il est...

complètement caché de la proie	3
complètement caché, sauf la queue qui fait des mouvements visibles	2
incomplètement caché — ou — je ne sais pas	1

Persistance de l'objet caché

41. Vous montrez un morceau de viande appétissante (ou autre aliment de faveur) à votre chat, ensuite vous glissez l'aliment derrière votre dos...

le chat va derrière votre dos chercher le morceau de viande	3
le chat miaule et attend devant vous que la viande réapparaisse	2
le chat s'en va, dépité de ne pas recevoir de viande	1

42. Vous montrez un morceau de viande appétissante (ou autre aliment de faveur) à votre chat affamé; vous le glissez dans son bol, couvrez le bol d'un carton fin (de la taille légèrement supérieure au bol) et emportez le chat dans une pièce voisine...

le chat va directement à son bol et miaule	2
le chat va directement à son bol, enlève le carton et mange	3
le chat n'a pas compris la règle du jeu et vous regarde, miaulant	1

Communication

43. Miaulements: vous pouvez reconnaître chez votre chat différents types de miaulements, ayant pour vous des significations précises et spécifiques: appel, exigence, «j'ai faim», plainte...

non, tous ses miaulements sont semblables	1
au moins deux miaulements de significations différentes	2
au moins trois miaulements de significations différentes	3
cinq ou plus de cinq miaulements de significations différentes	5

44. Votre chat vous fait-il faire des choses sur une demande par miaulement ou par un comportement précis (taper à la porte, ronronner, se frotter sans arrêt à vos jambes) jusqu'à obtention de satisfaction: donner à manger, ouvrir la porte...

non, jamais	0
oui, parfois	1
oui, très régulièrement, c'est-à-dire plusieurs fois par jour	2
oui, et il a pour cela des comportements spécifiques qui signifient très bien ce qu'il désire	3

45. Vous jouez avec votre chat, qui apprécie le jeu. Vous décidez d'arrêter le jeu pour vaquer à d'autres occupations, le chat...

s'arrête de jouer en même temps que vous et vaque à ses propres occupations	1
voudrait encore jouer, est frustré et vous le fait remarquer par des miaulements en grattant dans les plantes ou sur le sofa, etc.	3
je ne sais pas	1
le chat apporte un jouet pour continuer le jeu	4

46. Vous êtes fâché, en colère... même si cela n'a rien à voir avec votre chat

le chat s'en rend compte directement et se met à l'abri	2
le chat ne s'en rend pas compte et vient vous solliciter pour manger, jouer, se frotter à vos jambes, etc.	1
le chat est complètement indifférent et continue à dormir, ne se sentant pas du tout concerné — alors que quand cela le concerne, il se met à l'abri	4
je ne sais pas	1

Avez-vous complété le questionnaire, entouré une réponse par question? Avez-vous fait l'addition des points?

Le QI d'un chat normalement intelligent varie entre 90 et 100. Si votre chat présente un QI inférieur à 50, il souffre probablement d'idiotie féline et quoi que vous fassiez, il n'apprendra jamais beaucoup de choses.

Entre 70 et 90, tentez d'apprendre des choses à votre chat, il est capable de développer son intelligence. S'il est anxieux ou déprimé, un traitement par un vétérinaire spécialisé en éthologie clinique, lui permettra d'améliorer ses performances. Au-dessus de 125, pensez à une carrière intellectuelle pour votre chat. Au-dessus de 160, recalculez, vous vous êtes trompé ou vous avez triché, ce n'est pas possible.

Votre opinion sur les chats, votre vie avec eux: Indice d'ailouromorphisme

L'ailouromorphisme est un néologisme réalisé avec les mots grecs ailouros (chat) et morphê (forme). L'ailouromorphisme est la capacité d'attribuer à certaines caractéristiques du monde extérieur une forme ou des conceptualisations du chat. Dans la relation entre l'homme et le chat, c'est la réciproque de l'anthropomorphisme. L'ailouromorphisme est aussi une façon de voir le chat avec subjectivité. Les 15 questions du test suivant mesurent votre degré d'objectivité ou de subjectivité face au monde des chats.

Votre histoire

1. Vous avez vécu avec des chats...

depuis toujours (éventuellement depuis l'enfance)	2
depuis peu, vous les avez découverts récemment	3
seulement pendant une partie de ma vie	2
jamais	0

2. Votre opinion à propos des chats et de leur intelligence...

c'est un animal de compagnie ordinaire ou peu intelligent	1
c'est un compagnon remarquable, mais c'est un animal d'intelligence moyenne	2
c'est un animal exceptionnel, doué d'une intelligence spéciale	3

3. Si vous voyez un chat dans la rue ou chez des amis...

   je cherche à tout prix à entrer en contact avec lui, je l'appelle, le caresse   4
   je ne cherche pas le contact et lui laisse l'opportunité
       de décider de venir ou non de son plein gré   3
   je ne cherche pas le contact, je le maintiens à distance s'il s'approche   2

4. Si vous voyez un chat maltraité ou accidenté...

   vous êtes triste, cela vous donne même mal au ventre   3
   cela vous fait quelque chose, mais cela passe vite   2
   vous appelez le vétérinaire et payez pour les frais   3

5. Vous passez devant un magasin vendant chats et chatons...

   vous vous arrêtez toujours ou quasiment toujours pour regarder   3
   vous vous détournez pour ne pas être tenté d'en
       prendre un ou pour ne pas voir leur malheur   3
   vous passez devant comme si vous n'aviez rien vu   2

6. Certains prétendent que le chat est un bénéfice pour la santé physique et mentale de ses propriétaires. Vous vous dites...

   oui, bien entendu   3
   non, pas du tout   2
   je ne sais pas, je n'ai pas d'opinion à ce sujet   1

7. Si vous choisissiez un chat comme compagnon, le premier critère psychologique de votre choix serait...

   son indépendance   2
   son intelligence   4
   sa joie de vivre, l'animation qu'il met dans la maison   3
   je ne sais pas   1

8. La qualité de votre relation avec votre chat est...

   très bonne, et même parfaite, aucun reproche, c'est le compagnon idéal   5
   bonne, mais il a quelques petits défauts que j'aimerais
       voir modifier si c'était possible   4
   bonne, mais il a quelques problèmes de comportements
       comme griffer ou souiller, mais en aucun cas je ne m'en ferais pas   3

bonne, mais quand il disparaîtra, je n'en prendrai pas un autre   2

insatisfaisante, j'attendais mieux de mon chat   1

9. Pensez-vous que votre chat soit...

un peu sorcier, un peu magique, assez mystérieux...   5
un symbole féminin dans tous ses stéréotypes, ses qualités et ses défauts   4
un symbole masculin dans tous ses stéréotypes, ses qualités et ses défauts   4
un animal très ordinaire (mais cela n'enlève rien à son charme)   1
je ne sais pas   2
un animal de compagnie idéal, indépendant et affectueux   2

10. Vous appelez ou nommez votre chat...

par son nom, uniquement   2
par plusieurs noms, des petits noms affectueux   3
je l'appelle «le chat»   1

11. Vous avez des photographies de votre chat...

aucune   1
des dizaines   3
quelques-unes   2
des centaines, voire plus   4

12. Votre chat présente un problème de comportement, l'emmenez-vous chez un
    vétérinaire spécialisé en comportement?

non, cela me semble ridicule   1
je n'oserais jamais, que diraient les gens?   2
je ne savais pas que cela existait   1
oui, bien entendu, pour autant qu'il n'habite pas trop
    loin et ne soit pas trop onéreux   3
oui, sans condition, je ferais tout pour le bien-être de mon chat   4

13. Vous parlez de votre chat à d'autres personnes, il est un sujet de conversation...

oui, très souvent   3
parfois, cela arrive   2
non, pourquoi le ferais-je?   1

14. Vous avez des livres, des objets représentant des chats...

je les collectionne, du moins j'essaie, il y en a tellement   5
quelques-uns, achetés ou offerts   3
non, ou seulement un ou deux   1

15. Le chat est un membre de la famille...

oui, à part entière, au même titre que chaque autre
    membre, adulte ou enfant   4
non, c'est un animal; à ce titre je ne le considère
    pas comme un membre de la famille   1
oui et non, c'est assez difficile de répondre   2

Faites le total de vos réponses dans la colonne de droite, divisez par 36 et multipliez par 100. Une vision relativement objective des choses est obtenue par le chiffre 100. Au-dessus de 100, vous êtes plutôt ailouromorphe, c'est-à-dire plutôt un ou une «fana» des chats. En doutiez-vous?

Chapitre huit

Bizarreries de chats

Voici différents extraits qui tiendraient mal dans un chapitre à thème. Certaines anecdotes ne pouvant pas être vérifiées restent sous l'emprise d'un sérieux doute.

Éloge du chat schizophrène

Joseph Wylder écrit:

> […] le chat est un organisme de réception total — il est constamment occupé à recevoir des informations à tous points de son corps et de son mental. C'est pourquoi le chat apparaît parfois comme la plus schizophrénique de toutes les créatures: il est en même temps sensuel et hédoniste, distant et cérébral. À un moment, il se roule de plaisir sous une caresse amicale, le moment suivant il est collé à la fenêtre, ses oreilles tressaillant à des messages que lui seul entend.

Amende honorable

Le même Joseph Wylder écrit encore:

Il y a un mythe commun à propos des chats: ils seraient insensibles à nos concepts du bien et du mal. Ce n'est pas le cas. Ils n'accepteront pas toujours la sagesse à la base de nos jugements du bien et du mal, mais rares sont les chats qui ne font pas la différence. Les Gaddis racontent l'histoire de Thimothy, un chat qui avala le canari de sa maîtresse. Il fut puni et jeté hors de la maison. Quand Thimothy y revint, il emportait un jeune moineau, sans une blessure, qu'il déposa aux pieds de sa propriétaire.

Ce genre d'anthropomorphisme fait énormément de tort aux chats et aux anecdotes non scientifiques qui parlent des capacités extraordinaires du chat. Quand une explication simple existe, pourquoi aller chercher une explication sophistiquée? La chatte emporte des proies vivantes au nid, afin que les chatons de 4 à 8 semaines puissent améliorer leurs compétences de chasse. Des matous, même castrés, font de même et ramènent régulièrement des proies à leurs propriétaires. Des chats, quel que soit leur sexe, emmènent des proies à la maison, ou du moins dans des lieux préférés d'alimentation. Ces proies, si elles restent immobiles, ne sont pas abîmées. Il n'est donc pas exclu que Thimothy ait ramené un moineau à la maison pour apprendre à sa maîtresse à chasser convenablement les oiseaux ou pour qu'elle se fasse les dents sur cette proie nouvelle pour elle — à moins que ce ne soit simplement pour jouer et ensuite consommer cette proie à un moment plus propice. Mais pourquoi faut-il penser que le chat fasse amende honorable après avoir été puni pour avoir occis le canari préféré de sa propriétaire?

Régime forcé

Avec ses 8,8 kilos, Kelly était légèrement enveloppé, pour un chat. Malgré cela, il arriva à se faufiler dans le compartiment de stockage de la table à café de sa propriétaire. Le même jour, le 8 décembre 1989, Rhea Mayfield, de Brownwood (Texas), décida justement d'être quitte de cette table et de la ranger dans la cave, ce qu'elle fit avec sa fille

Miken. De retour dans son appartement, elle constata bien la disparition de Kelly. Elle conclut qu'il était parti vagabonder dehors. Mais après un temps, elle s'inquiéta, appela la police, mit des annonces dans les journaux. Rien n'y fit. Kelly avait disparu.

Le 22 janvier 1990, le gérant de l'immeuble entendit par hasard un miaulement plaintif dans la cave. Il tenta de situer d'où venait le son et découvrit le chat avec stupéfaction dans la table à café. Kelly était toujours vivant, ne pesait plus que 2,5 kilos, mais récupéra rapidement force et santé (B. Steiger, références non citées).

Drôle de chatière

Fernand Méry, vétérinaire et auteur, cite l'histoire d'une chatte qui, cherchant à Detroit aux États-Unis un endroit propice pour mettre bas, se faufila dans une caisse pleine de paille douce. La caisse contenait aussi des moteurs. La chatte fut enfermée par mégarde et le couvercle de la caisse cloué. Qu'importe? Quarante-deux jours plus tard, la caisse fut ouverte... en Égypte, et en sortirent une chatte bien amaigrie et cinq chatons, maigres mais sains.

Mais cette histoire semble trop rocambolesque pour y croire!

Huit jours de nage, la tête dans une bulle d'air

Dans le navire hollandais *Tjoba*, coulé sur le Rhin en décembre 1964, se trouvait un chat. Il survécut au naufrage. Mais à quel prix! Il dut pour ce faire maintenir sa tête dans une bulle d'air, alors que son corps était plongé dans l'eau. Il ne fut repêché et sauvé que huit jours plus tard.

Gageons qu'il ait pu accrocher ses griffes dans une paroi verticale ou se reposer le derrière sans nager ou faire la planche, car même ainsi cette histoire semble sortir tout droit d'un conte des mille et une nuits.

Dix-neuf étages en vol plané

Quincy, le 21 avril 1973, se promenait gentiment sur son balcon de Broadway Avenue à Toronto. Quelques moments plus tard, sans élastique ni parachute, elle se retrouva 55 mètres plus bas, sur le trottoir, l'air confus, commotionnée et une patte cassée. Neuf jours d'hospitalisation et elle sortait de clinique, pour ne plus recommencer.

Chat perché

C'est à Buenos Aires qu'une chatte décida un jour de monter dans un arbre, un gros, à 12 mètres de hauteur. Une fois en haut, pas question de redescendre. Les gens sont venus à son secours inventant mille trucs pour la nourrir dans l'arbre. Les matous n'eurent pas froid aux yeux puisque la chatte mit bas par trois fois! Faire l'amour dans les arbres, soit, mais accoucher! Que sont les chatons devenus? Des écureuils, des chats-huants?

Un estomac du tonnerre

Ellen Perry Berkeley cite le copieux menu retrouvé dans l'estomac d'un chat australien: trois geckos, deux lézards dragon, deux lézards ordinaires, deux autres lézards sans pattes — une espèce australienne sûrement — deux grands centipèdes (mille-pattes), un phasme, trois sauterelles et une souris sauteuse. Bonne digestion!

Dans l'estomac de cet autre chat de bonne taille (7 kilos), on n'est pas allé chercher le petit... yorkshire de 300 grammes que les propriétaires venaient d'acquérir à prix d'or et qu'ils laissèrent à grands risques à la portée de Minou.

Le chat miraculé

Histoire vraie, je vous le jure, j'en ai fait le diagnostic moi-même. Un chat européen tigré fut atteint par un projectile de carabine à plomb (le plomb ayant été diagnostiqué sur la radiographie) au niveau du flanc gauche. Le projectile a dû traverser le rein et le foie pour se loger contre une côte flottante du côté droit.

Le chat avait certainement fait une prière à Bastet, qui l'exauça d'une seconde vie.

Le besoin crée l'organe

En 1985, j'écrivais:

> Un matou nous fut présenté. Au cours de l'examen, nous lui avons trouvé des indurations bilatérales sous la peau du bas du ventre; sa maîtresse nous conta qu'elle avait adopté des chatons pas encore sevrés. Son chat mâle se prit pour eux d'une tendresse paternelle (ou maternelle?) et les aima tant que quelques jours plus tard il les... allaitait; ses mamelles étaient gonflées et turgescentes et il avait du lait. Les chatons ne savaient plus à quels seins se vouer!

Je confirme et je signe. Je fus témoin non pas de l'allaitement, mais j'ai moi-même diagnostiqué ces indurations mammaires chez un chat mâle castré. Cependant, ce n'est guère étonnant. J'ai découvert des indurations de ce type à la suite de tétées persistantes chez d'autres chats mâles castrés et chez des gens, notamment au niveau du lobe de l'oreille, qui peut d'ailleurs être modifié en longueur et en épaisseur par ces succions répétées.

Statistique

Si un couple de chats et tous ses descendants se reproduisent sans aucun contrôle pendant 10 ans, combien de chats aurons-nous après ces 10 années?

Ce calcul, quasi astronomique, fait appel à des moyennes de fertilité. On obtient, selon les auteurs, entre 80 et 85 millions de chats. Peu importe la précision, on n'est pas à quelques millions près!

Faut-il conclure? Peut-être aurais-je dû intituler ce chapitre «chat-pitre» ou «chatouillis» puisqu'il ne fait que taquiner vos neurones trop sérieux?

Chapitre neuf

Les rythmes du chat

Le chat est un animal d'habitudes qui établit ses routines et connaît les vôtres. A-t-il réellement un don pour connaître l'heure à tout moment? C'est toute la question de l'horloge interne.

Bill Schul racontait que lorsqu'il vivait à Denver au Colorado, le grand chat noir de son voisin venait le visiter à 7 heures tous les matins et restait à quémander des caresses et de l'attention pendant 10 minutes. Henry, le chat, était ponctuel et passait de voisin en voisin avec une régularité d'horloge.

Et pourquoi, comme nous le conte Joseph Wylder, Gypsy éveille-t-il sa maîtresse tous les jours à 6 h 30 et s'adapte-t-il instantanément au changement d'heure? Bien d'autres chats ont besoin de plusieurs jours pour s'habituer à un nouveau rythme.

Vincent et Margaret Gaddis firent grand cas du chat du gouverneur de l'Idaho qui réveillait son maître à 7 heures tous les matins. C'était pendant la Deuxième Guerre mondiale et le gouverneur devait contrôler (me croirez-vous?) la présence des écoliers dans les champs de pommes de terre; c'était l'essentiel de sa charge en temps de guerre. Et lorsque son réveil-matin rendit l'âme, son chat se chargea de cette lourde responsabilité et ne faillit jamais à la tâche. L'histoire ne dit pas quel fut son salaire pour cet exploit que presque tous les chats réalisent au quotidien pour leur petit-déjeuner.

L'heure du chat

Le chat est un animal qui s'active à l'aurore et au crépuscule. Tout son métabolisme est orienté dans cette optique. Il n'est guère étonnant que ce soient des périodes de faim, cette impulsion interne qui motivera notre chat à se mettre en mouvement et à chasser des proies qui sont elles aussi plus actives pendant cette tranche horaire.

Ce n'est pas pour rien que ce chat était présenté en consultation de comportement pour des «crises» qui se répétaient tous les jours à 20 heures, à la minute près. Le chat se mettait à courir en tous sens, sautant d'un fauteuil à la table et rebondissant sur le mur et les fenêtres. Une fois la porte entrouverte, il se faufilait au jardin et sautait d'un arbre à l'autre. Un quart d'heure à ce rythme échevelé et notre chat se calmait soudain, s'enroulait, s'assoupissait et passait la nuit et la journée suivantes dans le plus grand calme.

Sans être déclenchées systématiquement à la même heure, les crises motrices des chats d'appartement se retrouvent le plus souvent au crépuscule. Il s'agit d'un défoulement sportif, d'une mise en condition aussi violente que brève généralement. Parfois, ces crises s'accompagnent d'agression sur les chevilles, d'hypersensibilité cutanée. Mais c'est une autre histoire... cette crise motrice fait alors partie de l'anxiété du chat d'appartement. Une visite chez un vétérinaire spécialisé et vous verrez, cela se soigne très bien.

L'horloge biologique

Le temps est une composante essentielle de nos organismes. Les événements, tout autour de nous, se passent avec un certain rythme et le plus évident d'entre eux est l'alternance des jours et des nuits (rythme circadien). En nous, les rythmes jouent également un rôle primordial. Chez l'homme, le taux de cortisol (hormone libérée par la glande surrénale et dont ont été dérivés les médicaments corticostéroïdes appelés habituellement cortisone) est au plus bas vers 4 heures du matin et au plus haut vers 16 heures, un peu comme chez le chat. Chez le chien, en revanche, ce taux est plus élevé le matin que le soir (quoique ce soit un rythme très faiblement marqué chez lui). C'est pour mimer ce rythme que l'on donne ce type de médicament de préférence le matin chez le chien et le soir chez le chat.

L'horloge biologique, ou physiologique, ou simplement l'horloge interne, sont différents noms pour décrire les mécanismes biochimiques responsables de la notion du temps.

Ces mécanismes sont soumis à des rythmes. Certains d'entre eux, dits circadiens, sont proches de la durée d'un jour, soit 24 heures. En fait, ils sont synchronisés par l'alternance jour-nuit, donc par la rotation de la terre sur elle-même. Le rythme est probablement déjà présent dans les cellules individuelles. Ce rythme influence la température du corps, la production des hormones, des enzymes digestives, des besoins physiologiques tels que la soif, la faim et les éliminations.

Si un chat a, pour diverses raisons telles qu'une infection de la vessie ou un vieillissement du rein, une modification de son rythme d'élimination urinaire, il se pourrait qu'il souille dans la maison la nuit. Si ses capacités de retenir les urines sont toujours présentes (et cela dépend du sphincter de la vessie), il peut réapprendre à être propre très aisément, par exemple en lui fournissant un bac à litière et en limitant l'espace à sa disposition, de manière à profiter de la propreté spontanée de la plupart des chats qui refusent de souiller leur endroit de couchage et leur endroit de nourrissage.

Le rythme lunaire

D'autres rythmes influencent aussi le chat. Le rythme de la lune influence les marées et les animaux marins, mais aussi certains insectes tels que les éphémères des régions tropicales et certains animaux terrestres dont le chat. Dans notre expérience, on retrouve plus d'accouchements au moment de la pleine lune et aussi, plus de crises d'épilepsie. Mais pour déterminer scientifiquement les effets de la lune sur le comportement du chat, il faudrait des études épidémiologiques et il n'en existe pas encore dans ce domaine très subtil de la cosmologie.

Mémoire de chat

J'ai récemment reçu de Pierre Macias (GEEPP) des textes sélectionnés par Maurice Gouineau sous le titre «André Malraux, la voyante et les chats». Dans ces quelques pages, j'ai déniché une anecdote tirée de la banque de données de Fernand Méry. Cette anecdote doit dater de la première moitié du XXe siècle.

Il y a quatre ans environ mourait, à la mi-septembre, à Pornic — Côtes-du-Nord — une vieille dame très douce dont le seul compagnon était un bon gros chat.

Tous deux s'entendaient à merveille, ne se quittaient jamais, ni le jour ni la nuit. Il couchait sur son lit et partageait sa table. Il la suivait à petits pas dans le jardin, aussi patient, aussi discret qu'un chien fidèle. Des amis, émus, adoptèrent ce chat qui, depuis, vit très confortablement chez eux, à 4 kilomètres environ de la maison où, près de sa tendre maîtresse, pendant six ans, il fut heureux.

Or, chaque année, lorsque arrive la mi-septembre, cet animal quitte ses nouveaux maîtres et s'en va...

Où va-t-il? En pèlerinage... Il se rend à la villa déserte où, de temps à autre, vient une femme de ménage qui ouvre les volets, aère la maison... Est-elle là déjà quand il arrive? À peine la grille franchie, il miaule son impatience. Est-elle absente? Il va et vient sur le perron, tourne inlassablement autour de la demeure. Quand elle arrive, et la porte à peine entrouverte, il fait un bond, traverse le couloir, grimpe au premier, inspecte coin par coin la chambre vide, puis redescend, sort, flaire une fleur près de la grille et repart lentement chez lui.

Combien de temps dure cette visite? Une heure à peine. Le chat refait en sens inverse les 4 kilomètres du parcours, retourne chez son maître actuel (qui n'ignore plus rien de cette régulière absence), saute sur un fauteuil et s'y endort... L'an prochain, toujours en cet anniversaire de septembre, une force inconnue viendra lui rappeler qu'il est temps de se souvenir!

Le rythme annuel

Le rythme circannuel est celui qui est centré sur une année. Il influence tous les animaux, notamment par l'intermédiaire du climat et des saisons. Celles-ci induisent des variations dans les productions hormonales, dans l'activation sexuelle et dans la mue. Une horloge interne en est responsable, synchronisée par le rythme circannuel de la terre. Certaines personnes sont affectées par ce rythme et souffrent d'une dépression saisonnière en automne ou en hiver (du moins dans les pays où le changement des saisons est marqué). C'est une forme d'hibernation comparable à celle des ours ou des marmottes et qui se soigne par la privation de sommeil et des cures de lumière.

La mue, deux fois l'an

C'est aussi en raison de ce rythme circannuel que le chat continue à présenter une mue deux fois par an; mais cette mue est aujourd'hui mal synchronisée avec les conditions climatiques. Pourquoi? Le chat ne vit plus dans les conditions naturelles qui ont sélectionné les paramètres physiologiques des animaux les plus aptes; il vit dans un milieu douillet, chauffé et éclairé. Or, pour synchroniser l'horloge biologique circannuelle, l'organisme doit pouvoir déterminer le rythme des saisons par évaluation des quantités quotidiennes de lumière et de chaleur; mais voilà, maintenant le chat reçoit autant de chaleur et de lumière en hiver qu'en été. Alors le synchroniseur n'a plus guère d'effet et l'horloge interne récupère son rythme saisonnier personnel et, surtout, une énorme variabilité dans la durée de ses modifications de rythme.

Pour que le chat récupère ses rythmes circannuels, il faudrait qu'il vive au froid et avec 18 heures d'obscurité par jour en hiver! Est-ce envisageable?

Les rythmes du chat

Les composantes du temps et des rythmes du chat ne sont pas les mêmes que les nôtres. Le chat voudrait nous imposer les siennes, nous éveillant vers cinq ou six heures du matin pour satisfaire son désir de nourriture et d'activité. Lui fournir des croquettes pour la nuit comme pour le jour, lui permet d'adapter ses besoins alimentaires à son propre rythme, sans devoir entrer en interaction obligatoire avec ses maîtres, au risque de perturber leur rythme de sommeil. Pour les chats boulimiques, incapables de régulariser leurs ingestions alimentaires, des gamelles à ouverture programmée par une horloge électronique sont des accessoires intéressants.

Des chats et des jours

Le Dr Eckstein, psychologue à l'Université de Cincinnati, raconte l'histoire de Willy, le chat passionné de bingo. «Willy est un chat nonchalant qui erre aux alentours de sa maison sans se soucier le moins du monde de l'heure des repas, sauf... le lundi. Le lundi soir, Willy exigeait son repas vers 19 h 30, sortait un quart d'heure plus tard et s'éloignait de la maison.» Le Dr Eckstein le suivit trois lundis de suite. «Willy s'arrêtait aux signalisations routières, traversait la rue, continuait son chemin quelques blocs de maisons plus loin, dans la direction de l'hôpital. Là, il se perchait sur un appui de fenêtre et attendait. Il passait les deux heures suivantes à regarder et à écouter un groupe de femmes jouer au bingo dans la salle des infirmières.» Comme l'écrivait le Dr Eckstein dans son livre *Everyday Miracle,* «ce chat connaît le lundi. Ce chat connaît 19 h 45. Je pensais que c'était par intérêt pour de la nourriture, mais il n'y en avait pas — ou par une réunion de chats, mais il n'y avait pas de chat. Il se trouvait là, à l'heure exacte, pour voir et entendre des femmes jouer au bingo».

Maurice Burton écrivait qu'à un coin de rue bien précis de Londres, il y a de cela bien des années, un boucher découpait de la viande pour ses livraisons locales. Il jetait les restes sur le sol pour les chats du voisinage, qui s'étaient rassemblés pour l'occasion. Le boucher venait tous les mardis à midi. Et les chats arrivaient quelques minutes avant midi; une douzaine de chats prenaient place sur les pavés et attendaient l'arrivée du boucher. À tout autre moment de la semaine, il n'y avait pas un chat à la ronde.

Henry, le chat noir du voisin de Bill Schul, effectuait tous les jeudis à 19 h une visite à la salle de Ventes, située à un peu moins de deux blocs de son logement. Le jeudi soir, la salle était en activité et cette effervescence attirait Henry qui arrivait un quart d'heure avant la foule, se perchait sur une poutre de bois et observait, sans doute avec ravissement ou étonnement, ces festivités humaines. Henry ne se trompe jamais de jour ni d'heure.

Henry nous pousse à nous poser deux questions. D'abord, quelle est donc cette fascination que l'homme et ses activités exercent sur le chat (socialisé)? Ensuite, comment le chat est-il informé du jour et de l'heure?

Peut-être s'agit-il d'un simple conditionnement? Personne n'a filmé ce qui se passe tous les jours dans le quartier à cette heure. L'analyse de bandes vidéo sonores pourrait donner des schémas (on dit aussi *patterns*) répétitifs qui permettraient au chat d'anticiper — consciemment ou non — les activités de la salle des Ventes.

C'est une réponse assez logique. Le rythme de la semaine est déterminé par une série d'événements répétitifs que chacun peut anticiper

consciemment ou non. Il n'y a même pas la nécessité de savoir compter jusqu'à sept pour savoir que le lendemain du dimanche (jour calme
dans certains lieux, jour d'effervescence dans d'autres) sera le lundi et
que ce lundi amène une série d'événements prévisibles. Il ne faut même
pas savoir nommer les jours pour anticiper ces événements prévisibles.

Chapitre dix

Le chat et la mort

La mort est certainement un sujet peu amusant. Un sujet que les vétérinaires confrontent au quotidien, que les propriétaires de chats surmontent difficilement, avec un obligatoire travail de deuil.

La mort du chat

Le chat semblait terrifié; ses pupilles dilatées à l'extrême jetaient des reflets fluorescents. Il rassembla ses dernières forces pour siffler sa colère. Un hurlement s'échappa de sa gorge, indéfinissable, à vous glacer le sang. Pour moi, c'était un feulement caractéristique: le cri de la mort. Arrêt de la respiration, absence de pouls, quelques battements cardiaques résiduels, presque inaudibles... et puis le silence! Le chat est figé, les yeux ouverts; la cornée se vitrifie, s'opacifie. Une dernière caresse, un dernier baiser... La mort... que tout le monde doit rencontrer un jour.

Doris Lessing avait un persan bleu qui contracta une mauvaise pneumonie. Elle écrit:

> Nous le soignâmes avec ce que nous avions dans la maison, mais cela se passait avant les antibiotiques et il mourut. Pendant une semaine, il resta dans mes bras à ronronner, ronronner d'une petite voix tremblante et

rauque qui s'affaiblissait, et finit par se taire; il me léchait la main, ouvrait d'énormes yeux verts quand je murmurais son nom et le suppliais de rester en vie; puis il les ferma, mourut, et on le jeta dans le grand puits...

Certains meurent en silence, d'autres crient. Ce cri de mort, on le retrouve surtout dans les affections respiratoires, maladies angoissantes, lutte contre l'asphyxie, recherche éperdue d'air pour vivre et survivre.

La mort naturelle, et aussi la mort secourable, l'euthanasie (étymologiquement: la bonne mort) qui sauve de la souffrance les incurables, cette mort que Myriam Champigny attendait avec impatience et avec passion: «De toutes mes forces j'appelais cette sale mort, qui elle, n'était pas pressée.» Quelques heures plus tôt, son chat Mouche était tombé du lit où il dormait à ses pieds.

> Je l'ai relevé, écrit-elle, mais il ne pouvait pas marcher. Il tremblait violemment, tressaillait, tournait sur lui-même. Il s'est mis à gémir, puis à hurler, les poils dressés sur son corps. Il ne nous reconnaissait pas, regardait fixement devant lui, il semblait en proie à des visions qui le terrifiaient. Je ne pouvais plus l'atteindre. Je ne pouvais plus rien pour lui. [...] Le Mouchon était inaccessible, envoûté. Les plaintes de ce chat en proie au maléfice étaient celles d'un être à la limite de la souffrance. Il se débattait absolument seul.

La mort, c'est la guérison éternelle! La mort est un processus naturel que certains chats pressentent. Parfois, le chat s'isole pour mourir. S'il lui reste quelque force pour se mouvoir, le chat s'échappe, se cache, disparaît; il veut mourir seul. D'autres, en revanche, viennent dire un dernier adieu et meurent dans les bras et sous les caresses de leurs amis humains.

Le travail du deuil

La société n'est pas prête à accepter le travail du deuil pour un chat. «Prends donc un nouveau chat» sera le conseil habituel et tellement peu approprié. Tout attachement qui se rompt nécessite un deuil, une cicatrisation. Ce deuil peut être long et parfois prendre plusieurs semaines, plusieurs mois. Et il n'y a aucune honte à le reconnaître.

Ce deuil est comparé à celui de la disparition d'une personne aimée. Alors les gens bien pensants disent: mais ce n'est qu'un chat, comme si abaisser l'animal à son niveau le plus bas d'animalité, le rabaisser dans l'anonymat de son espèce, lui faire perdre son individualité, allait soulager la souffrance de la perte du chat aimé.

Le chat et la mort du maître

Madame Lee de Prescott, raconte Bill Schul, a écrit dans *Arizona Republic*, l'histoire du chat noir préféré de son mari. Ce dernier décéda de nuit dans un accident de voiture à Phœnix. Le lendemain matin, Mme Lee trouva le chat dans un état d'excitation anormal: il ne voulait plus rentrer dans la maison et ne supportait plus la moindre caresse. Le chat était paniqué et grimpait, à la moindre approche, sur le mur de pierre à l'arrière de la maison. Le chat est resté dans le voisinage; Mme Lee le vit souvent regarder vers la maison mais, plus jamais, il n'y pénétra.

Dans le magazine anglais *Tomorrow,* raconte Schul, on pouvait lire en 1963 l'histoire de Bill, un chat qui avait beaucoup d'affection pour le grand-père du narrateur. Bill suivait le vieil homme toute la journée et dormait dans son lit. «L'homme fut sérieusement blessé dans un accident de chemin de fer et fut hospitalisé pendant toute une semaine à quelques kilomètres de chez lui. Il décéda à l'hôpital et son corps fut porté à l'église et ensuite au cimetière pour l'inhumation. Vers la fin de la cérémonie, un oncle du correspondant vit le chat s'approcher de la tombe; [...] puis il s'en retourna à la maison.» Comment le chat a-t-il perçu la mort de son maître?

Monsieur et Mme King, leur fille, le père de monsieur et le chat, Félix, vivaient ensemble dans une petite ville de St. Kilda en Australie. Le vieil homme décéda à l'âge de 90 ans et le chat devint inconsolable. Il errait dans la maison et sur les terrains avoisinants, cherchant son maître et «pleurant». La famille King décida de faire une excursion en voiture afin de distraire le chat. Félix resta bien calme jusqu'aux faubourgs de Melbourne; subitement, son poil se hérissa, il se mit à trembler de tout son corps et se jeta par la fenêtre ouverte pour disparaître dans le trafic. La famille ne put rien faire sinon rentrer à la maison avec l'espoir que Félix trouve par lui-même son chemin. Les jours passèrent; Félix ne se montrait pas.

Alors, Mme King et sa fille s'en allèrent porter quelques fleurs sur la tombe du grand-père et là, faisant les 100 pas sur la tombe, se trouvait Félix. Le chat fut heureux de les voir et se mit à jouer avec la petite fille comme il le faisait naguère avec le grand-père. Le cimetière était à plus de 16 kilomètres de la maison et à environ 8 kilomètres de l'endroit où Félix s'était échappé de la voiture.

Par deux fois, les King tentèrent de ramener Félix à la maison; mais chaque fois, dès la grille du cimetière, le chat s'enfuyait et s'encourait vers la tombe. Les King prirent alors un arrangement avec le gardien du cimetière afin de nourrir et de soigner le chat.

Cette histoire suscite de multiples questions: comment Félix a pu s'orienter vers la dernière demeure de son maître, le cimetière; à quoi Félix a pu reconnaître que la dépouille de son maître y était ensevelie; pourquoi le chat a-t-il décidé de s'accrocher coûte que coûte à cet endroit au lieu de rentrer avec la famille King?

Le chat sent-il la mort? La comprend-il? En saisit-il le concept? Mon chat blanc, il y a de cela plusieurs années, feulait en face des chats malades hospitalisés à la clinique; cependant il les regardait à peine quand ils venaient de décéder. Il les reniflait quelque peu — semblait «réfléchir» un instant —, comprenait sans doute qu'ils étaient «passés de l'autre côté», et s'éloignait pour vaquer à ses occupations. Ils avaient perdu tout intérêt. Était-ce une question d'odeur, de phéromones? Était-ce une absence de réponse à ses modes de communication? Percevait-il une différence?

Tel chat ne quitte pas le cercueil de son maître, tel autre se rattache au lieu qu'ils ont connu ensemble. «Celui-ci, écrit Fernand Méry, couché sur le lit de son maître malade, ne l'a guère quitté depuis plusieurs semaines. Un soir brusquement il disparaît. Il reviendra plus tard, quand la mort aura fait son œuvre [...].»

Peut-être décrivait-il ainsi l'histoire du chat de Winston Churchill, écrit Jean-Michel Pedrazzani (malheureusement sans citer ses sources), qui, le soir du 25 janvier 1965,

> sauta du lit de son maître, qu'il n'avait pas quitté depuis une semaine, et se mit à miauler tristement devant la porte, cherchant à sortir de la chambre. Bien que, quelques heures auparavant, les médecins de Sir Winston eussent déclaré que l'homme d'État était hors de danger, la prémonition du chat devait se confirmer: le jour suivant, à huit heures du matin, le célèbre malade rendait le dernier soupir.

Une perception extrasensorielle de la mort?

Il y a quelques années, écrit Bill Schul, notre voisin de palier prit en pension un chat persan appartenant à sa mère, qui se rendait en Angleterre visiter des amis. Le chat et la femme âgée avaient vécu ensemble en appartement pendant quatre ans et n'avaient jamais été séparés pour plus d'un jour ou deux au cours de cette période. Ainsi il eût été compréhensible que le chat soit bouleversé pendant quelques jours de devoir rester sans elle; pourtant il s'adapta à cette nouvelle situation et sembla raisonnablement content.

Cependant, un mois après le départ en voyage de sa maîtresse, le chat resta assis dans un coin du salon à miauler de façon pitoyable, refusant de manger, et sans le moindre intérêt pour les marques d'attention qu'on voulait lui accorder. Peu après midi, le jour suivant, le chat poussa un hurlement prolongé. Dans l'heure qui suivit, notre voisin reçut un appel téléphonique lui signalant que sa mère était décédée, au cours de son transfert vers un hôpital, d'une attaque cardiaque.

Nous avons choisi de laisser cette anecdote sans commentaire pour le moment. Un autre chapitre traitera plus longuement de ce sujet surprenant et de ces chats réellement hors de l'ordinaire.

Le chat, présage de mort

L'imaginaire occidental, écrit Laurence Bobis (dans *L'évolution de la place du chat dans l'espace social et dans l'imaginaire occidental du Moyen Âge au XVIIIe siècle* (p.80)), associe également le chat à la mort. Des exemples nous ont transmis des traces de cette croyance. Césaire de Heisterbach évoque la mort du moine Ludovic, annoncée dans un songe où un chat noir guette une colombe blanche représentant l'âme du mourant. Chez Césaire encore, un autre récit, repris par Vincent de Beauvais et Gautier de Coincy, met en scène des chats noirs assaillant un homme riche à l'agonie, et qui s'écrie: «Ôtez ces chats, ôtez-les, venez à mon secours.» Les folkloristes, au XIXe siècle, ont recueilli des superstitions similaires. Dans la Creuse, le diable prend quelquefois la forme d'un gros chat noir, qui se place à la tête du lit pour guetter l'âme du pécheur mourant. En Franche-Comté, une vieille femme qu'on disait sorcière murmurait sur son lit de mort: «Ot va çu char», c'est-à-dire, tout comme l'usurier médiéval, «Ôtez voir ce chat.»

On retrouve le même présage dans cette lettre de Mme E. L. Kearney, adressée le 17 janvier 1892 à un membre éminent de la Society for Psychical Research anglaise:

Mon grand-père était malade. Je descendais un soir par un escalier intérieur de notre appartement, lorsque j'aperçus dans le corridor un chat étrange qui s'avançait vers moi. Aussitôt qu'il me vit, il courut se cacher derrière une porte qui divisait le couloir en deux parties. Cette porte était retenue de telle façon à rester toujours ouverte. Je courus immédiatement derrière elle pour chasser l'étrange animal, mais je fus extrêmement surprise de ne rien voir; il ne me fut pas possible de rien trouver dans le reste de l'appartement. [...] Mon grand-père mourut le lendemain.

Ceci me paraît d'autant plus intéressant si on le met en rapport avec une autre circonstance. Ma mère me raconta que la veille du jour de la mort de son père, elle avait aussi aperçu un chat qui marchait autour du lit du malade. Elle s'était aussi empressée de le chasser et, elle non plus, n'avait rien trouvé.

Apparitions de chats

Il y a de cela quelques années, une cliente me disait après la mort de son chat (pour péritonite infectieuse): «je l'entends toujours courir dans la maison.» Elle était très affectée par ce décès et ce jeune chat, très câlin, était son favori. Ils étaient très attachés l'un à l'autre. Et, après la disparition d'un être cher, on garde des habitudes, des routines... On s'attend à entendre — et on entend encore — le bruit qu'il faisait quand il se déplaçait d'une pièce à l'autre. La mémoire nous joue des tours, nous envoie des sons et parfois des images, qui s'atténuent et disparaissent une fois le travail du deuil accompli. Cependant, tout ne peut pas être rattaché à la mémoire. La lettre suivante fut écrite le 22 février 1892 par Mme Gordon Jones.

J'ai la plus grande aversion pour les chats — une tendance héritée de mon père, qui ne pouvait supporter la présence d'un chat. Après mon mariage, je n'en ai pas eu à la maison, jusqu'au jour où j'ai été obligée d'en prendre un à cause d'une invasion de souris. Celui que j'ai acquis était un chat tigré — mais je ne le regardais que rarement et en aucune manière, il ne pouvait venir à l'étage dans la maison.

Un jour, on me dit que l'animal était devenu fou et on me demanda si on pouvait le tuer. J'ai dit «oui» sans l'avoir examiné. J'ai peu après entendu dire qu'il avait été noyé dans une bassine par le valet. Comme le chat n'était pas choyé et n'avait jamais été mon compagnon, sa mort ne me fit aucune impression. Il fut noyé le matin.

Le soir du même jour j'étais assise dans la salle à manger. Je suis sûre que je ne pensais pas à ce chat ou à des apparitions. Je lisais. À un moment, je me suis sentie forcée de regarder par-dessus le livre, la porte semblait s'ouvrir et là... se trouvait le chat, qui avait été noyé ce matin-là; le même chat, mais apparemment plus fin, et dégoulinant d'eau; seule l'expression de son visage avait changé — les yeux étaient comme humains et me hantèrent par la suite, le regard était si triste et si pathétique. J'étais si sûre de ce que je voyais à ce moment que je pensais que le chat avait réussi à échapper à la noyade. Je sonnai la servante et lui dis: «Le chat est là, sortez-le.» Il me semblait qu'elle ne pouvait pas ne pas le voir — il était clair et net à mes yeux comme la table ou les chaises. Mais la servante me regarda avec épouvante et s'écria: «oh, madame, j'ai vu le chat après que William l'a noyé — et ensuite il l'a enterré dans le jardin.»

«Mais, répondis-je, le voilà.» Évidemment elle ne voyait rien, et alors le chat commença à se dissoudre, et je ne vis plus rien du tout.

Pour d'autres anecdotes de ce type, je vous suggère d'aller voir le chapitre concernant les apparitions.

Deuxième partie

Chaman

Chapitre onze

Science et parascience

Nombre de questions fondamentales restent ouvertes,
et notre esprit doit lui aussi le rester.
RUPERT SHELDRAKE

L'hypothèse étonnante

Ce chapitre parle de la science et de la «parascience» et de leurs épistémologies — mot complexe signifiant l'étude de la science. Il ne concerne pas exclusivement le chat même s'il anticipe les thèmes des chapitres suivants. Vous pouvez laisser ce chapitre pour un moment de courage.

Certains documents proposés dans ce livre mettent à l'épreuve quelques affirmations chères à la «science établie». Comme l'écrit Rupert Sheldrake (1995): «plusieurs croyances "scientifiques" sont si généralement tenues pour acquises, si rarement mises en question, qu'elles ne sont même plus considérées comme des hypothèses, mais plutôt comme relevant du sens commun. Les positions opposées sont tout simplement jugées non scientifiques.»

Voici quelques-unes de ces croyances scientifiques: les chats n'ont pas de pouvoirs mystérieux, les phénomènes de retour au gîte sont explicables en termes de sens et de forces physiques connus, il est impossible de percevoir réellement le regard de quelqu'un situé derrière soi, si ce n'est peut-être grâce à des signes subtils, et les chercheurs professionnels ne permettent aucunement à leurs convictions personnelles d'influer sur les données. «Dans la perspective scientifique conventionnelle, écrit Sheldrake, il n'y a aucune raison de gaspiller de précieuses ressources scientifiques à examiner la possibilité que ces hypothèses soient erronées.»

La démarche scientifique

L'esprit scientifique — la démarche scientifique — est assez simple, mais rigoureux. On se trouve devant un événement observé ou on a une illumination *a priori* géniale. On émet des hypothèses quant à son fonctionnement ou à son développement. On essaie ensuite, par différentes expériences, de confirmer et de détruire cette hypothèse. On reste aussi neutre que possible, mais nous verrons que la neutralité est une sorte de gageure. Enfin, on tente de garder un maximum d'objectivité. Si la série d'expériences et de tests démontre statistiquement que quelque chose n'est pas dû au hasard, et qu'elle n'arrive pas à infirmer l'hypothèse, on garde l'hypothèse comme le meilleur modèle temporaire de la réalité. Mais jamais un scientifique ne criera haut et fort qu'il a trouvé la vérité. Il n'a fait que démontrer une hypothèse en attendant que les progrès de la science la remettent en question et que l'on démontre un nouveau champ d'idées et d'hypothèses que de nouvelles technologies permettront d'infirmer ou de confirmer temporairement. Ce processus n'a pas de fin! Il n'y a donc que des vérités temporaires.

Un pari

Combien seriez-vous prêts à parier, [...] écrit Sheldrake, que les animaux de compagnie sont incapables de sentir le retour de leur maître, si tous les moyens de le prévoir ont été éliminés? Combien parieriez-vous qu'ils [...] sont capables [de sentir le retour de leur maître en temps normal]? [...] C'est précisément parce que ces recherches sont entourées d'un tabou par les sciences institutionnelles qu'elles ont été à ce point négligées. Et c'est aussi la raison pour laquelle elles offrent des opportunités de découvertes si étonnantes.

Le tabou

Le tabou est justement la négation de l'esprit scientifique.

Le terme tabou, selon le dictionnaire, est la version francisée d'un terme polynésien et désigne ce qui est «trop sacré ou trop néfaste pour être touché, nommé ou utilisé», en d'autres mots, c'est ce qui est interdit.

Une hypothèse étonnante est que le tabou édité par le monde dit scientifique n'est pas scientifique, et que le monde dit scientifique prend souvent ses modèles théoriques pour la réalité.

Sheldrake parle de trois tabous contre la recherche sur les animaux familiers hors du commun.

Le tabou de l'animal familier

Le tabou empêche de prendre au sérieux tout ce qui concerne les animaux familiers. Sheldrake écrit:

> Les animaux de compagnie sont entourés par un puissant tabou, diffus et en grande partie inconscient. Son caractère essentiel tient à l'idée vague qu'il y aurait quelque chose de bizarre, de malsain, ou comme une sorte de gaspillage dans l'affection prodiguée aux animaux. [...] Et, comme l'a souligné Nicholas Humphrey: «Il y a aux États-Unis autant de chiens et de chats que de postes de télévision. Les effets de la télévision ont été minutieusement étudiés, tandis que ceux des animaux de compagnie n'ont pratiquement pas été analysés.
> Les préjugés contre les liens étroits avec les animaux n'ont rien de nouveau. [...] Mais dans les sociétés industrielles modernes, le fossé entre les

animaux de compagnie et les autres animaux domestiques s'est encore creusé, la prospérité générale permettant à un nombre sans précédent des premiers d'être bien nourris et entretenus dans le luxe, sans utilité économique et pour des raisons purement «subjectives». Dans le même temps, d'innombrables animaux moins favorisés, appartenant au monde «objectif», extérieur, sont élevés aussi mécaniquement que possible dans les fermes modernes et les laboratoires.

Cette analyse fait clairement ressortir pourquoi on répugne à soumettre les animaux familiers à l'expérimentation conventionnelle. Les sciences institutionnalisées se situent du côté «objectif» de la ligne de démarcation, et les animaux de compagnie échappent tout à fait à l'emprise de l'esprit mécaniste. Ils ne sont pas des unités sacrifiables à merci mais possèdent une personnalité et nouent des liens d'affection durables avec les êtres humains. Il est difficile de les recruter pour les besoins de la science, et ils ne sont pas destinés à être traités comme des objets par des expérimentateurs détachés, qui s'efforcent de ne montrer aucun sentiment et ne sont jamais leur maître. Ils appartiennent à la sphère «subjective» de la vie privée et non à celle, «objective», de la science.

Le tabou de l'expérimentation animale

La plupart des propriétaires d'animaux de compagnie, écrit Sheldrake, sont fortement attachés à eux et s'efforcent d'empêcher qu'on leur fasse du mal. La recherche scientifique est généralement critiquée quand elle touche aux animaux, en particulier en ce qui concerne l'essai des nouveaux médicaments et la vivisection. Des millions d'animaux, lapins, cochons d'Inde, chiens, chats et singes notamment sont sacrifiés chaque année sur l'autel de la science (curieusement, dans la littérature scientifique, sacrifice est le terme technique utilisé quand on tue les animaux). La recherche a également noirci son image auprès des amis des bêtes en donnant naissance à l'élevage industriel. Dans ce contexte, on répugne profondément à l'idée que la science puisse pénétrer dans le sanctuaire domestique et soumettre nos petits compagnons à ses manipulations profanes. Il est interdit de les toucher.

Le tabou du paranormal

«Il existe tout d'abord une prévention d'ordre général empêchant de prendre au sérieux les phénomènes "paranormaux", écrit Sheldrake. Leur existence jetterait le doute sur la vision mécaniste du monde, qui représente toujours l'orthodoxie pour la science institutionnelle. Ils sont par conséquent généralement ignorés ou niés, au moins dans le public.» Sheldrake parle alors du scepticisme,

> dont les tenants forment des groupes organisés, jouant le rôle de comités de surveillance intellectuelle, toujours prêts à pourfendre quiconque fait état publiquement d'un phénomène paranormal. Ces sceptiques [...] craignent que, dans le cas où le paranormal en viendrait à être reconnu, la civilisation scientifique se voit submergée par une vague de superstition et d'obscurantisme. Leur stratégie favorite consiste à rejeter les phénomènes paranormaux comme des non-sens, et à considérer le fait d'y croire comme une aberration née de l'ignorance ou de l'autosuggestion — ou encore [...] comme symptomatique d'une faiblesse d'esprit.
> Pour les esprits cultivés et les gens respectables, l'intérêt pour le «paranormal» est assimilé à une sorte de pornographie intellectuelle. Il s'exprime à huis clos et à travers les médias les moins prestigieux, mais est plus ou moins banni du système éducatif, des institutions scientifiques et médicales, et de tout discours sérieux.

Une science «épistémologiquement correcte»

Ces scientifiques respectables, «épistémologiquement corrects», ont créé le «CSICOP (le comité scientifique d'investigation des allégations paranormales), que ses contradicteurs ont rapidement rebaptisé "psi-cop" (le flic des phénomènes "psi")», écrit Paola Croy. Le CSICOP fut créé en 1976 par Paul Kurtz (professeur de philosophie à l'Université de Buffalo), peut-être en réaction à l'admission de la Parapsychological Association au sein de la prestigieuse association américaine pour le progrès des sciences (AAAS) en 1969.

Le CSICOP est aujourd'hui fort de plus de 5000 membres, défend l'idéal scientifique et refuse la montée de l'irrationnel. Le CSICOP et d'autres associations similaires réalisent plus une lutte médiatique que scientifique contre la montée de la parapsychologie, considérée comme une nouvelle religion de la fin du XXe siècle.

On croirait revivre les procès cléricaux contre la sorcellerie et le satanisme ou l'Inquisition contre l'hérésie; désormais, c'est le scientifique «épistémologiquement correct» contre le virus intellectuel parapsychique. Et moi qui croyais qu'on était sorti du Moyen Âge! Les bûchers sont désormais médiatiques.

L'utilisation de la terminologie «épistémologiquement correct» revient, je crois, à Bertrand Méheust, professeur de philosophie, dans le texte suivant:

> [...] on en vient à se demander si l'on n'assiste pas, peu à peu, dans l'institution, à la mise en place d'une pensée «épistémologiquement correcte», d'une «pensée unique», normalisée, homogénéisée et stérilisée, encore renforcée par l'appareil technocratique de plus en plus compliqué qui gère la recherche et les carrières. [...] De fait, à partir de 1930 environ, la métapsychique a été peu à peu délogée des publications de l'élite [...] Le plus grave, c'est que le débat semble implicitement tenu pour dépassé, réglé, ringard. [...] Disons-le brutalement: on les a abandonnés au peuple. [...] Il convient donc de proclamer, contre les dérobades sophistiquées et la calomnie, la légitimité du questionnement métapsychique, en rappelant que pour l'anthropologie rien d'humain n'est censé demeurer étranger.

«Mais, nous dit Pierre Lagrange, les scientifiques sont d'infâmes bricoleurs peu respectueux de la méthode scientifique décrite dans les manuels mais ils produisent, au bout du compte, des faits scientifiques.» Et plus loin: «un épistémologue comme Mario Bunge considère par exemple que la psychanalyse est la plus dangereuse des parasciences, loin devant la parapsychologie.»

Paradoxe

Pour rester optimiste, citons ce sondage publié par Daryl J. Bem et Charles Honorton: «Un sondage de plus de 1100 professeurs de collège aux États-Unis montre que 55 p. 100 des scientifiques (sciences naturelles, à l'exception des psychologues), 77 p. 100 des membres du milieu académique dans les arts, les humanités et l'éducation, croient que la PES (perception extrasensorielle) est démontrée ou hautement probable. Les psychologues sont eux seulement 34 p. 100 à le penser, et le même pourcentage estime que la PES est une impossibilité.

Ceci rejoint le discours de Francis Crick dans *L'hypothèse stupéfiante* (1994) qui traite de l'étude scientifique de la conscience:

> Puisque le problème de la conscience est aussi central et que la conscience nous semble si mystérieuse, on pourrait s'attendre que les psychologues et les neurobiologistes joignent leurs efforts pour essayer de la comprendre. C'est loin d'être le cas. Bien qu'une grande partie de ce que les psychologues modernes étudient appartienne au domaine de la conscience, la grande majorité ne mentionne même pas le problème. La plupart des neurobiologistes n'en tiennent aucun compte.

Et plus loin, il écrit encore: «Un neurobiologiste n'aurait pas obtenu facilement un crédit de recherche pour étudier la conscience.» La parapsychologie étudie justement l'effet de la conscience sur le monde.

Dès lors, je pense que le refus du parapsychologique par le scientifique orthodoxe, officiel et soi-disant correct, représente plus un déni pour rester fidèle à ses modèles théoriques — on dit aussi paradigmes — afin de ne pas voir s'écrouler devant lui ce à quoi il a cru toute sa vie ou, pire, ce sur quoi il aurait bâti toute sa carrière professionnelle.

Imaginez la souffrance d'un théologien à qui l'on fournirait la preuve scientifique que Dieu n'existe pas, celle d'un athée à qui l'on donnerait la preuve que Dieu existe et la douleur infinie du scientifique qui verrait ses modèles théoriques — la construction de son monde, sa raison même de vivre — rangés dans l'oubli.

FAQ

Des FAQ (Frequently Asked Questions, questions fréquemment posées) extrêmement bien faits, édités par Dean Radin et ses collaborateurs sur Internet, répondent au problème de la controverse chronique envers la parapsychologie. Je reprendrai ici quelques réponses: la parapsychologie...

— est associée aux forces diaboliques, à la magie et à la sorcellerie; elle conduit à une mentalité de superstition médiévale, elle-même génératrice de pensées dangereuses;
— suggère la perte des limites de soi;
— suggère que des personnes soient capables de lire vos pensées secrètes agressives, sexuelles ou autres;
— si vous en parlez, on vous prendra pour un fou;
— avec la PES, vous risquez d'apprendre des informations sur vous ou sur les autres dont vous vous passeriez volontiers;
— si le psi existe, combien de mes croyances préférées vais-je devoir abandonner?
— si le psi existe, comment pourrais-je encore aisément m'isoler de la douleur et des souffrances du monde?

Intégration de la parapsychologie

Peu importe les bagarres entre scientifiques, tenants ou non du pouvoir, des progrès sont faits journellement vers une intégration du parapsychologique dans la vie quotidienne.

Le *Psychic News* du 15 février 1986 mentionne l'intérêt du Dr Danillo Codazza, professeur de pathologies tropicales à l'Université de Milan en

Italie, pour l'expérimentation, avec des pranothérapeutes (guérisseurs spirituels), sur des chats, des lapins, du bétail, des chevaux, etc. Ses premières conclusions affirment que la pranothérapie a des résultats supérieurs à des placebos, notamment sur des processus inflammatoires et dégénératifs.

Dans le *Psychic News* du 22 mars 1986, on pouvait lire que l'association vétérinaire anglaise, le Royal College of Veterinary Surgeons, donnait son aval aux guérisseurs spiritualistes pour pratiquer leur art sur les animaux... sans être hors la loi. La loi (en Grande-Bretagne, c'est le Veterinary Surgeons Act 1966 — mais c'est pareil partout en Europe) donne aux vétérinaires diplômés le monopole du diagnostic et des soins aux animaux, notamment l'utilisation de médications. Mais le RCVS a donné aux membres de la National Federation of Spiritual Healers (NFSH) l'autorisation de pratiquer leur art, sur base de prières, d'imposition des mains et autres procédures comparables. Il est recommandé — et c'est éthiquement une très bonne chose — que chaque animal soit suivi par un vétérinaire.

L'hypothèse la plus simple

Je garderai dans ce livre, non pas l'hypothèse la plus étonnante, mais l'hypothèse classique qui est la suivante: pour expliquer un phénomène, l'explication la plus simple suffisante sera préférable à l'explication la plus complexe.

Chapitre douze

Des expériences exceptionnelles à une parapsychologie du chat

Le mot parapsychologie donne des boutons d'allergie psychologique à certains, des frissons de sorcellerie à d'autres. Cette psychosomatique du déni et du rejet de la symbolique d'un mot est à elle seule une expérience exceptionnelle. J'aimerais me distancier de la foi (ou devrais-je écrire Foi) qu'ont les croyants et les non-croyants du paranormal pour rester dans l'éthologie de l'anecdote et dans le scientifique de l'expérimentation contradictoire. Il est bien difficile de vous demander, cher lecteur, de garder un esprit ouvert alors que vous avez à porter sur le dos le poids de votre éducation personnelle et culturelle, des représentations mentales qui vous ont été imprimées dans la structure cérébrale avant la naissance, ainsi que l'endoctrinement cérébral permanent des scientifiques de renom qui pourraient confondre science et opinion personnelle, voire préjugé.

Je veux me rapprocher du concept d'Expérience Humaine Exceptionnelle (EHE) proposé par Rhea A. White et l'élargir, pourquoi pas, à celui d'Expérience Animale Exceptionnelle (EAE).

La parapsychologie est intéressante à plus d'un titre. Elle suggère que les modèles scientifiques traditionnels en psychologie et en biologie sont insuffisants et incomplets et que les capacités du potentiel humain et animal sont à ce jour sous-estimées.

Quelques bribes d'histoire de la parapsychologie

La parapsychologie s'est développée à la suite d'un intérêt scientifique sérieux à la fin du XIXᵉ siècle. La SPR (Society for Psychical Research) fondée en 1882 et l'ASPR (American Society for Psychical Research) en 1885 avaient pour mission d'étudier scientifiquement les médiums qui prétendaient être en contact avec les morts (spirites) ou qui disaient pouvoir produire divers effets psychiques. Le matériau de cette époque est essentiellement anecdotique.

C'est en 1917 que J. E. Coover (psychologue de l'Université Stanford) appliqua les premières techniques expérimentales en laboratoire aux effets psi. Et c'est avec les Rhine que la recherche prit une ampleur considérable à l'Université Duke en Caroline du Nord, en 1927. En 1935, Rhine créa le premier laboratoire de parapsychologie à l'Université Duke. En 1965, Rhine se retira de l'Université Duke et établit son laboratoire en dehors du campus. Actuellement, ce laboratoire est toujours en fonction sous le nom de Rhine Research Center's Institute for Parapsychology.

Dans les années 1960, l'intérêt pour la parapsychologie a explosé avec l'ouverture à travers le monde entier de laboratoires dans des départements académiques universitaires de psychologie et de psychiatrie, bientôt complétés par des laboratoires de recherche sur la cognition.

De l'anecdote au questionnement

En tant que vétérinaire, il m'était habituel de fixer des rendez-vous plusieurs jours à l'avance pour des chats qui sortent peu et qui, à l'heure déterminée, sont toujours à la maison, me disait-on, sauf... le jour du rendez-vous. Et cela arrivait fréquemment avec les mêmes chats: ils disparaissaient lorsqu'on désirait s'occuper d'eux. C'était à ce point irritant que je disais à certains clients de me prévenir quand leur chat était enfermé à la maison pour m'y rendre à ce moment précis. Intuition?

Je ne suis pas le seul à faire de telles constatations.

> À l'époque, c'était l'été 1966, écrit Myriam Champigny, nous logions [temporairement] entre autres trois jeunes chattes tigrées presque identiques. Il y avait Tiger, Tiger-Tiger et Burning-Bright. La première et la troisième surent plaire et nous quittèrent. Mais chaque fois que des adoptants en puissance se présentaient chez nous, Tiger-Tiger restait introuvable. Elle sentait qu'on voulait se débarrasser d'elle. Maintenant encore, Tiger-Tiger, rebaptisée Didine, garde une intuition très sûre. Le soir, quand Robert dit: «Allez, je vais en descendre deux ou trois en buanderie...» elle a déjà disparu sous le lit.

Un chat, que j'ai bien connu (c'était le chat familial à l'époque où j'étais étudiant vétérinaire) était atteint d'un lymphosarcome abdominal (cancer des ganglions de l'abdomen). Mes parents étaient absents et je n'ai pas osé euthanasier sans leur consentement l'animal qui maigrissait et dont la fin était proche. Leur retour était imminent et leur accord presque assuré. Ils rentraient un dimanche. Le chat sortit le vendredi précédent. Il n'était pas affaibli au point de mourir dans les jours qui suivaient mais il souffrait manifestement et avait perdu la gaieté de vivre, ce qui motivait mon souhait de l'euthanasier. Il sortit donc le vendredi et jamais plus on ne le revit. Je le cherchai en vain.

C'est une anecdote très fréquente et les accidents routiers n'expliquent pas la disparition de nombreux chats qui sont au seuil de la mort. Une autre explication est probable: l'avis populaire et littéraire est que le chat se cache pour mourir. Y aurait-il quelque vérité là-dessous?

Les analyses de Rhine et Feather

Joseph Banks Rhine et Sarah R. Feather ont analysé les cas anecdotiques où l'anpsi — la parapsychologie animale, psi animale ou en raccourci anpsi — est une hypothèse parmi d'autres, et probablement la meilleure. Ils ont classé ce matériel dans plusieurs catégories, auxquelles ont été plus tard ajoutés de nouveaux groupes: les facultés d'orientation du chat qui lui permettent de rentrer à la maison ou de rejoindre ses maîtres qui ont déménagé dans un lieu qu'il ne connaît pas; les réactions à un danger proche pour l'animal ou pour son maître, les réactions de l'animal à la mort du maître, mort qu'il prévoit ou sent à distance (aussi appelé télépathie de crise); l'anticipation d'un événement favorable tel que le retour du maître, à une heure non habituelle; les apparitions de chats ou la vue de chats fantômes (phénomènes apparentés aux poltergeists); la prévision de catastrophes (précognition); la clairvoyance; l'effet pK (ou psychokinèse) et la zootélékinésie.

La parapsychologie ne reprend pas tous les domaines inexpliqués. Par exemple, elle ne s'occupe pas des ovnis, dont peuvent être témoins des chats, comme dans l'anecdote suivante tirée du livre de Jenny Randles et Peter Warrington.

> Le 31 décembre 1976, Mme Nellie Richardson (de Bignall End, dans le Staffordshire) fut éveillée à 2 h 45 du matin par de la lumière immergeant sa chambre. Pendant les 90 minutes suivantes, elle put observer une énorme sphère jaune flottant au-dessus des plaines du Cheshire aux alentours de sa maison. Il y eut d'autres témoins de ce phénomène étrange. [...] Cependant, le point le plus important ici fut la réaction du chat. D'habitude, ce chat dormait à travers toutes circonstances. À cette occasion, par contre, on le retrouva en bas, sur l'appui de fenêtre, regardant fixement la sphère. Comme celle-ci n'avait fait aucun bruit ni produit d'effets marquants sur Mme Richardson, on se demande ce qui rendit l'animal conscient de sa présence.

La réponse évidente à cette question est la sensibilité particulière du chat à la lumière. Si la lumière est assez violente pour réveiller la maîtresse, pourquoi ne le serait-elle pas pour stimuler le chat. Certes, puisque le chat et plusieurs témoins semblent avoir regardé dans la même direction, on peut envisager l'hypothèse qu'ils ont vu la même chose ou qu'ils ont eu une hallucination collective, explication classique mais peu satisfaisante de la science «épistémologiquement correcte».

Chapitre treize

Anticipation, précognition et prémonition

Les chats, écrit Joseph Wylder, sont les maîtres de la prescience, et nos compétences à en tenir compte peuvent être amusantes ou sauver des vies. Loretta, ma chatte, arrière-petite-fille d'Alex, était troublante, car elle savait lorsqu'un appel téléphonique était privé ou professionnel. Loretta n'aurait jamais répondu à un appel professionnel, mais si l'appel était personnel, elle se précipitait vers le téléphone dès la première sonnerie, et elle arpentait l'endroit jusqu'à ce que je réponde. Quand la personne qui appelait était quelqu'un qu'elle aimait particulièrement, Loretta sautait sur la table et touchait le téléphone du bout de son nez.

Anticipation du... téléphone

Le Dr Franklin Ruehl, physicien nucléaire — ouvert aux phénomènes psi, et connaissant l'expérimentation hors-corps faite en 1978 à la Duke University avec Stuart Blue Harary — eut l'occasion d'observer un chat roux à la queue marbrée noire et orange, nommé Simba, hébergé pendant quelques jours dans les bureaux de la faculté de physique. Simba semblait sauter sur la table, à côté du téléphone, juste quelques brefs instants avant que celui-ci ne se mette à sonner (B. Steiger).

Le physicien parle de millisecondes d'anticipation. Il induit cela à des pouvoirs psi, de type télépathie ou clairaudience. Il semble d'autre part que Simba n'ait produit ce comportement que dans ce bureau — et dans aucune autre pièce — et seulement en présence du Dr Ruehl, qui ressent dès lors un lien psychique particulier avec Simba.

À partir de cette observation, il est possible d'élaborer une recherche scientifique pour tester plusieurs hypothèses: le chat est psychique; Ruehl est psychique et induit le comportement chez le chat; le téléphone émet une information audible pour le chat et inaudible pour l'homme quelques millisecondes avant la sonnerie normale; la pièce induit un phénomène quelconque; etc.

Pour tester ces hypothèses, on devrait programmer des appels téléphoniques et enregistrer le chat sur bandes vidéo (toutes personnes étant absentes), tester différents téléphones dans le même bureau, tester le même téléphone dans différents bureaux, etc. Si toutes ces hypothèses sont infirmées, on reste alors avec l'hypothèse résiduelle la plus simple qui ne soit pas contredite: l'hypothèse psi.

Le retour du marin

Dans ma ville natale, Newark-on-Trent, écrit Rupert Sheldrake, j'avais pour voisine une veuve, propriétaire d'un chat. Elle me dit un jour qu'elle savait immanquablement quand son fils, marin dans la marine marchande, était sur le point de revenir de voyage, même s'il ne lui avait pas fait connaître le moment de son retour. Le chat s'asseyait sur le paillasson de la porte d'entrée et miaulait pendant une heure ou deux avant son arrivée, «Si bien que je sais toujours à quel moment préparer le thé pour accueillir mon fils», ajoutait-elle.

Ce n'était pas le genre de femme à exagérer, même si, à force de la raconter, elle avait quelque peu enjolivé l'histoire. Son acceptation de ce phénomène apparemment paranormal me donna à réfléchir. Se passait-il vraiment quelque chose d'extraordinaire ou n'était-ce qu'une sorte d'illusion, l'effet d'une pensée non scientifique, superstitieuse, née du désir de voir les choses se réaliser? Je ne tardai pas à m'apercevoir que beaucoup de propriétaires d'animaux domestiques avaient des histoires similaires à raconter. En certains cas, l'animal semblait connaître plusieurs heures à l'avance le retour d'un membre de la famille absent depuis longtemps. En d'autres, plus courants, l'animal entrait dans un état d'excitation peu avant que son propriétaire revienne de son travail.

Ce genre d'anecdotes est assez fréquent chez le chien, mais beaucoup plus rare chez le chat, animal plus territorial que social. Mais quel crédit peut-on accorder à ces histoires? Peut-on les expliquer par des coïncidences, la transmission d'informations sensorielles, des routines horaires, l'envie d'y croire ou de ne pas y croire? En fait, quasiment aucune recherche n'a été menée jusqu'ici sur ce sujet.

Qu'est-ce que l'anticipation?

L'anticipation est un processus d'apprentissage normal (physiologique) qui permet au chat de prévoir les événements dans le futur proche. Il s'agit d'un conditionnement très simple qui permet d'associer des événements qui sont liés dans le temps. L'anticipation permet l'économie de réactions émotionnelles violentes. De nombreuses expériences ont démontré qu'un événement stressant prévisible abîmait moins l'organisme que le même événement stressant imprévisible. Les mécanismes neurologiques ont été décrits, ainsi que la chimie du cerveau qui sous-tend ces processus et qui fait appel aux endorphines et aux enképhalines, sortes de morphines naturelles.

Prévision de l'orage ou les chats météos

L'anticipation participe aussi au développement de processus physiologiques et pathologiques comme les phobies. Si un chat a peur du tonnerre, il produit une réaction comportementale de fuite au moment de la détonation. Mais le tonnerre est en continuité avec d'autres informations multisensorielles comme l'éclair, la pluie, l'assombrissement du ciel, l'ionisation positive et la charge électrostatique et électromagnétique de l'air — il semblerait que la longueur d'onde soit de 6 à 100 kilomètres et que la fréquence soit de 3 à 5 kilohertz. Tous ces stimuli, pris individuellement ou globalement, donneront au chat des informations précieuses sur l'arrivée imminente du stimulus phobique. Inconsciemment, involontairement, le chat produira des réactions émotionnelles en présence de ces autres stimuli et il aura peur du tonnerre dès l'assombrissement du ciel, ou même plusieurs heures avant l'orage, au moment de la perception de la modification des charges électriques, ioniques et magnétiques de l'air. On dira avec raison que le chat prévoit l'orage. Ce ne sera pas pour autant de la prémonition.

À l'approche de l'orage redouté, certains chats fuient, se cachent ou recherchent une présence protectrice... Madame Robinson d'Oklahoma City préfère regarder son chat, Felix, plutôt que de faire confiance aux stations météos. Depuis des années, chaque fois que le temps va devenir humide ou tempétueux, Felix se réfugie sur la plus haute planche de la penderie. Si, d'autre part, on peut s'attendre à un temps ensoleillé, Felix s'installe sur la tablette de la fenêtre. Madame Robinson affirme que son chat ne s'est jamais trompé sur le temps à venir (Schul).

Anticipation pathologique

Chez le chat infantilisé, plus attaché à son maître qu'à son territoire, on verra aussi se développer des anticipations émotionnelles. L'hyperattachement de ce chat à son maître ou à un des membres de la famille entraîne des réactions émotionnelles de stress lorsque cet individu est distant. Le chat, infantile, sans autonomie, ne vit que par procuration. Sans l'être d'attachement, il ne vit plus, ou plutôt, il survit dans l'angoisse. Par anticipation, ce chat anxieux sera aux aguets des moindres signes d'éloignement de son maître, et des signes très élémentaires comme mettre une veste ou prendre un sac à main déclencheront des crises de panique, des signes de peur, des recherches d'attention et, dans l'organisme, une activation de la biochimie du stress (hormones, neurotransmetteurs).

Expérimentons

Comme on l'a vu plus haut, certains chats sociaux, voire hyperattachés à leur propriétaire, anticipent le retour de l'être d'attachement. Peut-on expérimenter sur ce sujet? Rendons à Sheldrake ce qui lui est dû — signalons tout de même qu'il parle essentiellement des chiens, ainsi, je vous demanderai, pour ne pas dénaturer le texte de l'auteur, de remplacer le mot chien par celui de chat:

> L'idée d'une expérience simple et peu coûteuse destinée à déterminer comment les animaux connaissent le moment du retour de leur maître m'est venue en discutant avec un de mes amis. [...] On me citait sans cesse des cas de ce phénomène curieux, et je lui demandai comment il l'expliquait. À ma grande surprise, il ne contesta pas les faits, et m'affirma même que son chien semblait être doué de cet étrange pouvoir. Mais il s'empressa d'ajouter qu'il n'y avait là rien de mystérieux, que les chiens possédaient la faculté de réagir à des signaux subtils et que la finesse de leur sens s'avérait souvent surprenante.
>
> [...] Au lieu de tourner court, notre conversation déboucha sur l'idée d'une expérience facile à réaliser. Si un chien réagit longtemps avant l'arrivée de son maître, l'éventualité qu'il puisse la prévoir par habitude ou grâce à des stimuli sensoriels peut être écartée si la personne en question rentre chez elle par des moyens ou à une heure inhabituels. Par ailleurs, pour éliminer la possibilité que l'animal «flaire» ce retour dans l'attitude attentiste de quelqu'un d'autre resté à la maison, celui-ci doit ignorer le moment où l'absent est censé arriver.

Cela ne signifie pas pour autant que l'habitude, les sons, les odeurs familières et le comportement des membres de la famille présents soient sans importance pour le chien. Le but de l'expérience est seulement de discerner les différentes influences susceptibles de s'exercer en temps normal, et de découvrir une éventuelle composante inexpliquée de ce comportement. L'animal est-il encore capable de prévoir le retour de son maître lorsque tous les indices sensoriels possibles ont été éliminés?

Voici les quelques critères nécessaires pour tenter l'expérience. Il vous faut:

— un chat prédisposé et susceptible d'anticiper votre retour;
— un moyen d'enregistrer le comportement du chat — si cela se fait par l'intermédiaire d'une personne, celle-ci ne doit en aucun cas connaître l'heure de votre retour — si cela se fait par l'intermédiaire d'une caméra vidéo, elle doit être silencieuse, indiquer le temps (à la seconde près si possible);
— noter l'heure quand vous désirez rentrer à la maison (où se trouve votre chat) et le moment de votre mise en route — si possible, ayez un témoin objectif qui contresignera le document sur lequel vous indiquerez ces heures;
— varier les moyens de transport pour le retour: votre voiture, celle d'un ami, les transports en commun, etc.;
— varier les heures de retour de façon aléatoire — ne rentrez pas systématiquement approximativement à la même heure, par exemple aux environs de 17 heures, même à une demi-heure près, mais rentrez à 12 h, à 17 h, à 19 h, etc.;
— répétez l'expérience plusieurs dizaines de fois — il est exclu que votre chat obtienne 100 p. 100 de résultats, c'est pourquoi la répétition est nécessaire.

En 1992, continue Sheldrake, j'écrivis un article sur la question, dans lequel je demandai aux propriétaires d'animaux familiers ayant observé des faits significatifs de se mettre en rapport avec moi, surtout s'ils étaient prêts à participer aux recherches. Cet appel fut publié dans le *Bulletin de l'institut des sciences noétiques,* distribué à ses membres dans toute l'Amérique du Nord et ailleurs.

Je reçus plus d'une centaine de réponses, dont beaucoup pleines d'informations fascinantes. Certaines observations semblent d'ores et déjà éliminer toute explication invoquant un comportement fondé sur l'habitude.

Anticipation des catastrophes naturelles

Comme nous l'avons vu plus haut, le chat est doté de capacités d'anticipation du futur proche, en relation avec des signes sensoriels en continuité avec le stimulus qui déclenche un comportement typique, que ce soit la phobie de l'orage, le départ du propriétaire, etc. Mais certains chats ont tout de même des comportements surprenants.

Il existe chez le chat et certains autres animaux un comportement d'anticipation de catastrophes naturelles et artificielles dont on ne sait encore dire s'il dépend ou est lié à une perception par les sens exacerbés ou à un phénomène extrasensoriel. C'est un comportement qui n'a pas passionné les éthologues, semble-t-il, puisqu'on trouve peu de renseignements sur ce sujet dans la littérature sur les chats.

Dans une famille de fermiers du Kansas, près de Lawrence, une chatte avait mis au monde quatre chatons dans la grange. Quelques jours plus tard, un membre de la famille remarqua qu'un des chatons manquait et, au cours de la journée suivante, un autre disparut et finalement, tous les chatons étaient partis de la grange. Cette nuit-là, après la disparition du dernier chaton, une tornade balaya complètement la grange. La chatte et ses rejetons étaient sains et saufs dans une maison, chez des voisins, à quelques kilomètres de là, un endroit qui n'avait pas été touché par la tempête (Schul).

Que le chat prévoie le temps qu'il fera, passe encore! Il suffit d'accepter qu'il possède un baromètre biologique très sensible. Mais qu'une chatte prévoie où la tempête fera des ravages est déjà plus difficile à comprendre... sans faire appel à une certaine intuition.

Orages et tornades sont sans doute au menu barométrique de nombreux chats et on peut comprendre qu'une vigilance particulière permette à certains d'entre eux, hors du commun, de les prévoir et de les éviter. Mais plus extraordinaire encore est l'anticipation des séismes et tremblements de terre, comportement bien observé depuis longtemps chez de nombreux animaux, entre autres des félidés sauvages et des chats domestiques.

Au zoo de Tachkent en Ouzbékistan, plusieurs jours avant un tremblement de terre, les tigres et les autres félins se mirent à dormir à l'extérieur... Le 26 juillet 1963, un tremblement de terre détruisit les trois quarts de la ville de Skopje, en Yougoslavie. Au cours des toutes premières heures de la journée, les animaux du zoo local réveillèrent leurs gardiens. Les tigres et autres chats faisaient les 100 pas dans leurs cages et grondaient sans discontinuer (Schul).

À Fréjus, en 1962, quelques heures avant que ne cède le barrage de Malpasset, qui entraîna dans le grondement des flots 433 victimes, les chats s'étaient enfuis des maisons (Pedrazzani).

Quels sont les mécanismes de prévision? Rien n'est certain mais les hypothèses ne manquent pas: sensibilité aux infrasons et aux ultrasons par des oreilles qui deviennent des capteurs radars, captation des vibrations par les corpuscules tactiles des coussinets ou par les vibrisses (autre forme de radar non acoustique), dérèglement de la boussole magnéto-biologique interne, sensibilité aux odeurs modifiées par la charge électrostatique, aux odeurs de radon s'échappant des fissures du sol et accroissant la radioactivité ambiante, etc.

Précognition des catastrophes technologiques

Dans les prouesses de plus en plus spectaculaires, citons les prémonitions de chats face, non plus aux éléments naturels, mais cette fois aux éléments issus de la technologie humaine.

En Angleterre où, comme dans l'Égypte pharaonique, les chats sont sacrés, ils ont été gratifiés de la Dickin Medal (gravée de ces mots: «We also Serve») pour services rendus au cours de la Seconde Guerre mondiale. L'Angleterre était pilonnée par la Luftwaffe allemande, [...] de nombreux Anglais apprirent à regarder leur chat afin de savoir si un raid de bombardiers se préparait. Avant même que les bombardiers soient repérés au radar et que l'alerte soit donnée, les chats réagissaient: leur poil se hérissait sur le dos et ils bondissaient vers les abris. Les humains apprirent à les suivre aussitôt. De nombreuses histoires de ce type eurent leurs échos dans les journaux (Schul).

En somme, les capacités du chat augmentent avec l'évolution de la science. Il a fallu l'invention du radar pour se rendre à l'évidence que le chat était peut-être un radar vivant.

Autre histoire, autre prévision! Vesey Fitzgerald, journaliste au *News of the world* anglais, a parlé un jour d'un chat de ses amis qui aimait dormir sur le poste de télévision (il y fait bien chaud et le chat peut y avoir l'illusion d'être le centre d'intérêt de la famille). Un jour, le chat s'enfuit du poste, le fixa intensément quelques secondes et demanda à sortir. Après cela, dès que la télévision était en marche, le chat demandait à sortir de la pièce. Quelques jours plus tard, la télévision explosa, projetant des débris de verre à travers tout le salon (Schul).

Observez votre chat! Si son comportement change sans raison apparente, s'il prend peur d'un objet ou d'un lieu, la sagesse vous recommandera peut-être de l'imiter. Certains propriétaires ont eu, grâce au chat, la chance de préserver leur vie. Demain, ce sera peut-être votre tour!

Prémonitions scientifiques

Le chat est capable d'anticiper des événements naturels ou technologiques. Des anecdotes en sont les témoins, mais est-ce reproductible par expérimentations scientifiques? Et le chat peut-il anticiper des choses essentielles pour sa survie?

Rejoignons le laboratoire de l'Université Duke, à Durham en Caroline du Nord, où Karlis Osis et Esther Bond Foster réalisèrent un test de perception extrasensorielle chez des chats. Les résultats de leurs travaux parurent en 1953 dans *The Journal of Parapsychology* sous le titre «A test of ESP in cats». En introduction ils écrivaient que malgré une abondante moisson de récits anecdotiques,

> il y a peu d'anecdotes de conscience extrasensorielle lors de l'approche d'un danger (ennemis, accidents, etc.) et vraiment très peu d'observations indiquant l'utilisation de la PES par un animal dans la localisation de nourriture. Cependant, la nourriture et le danger, malheureusement, sont les seuls stimuli facilement utilisables pour des tests de laboratoire. La situation de laboratoire a rendu nécessaire, pour nous, l'utilisation de ces stimuli, malgré le fait que le matériel anecdotique ne démontre pas qu'ils sont les mieux adaptés à la mise en évidence de réponses de type PES.

À la suite d'expériences préliminaires nécessaires pour définir le protocole expérimental, Karlis Osis écrivait:

> Les premiers tests à la recherche d'une méthode expérimentale semblaient montrer qu'il était possible de choisir les sujets. Certains chats répondent au hasard tout le temps alors que d'autres donnent occasionnellement des déviations positives ou négatives. [...] L'impression de l'expérimentateur est que le succès des chats varie fortement. La plupart d'entre eux apparaissent comme étant bons au cours de certaines périodes et réalisent des résultats moyens, au taux normal dû à la chance, à d'autres moments. L'humeur du chat, la relation avec l'expérimentateur, le degré de faim, la température de la pièce et d'autres

facteurs inconnus semblent causer des fluctuations dans le niveau de la réussite.

L'expérience

En quoi consistait l'expérience? Le chat apparaît au sommet d'une surface en I et se dirige vers la base du I où se situent deux compartiments séparés par une cloison médiane; au fond de ces compartiments se trouvent deux bols (un par compartiment) dont un seul contient de la nourriture (invisible pour le chat avant qu'il soit entré dans un compartiment); deux ventilateurs latéraux soufflent de l'air vers la base du I pour empêcher le chat de sentir la nourriture et de se diriger vers elle sur la base de son odorat. L'expérimentateur est caché derrière un écran (miroir sans tain) à la base du I: il peut observer le chat, regarder dans quel compartiment il s'introduit mais ne peut pas voir dans quel compartiment se trouve le bol avec la nourriture. Celle-ci ayant été placée dans les bols par une tierce personne qui l'y dépose suivant les tables aléatoires de Tippet et cette personne n'intervenant pas davantage dans l'expérience.

Le chat ne peut ni voir ni sentir la nourriture. On exclut l'utilisation de la perception sensorielle classique: le chat se dirige donc vers les bols au hasard ou, c'est l'hypothèse scientifique, sur la base d'une perception extrasensorielle — les auteurs pensent en l'occurrence à de la clair-voyance.

Les résultats

Tel est le décor dans lequel les acteurs (les chats) vont entrer en scène. L'expérimentateur prévoit deux sortes de résultats: positifs pour un premier groupe, négatifs pour le second.

Dans le premier groupe, le chat est manipulé avec gentillesse. Sur 340 épreuves, il se dirige 194 fois vers le bol rempli de viande, soit dans 57 p. 100 des cas (P = 0,009 (ou 0,9 p. 100), ce qui est très significatif, sachant que P représente les risques que les résultats soient dus au hasard).

Dans le second groupe, le chat subit des manipulations déplaisantes: il est brossé à contre-poil, le chat a faim, la pièce est assombrie, la puissance des ventilateurs dans le couloir du I est augmentée ou bien le chat doit renifler ou goûter des substances médicamenteuses désagréables avant le test. Dans ce cas, sur 300 essais, le chat n'en réussit que 139, soit 46,3 p. 100 (P = 0,204 (ou 20,4 p. 100), ce qui est peu significatif).

La différence entre les deux groupes est hautement significative; prenons l'exemple du chat nommé Baltins qui faisait partie des deux groupes. Dans les conditions positives, il obtenait 88 sur 140, soit 62,9 p. 100. Dans les conditions négatives, il réussissait 47 fois sur 110, soit 42,7 p. 100. La différence est de 26 sur les 250 essais (P = 0,002 ou 0,2 p. 100).

Baltins et les autres, dont les noms sont Rusite, Tigry, Chico, Kumins et Pelecitis, ont montré que certains chats possèdent une PES et que celle-ci est mesurable. Dans cette expérience, trois chats présentaient une PES mesurable: Baltins, Rusite et Tigry, et trois autres chats ont répondu de façon aléatoire: Chico, Kumins et Pelecitis.

L'analyse des résultats démontre aussi que la plus grande difficulté à laquelle se heurtent les expérimentateurs est la formation d'habitudes et de routines chez les chats — à tel point qu'on pourrait énoncer, sous forme d'hypothèse, que *plus le chat forme des habitudes, moins il montre de capacité PES.* Les routiniers montrent peu de PES.

La différence entre les chats est également frappante: certains chats sont très intuitifs, d'autres pas du tout.

Chapitre quatorze

Télécommunication entre espèces

De chatte à chien

W. A. Hudson, écrit Joseph Wylder, raconte l'histoire d'une très petite chatte qui fut élevée en compagnie d'un chiot, qui devint son compagnon. La chatte eut des chatons devant lesquels le chien montait la garde et auxquels il ne touchait pas...

Et advint bien entendu ce qui arrive à toutes chattes maternantes, la nécessité de bouger le nid de place.

La chatte emmena le chien face à ses chatons, ensuite l'accompagna à l'endroit où elle désirait établir le nouveau nid, et le ramena vers le nid actuel. [...] Le chien se présenta au nouveau nid, seul, sans chaton. La chatte l'emmena une nouvelle fois à l'ancien nid. Le chien saisit délicatement un chaton par la peau de la nuque entre ses incisives et l'emmena au nouveau nid. Il fit de même avec chaque chaton.

Joseph Wylder explique que «clairement, la chatte fut capable de transplanter une image visuelle dans la conscience de son ami chien, une série d'images détaillées et consécutives, pour lui donner des instructions exactes afin qu'il réalise cette tâche complexe». L'auteur signale aussi la très petite taille de la chatte et implique qu'elle est incapable de transporter elle-même ses chatons d'un lieu à l'autre.

Peut-être a-t-il raison, peut-être est-ce quelque peu farfelu! C'est, conté ainsi, une belle histoire.

Personne ne sait ce que la chatte désirait. Donc personne ne peut affirmer qu'elle communiqua au chien des instructions précises par langage corporel ou par télépathie. La séquence des faits ne permet pas cette conclusion:

La chatte semble avoir fait un va-et-vient entre les deux places avec le chien avant le déplacement des chatons. Le chien a transporté les chatons d'un lieu à un autre. La chatte n'a pas déplacé la portée à l'ancien endroit ou ailleurs.

Rien ne permet d'affirmer que la chatte a eu cette intention. Peut-être a-t-elle accepté l'initiative du chien. On ne le saura jamais. Je me contenterais d'affirmer la bonne entente entre la chatte et le chien et l'attachement entre ces deux espèces, attachement lié à une socialisation précoce, grâce à un développement ensemble pendant les périodes sensibles du développement de l'attachement.

Toujours de chatte à chien

Voici une anecdote de la plume de Fernand Méry (première moitié du XXe siècle) (tirée de l'article «André Malraux, la voyante et les chats», textes sélectionnés par Maurice Gouineau).

> Dans une ferme, à la campagne, la chatte vient d'accoucher de cinq chatons. Le fermier, découvrant dans le grenier à foin ces futures bouches inutiles, chasse brutalement la mère, rafle sans ménagement les petits et va les enterrer dans un coin du jardin. Les enterrer vivants.
>
> Quand l'homme eut terminé, la chatte qui l'observait du haut d'un arbre, descendit et vite, elle se mit à gratter la terre à toute allure. [...] Mais les griffes des chats sont des ciseaux et non des pioches et la malheureuse eut bientôt les doigts en sang avant d'avoir réussi à libérer un seul des nourrissons. [...]

Elle fila jusqu'à la niche... Elle courut à la cuisine... Elle cherchait le chien! [...] Elle le découvrit en train de somnoler près de la porte de l'étable. [...]

Le chien baille, s'étire et bondit au côté de la chatte... Très vite, elle le distance. Très vite aussi ils arrivent sur les lieux... Le chien flaire le sol, a un ou deux aboiements presque aussitôt réfrénés et remplacés par de petites plaintes impatientes. Il se met, lui aussi, à gratter, à gratter... Il creuse frénétiquement... La terre vole sous ses pattes... Une ou deux fois il s'arrête pour renifler en profondeur, enfouissant tout son museau dans le trou plus béant de seconde en seconde. Et bientôt quelque chose apparaît. Sans attendre, la chatte saute jusqu'au fond de la petite tombe fraîche. Elle s'impatiente, mordillant à même la terre. Elle finit par extirper le premier chaton qu'elle emporte et va cacher dans le grenier à foin. Et c'est maintenant le chien qui effectue les navettes, déterrant, puis apportant les rescapés entre les pattes de leur mère qui accueille avec des ronrons de joie le brave chien et son fardeau. Elle peut ainsi récupérer et ranimer ses cinq chatons souillés de salive et de terre...

Le berger de la ferme, un enfant de 15 ans, intrigué par le manège de la chatte, raconte le même soir cet ahurissant sauvetage à sa maîtresse. Le fermier, mis au courant à son tour eut pitié...

Le berger de la ferme est aujourd'hui un homme considérable: il contrôle un vaste domaine agricole à Cusset, près de Vichy. Il a lui-même trois enfants.

Il a fallu, à la chatte et au chien, faire très vite: des chatons nouveau-nés survivent à peine une vingtaine de minutes sans respirer!

Un chapitre surprenant

L'histoire qui précède introduit un chapitre surprenant. Au cours de mes recherches, je suis tombé sur les références de deux livres parlant de la communication télépathique entre espèces. J'avoue mon scepticisme mais, dans ma démarche scientifique, je me proposais de lire et d'expérimenter avant de juger. Beatrice Lydecker se présente tour à tour comme une analyste animalière (*animal analyst*) ou comme une psychologue animale (*animal psychologist*), bien que l'on ne connaisse pas réellement sa formation professionnelle. Son livre parle de communication non verbale et de communication mentale, de perception des émotions et des impressions des animaux, le tout retransmis en anglais, langage symbolique humain.

Penelope Smith a obtenu une maîtrise en sciences sociales et parle de communication télépathique interspécifique, de méthodes holistiques, et est l'auteur d'un livre, de vidéocassettes, de cassettes audio et d'un magazine trimestriel intitulé *Species link* (lien d'espèces). Elle se présente comme une spécialiste de la communication animale et fait des ateliers de communication télépathique et des consultations privées pour des problèmes de comportement et des maladies somatiques, avec l'aide de vétérinaires.

Peaches

En 1971, Penelope Smith traita son premier chat, Peaches, une chatte noire et blanche ayant peur tant des gens que des chats, et qui fut blessée par une morsure sur le dos. Malgré les traitements, elle entretenait la plaie qui grandissait. (On parlerait d'ulcération de léchage.) Smith décida de communiquer télépathiquement avec Peaches qui lui transmit des images mentales de chats effrayants et agressifs. Réalisant avec Peaches des sessions de thérapies (en anglais *counselling*, mais cela ressemble beaucoup à une forme d'analyse), elle interpréta les pensées suivantes de Peaches:

> [...] l'entretien de la plaie et son aggravation étaient une solution à son problème de peur des gens et des chats. Elle réalisa que la laideur de son corps maintenait les gens et les chats à distance. Et c'était efficace, même si cela rendait sa vie misérable. La prise de conscience de cette réalité la rendit paisible et la fit ronronner joyeusement. [...] Le lendemain, la plaie avait une croûte, guérit rapidement et en moins d'une semaine, on

pouvait y voir la repousse du poil. Et depuis, au lieu de fuir, elle vient se coucher sur les genoux des visiteurs en ronronnant. Et elle n'attirait plus les agressions des chats des environs.

Smith raconte comment les animaux communiquent avec elle. «Quand ils décrivent une scène ou quelque chose qui leur est arrivé, je vois la scène de leur point de vue, percevant mentalement les visions, les sons, les émotions, etc. comme eux en font l'expérience... Quand ils me communiquent leurs pensées, je comprends ce qu'ils signifient et instantanément je traduis ces pensées en mots.»

La méthode de Penelope Smith

Voici en résumé la procédure proposée par Penelope Smith pour communiquer avec les animaux. Entrer dans un état modifié de conscience. Obtenir l'attention de l'animal, en l'appelant, en le touchant. Visualisez une image mentale d'un objet, une scène, un ordre. Imaginez un simple désir, une image qui intéresserait votre chat et qui serait valorisante et intéressante. Projetez cette image dans le corps de votre animal compagnon, silencieusement ou avec l'aide de mots.

Pour la réception d'un message, il y a plusieurs étapes.

Imaginez que vous recevez une communication. Imaginez, après avoir dit bonjour à votre chat, de recevoir un bonjour mental de sa part. Répétez ce processus jusqu'à ce que vous puissiez imaginer réellement que vous recevez une communication.

Notez simplement vos impressions. Ne vous en faites pas si ces impressions sont contraires à ce que disent les gens, ou à ce que l'on a fait croire. Acceptez ce que vous recevez: une idée, un concept, une image, un sentiment... ce ne sera probablement pas spécifiquement un mot! N'attendez pas une réponse chaque fois. Signalez à votre chat la réception du message, quel qu'il soit, d'une caresse ou d'un signe de tête...

Le chat qui fait cadeau de ses proies

À partir de la triste anecdote d'un chat qu'une propriétaire a préféré céder à la SPA pour le faire euthanasier parce qu'il chassait les oiseaux, Penelope Smith propose de communiquer avec le chat.

> Lorsque ma chatte, Peaches, et moi avons déménagé à la campagne, elle se mit à me faire présent de souris ou d'oiseaux au pied de mon lit au petit matin. Je n'ai pas crié «yuck», malgré la sensation choquante pour mes pieds nus. Je la remerciai plutôt de grand cœur pour le cadeau, valorisant ses compétences de chasseur. Quand je fus assurée qu'elle avait reçu mon message de valorisation, je lui demandai de transporter la proie hors de la maison ou je la sortais moi-même, expliquant que je préférais qu'elle garde ses proies à l'extérieur. Elle comprit, et après quelque temps elle cessa d'apporter des animaux morts ou en partie tués. Si je m'étais objecté à son comportement de chasse, je lui en aurais parlé ou j'aurais mis à son collier une clochette pour prévenir les oiseaux et les souris de son arrivée.

Cela étant dit, je n'ai pas été impressionné par les anecdotes et par les éléments d'information sur la conscience animale, ni par la qualité des résultats obtenus lors de problématiques comportementales.

La méthode de Beatrice Lydecker

Beatrice Lydecker nous donnera-t-elle plus d'informations? Et comment perçoit-elle les informations transmises par les animaux? Elle écrit:

> Un animal ne décrit rien. Décrire nécessite un vocabulaire, et les animaux n'ont pas de vocabulaire. Ce que je vois quand je communique de façon non verbale est ce que l'animal voit. Je ressens aussi les émotions qu'il ressent, je sens les odeurs qu'il renifle, etc. Il n'y a pas de mots.

Quand je veux partager mes perceptions de l'expérience de l'animal avec un autre humain, je dois utiliser des mots. [...] Les images sont au cœur de la question. [...] Restez avec l'image. C'est ainsi que l'animal communique, au niveau de conscience de l'image.

Beatrice Lydecker a pour nous plusieurs anecdotes de chat. Voici celle de Willie, le *Maine Coon* au pelage plein de poussière, appartenant à Chris Riley et Gail Carey. Beatrice Lydecker demande à Willie s'il savait qu'il avait besoin d'un bain.

Le chat répondit, par pensée bien entendu — et c'est l'auteur qui traduit ces pensées en anglais (et je vous les traduis de l'anglais).

Bien sûr, je sais. Et je n'y changerai rien. Je n'aime pas le goût de la poussière. De temps en temps, je me lave, juste pour pratiquer, mais la plupart du temps je ne m'en soucie pas. C'est assez difficile de rester propre à la campagne, de toute façon.

Je préfère vivre ici à la campagne plutôt qu'à la ville. Il y a des choses plus intéressantes à faire, et des odeurs aussi plus intéressantes. Il y a plus de rats et d'écureuils; je suis un très bon chasseur et j'adore vagabonder dans la grange et les collines pour chercher des proies. Quand Gail et Chris avaient des poules, j'ai attrapé quelques rats chaque jour, quand ils venaient à la grange pour manger le grain.

Pendant un temps, quelque chose venait vider les œufs dans le poulailler. [...] Je décidai de trouver l'animal et le tuer. J'ai attendu derrière le coin, près de l'entrée du poulailler et j'ai senti l'animal s'approcher. Il avait une odeur très musquée, différente de celle des rats.

[...] Il s'agissait d'une énorme belette blanche. Je lui ai sauté dessus, pensant qu'elle s'enfuirait. Quelle surprise! Elle se retourna et me fonça dessus. Elle me mordit à la face, et je m'enfuis. Une fois remis du choc, je lui sautai dessus. Il m'était impossible de la tuer, mais elle finit par partir pour ne plus jamais revenir.

Je ne mange pas mes proies. Gail me nourrit d'aliments en boîte qui ont meilleur goût que le rat. L'excitation est dans la chasse. J'adore me montrer plus intelligent que les autres animaux.

Je porte mes proies à la maison et je les donne à Denny. Il préfère les aliments crus; Denny est un chat timide qui ne chasse pas très bien. [...]

Je prends soin de Denny. Je le laisse dormir près de moi, parce qu'il a peur de l'obscurité. Je suis toujours aimable avec lui. [...] Lorsqu'un des chiens le menace, je dis au chien qu'il aura affaire à moi d'abord. Jusque-là, je n'ai pas dû mettre ma menace à exécution.

J'ai grand plaisir à taquiner les chiens quand ils entrent et sortent du chenil. Ils sont toujours en laisse ou portés par leurs propriétaires. Cela les rend fous lorsque je me promène devant eux, la queue battante juste hors de portée. Ils aboient comme des fous.

Je n'ai pas peur des chiens. Parfois je laisse celui de Gail et de Chris jouer avec moi. [...]

Je ne me soucie pas d'être propre. Je n'ai pas à m'en faire. C'est moi le patron ici.

Le chat et la Jaguar

«Le chat vivait depuis un certain temps dans une vieille voiture sur le terrain. Elle [Bonnie Dexter, la nouvelle propriétaire] pensait qu'il appartenait aux anciens propriétaires de la maison... La voiture était une Jaguar de 1959 qui avait appartenu à Rocky Marciano, ancien champion du monde de boxe, chez les poids lourds. Le chat avait été baptisé du même nom.»

Ainsi commence l'histoire de Rocky, un chat blanc et noir, avec une mauvaise patte. L'histoire nous est contée par Beatrice Lydecker. Bonnie Dexter, la nouvelle habitante du lieu, emmène à Lydecker le fameux Rocky, afin de connaître son histoire.

Bonnie arrive quelques minutes plus tard, hors d'haleine de tenir le chat récalcitrant. Je suggère [alors] qu'on lui laisse quelques minutes pour se remettre de son voyage; les gens peuvent aimer rouler en voiture, mais beaucoup de chats détestent cela.

Nous nous installons sur le sofa, Rocky entre nous. [...] Je demande à Rocky comment il s'est abîmé la patte en lui envoyant une image mentale de lui-même avec une patte saine. [...] Je vois une image de Rocky assis sur le porche d'une grande maison blanche en bois, située bien en retrait de la route. Une allée circulaire était située au-devant, et de lourdes portes noires de fer forgé séparaient la propriété de la rue. Je demande à Bonnie si c'est sa maison et elle me répond affirmativement. J'accorde à nouveau toute mon attention au chat.

Beatrice Lydecker fait alors le récit de l'odyssée de Rocky, avec de nombreux détails. La narration est romancée... même si j'eusse préféré que l'auteur se contente de donner ses impressions. Quelle est cette histoire? Rocky est emporté par ses propriétaires lors d'un déménagement, mais celui-ci décide de rentrer chez lui. Il vit de nombreuses aventures dont un accident de voiture qui le laisse avec une patte fracturée, et finit par revenir sur son ancien territoire. Bonnie et Robert Dexter ont réussi à retrouver les anciens habitants de la maison, qui vinrent leur rendre visite pour identifier Rocky comme leur chat Muffin. Cette corroboration est intéressante, mais j'aurais préféré, pour des raisons d'objectivité scientifique, avoir la corroboration d'une tierce personne.

Et Clarisa Bernhardt

Clarisa Bernhardt est une psychique-sensitive américaine qui travaille avec les autorités lors de la recherche de personnes disparues. C'est B. Steiger qui parle d'elle. Après avoir fait un travail avec la police, elle fut invitée à partager le repas de l'officier de police, chez lui. Au cours du repas la chatte siamoise s'approche d'elle, lui met la patte délicatement sur la cheville et lui envoie l'image d'un carré jaune, accompagnée d'une impression de désir et d'urgence. Clarisa demande à son hôtesse: «Donnez-vous parfois du beurre au chat?» Et l'épouse de l'officier de police répondit avec un sourire: «Pourquoi? Oui! C'est son dessert préféré.» Et Clarisa de l'informer: «Elle m'a juste demandé de vous dire qu'elle voudrait une petite motte de beurre, là maintenant, directement.»

Un jour que Clarisa et son mari passaient des vacances près de Sedona, un chat s'introduisit dans leur chambre, se glissa sous le lit et en ressortit un moment après en lui demandant: «où sont les sandwiches au thon?» Clarisa se mit à rire et dit au chat qu'il n'y en avait pas sous le lit. Le chat la regarda et sauta par la fenêtre. Plus tard dans la journée, Clarisa rencontra les propriétaires du chat et leur demanda: «Gardez-vous des sandwiches au thon sous votre lit?» Les gens, interloqués, éclatèrent de rire: «Oui, c'est un jeu que nous jouons avec Rasputin. Mais comment pouvez-vous savoir cela?» Clarisa leur raconta...

Des anecdotes sans prétention

Ces anecdotes n'ont pas d'autre prétention que d'être des anecdotes. Scientifiquement, elles sont sans valeur. Elles ont juste permis de passer quelques minutes de bon temps. Elles permettent cependant d'envisager une hypothèse: *une communication complexe non verbale, non sensorielle, peut-elle exister entre différentes espèces animales?*

Certains en sont tellement convaincus qu'ils en ont fait leur travail: celui de consultant en communication télépathique.

S'ils avaient raison et si leurs histoires sont vraies, alors une seconde hypothèse nous intéresse: *les animaux ont une mémoire complexe des événements passés.* Il ne leur manque donc que la parole, c'est-à-dire un langage symbolique transmissible pour avoir une culture.

Troisième hypothèse. Si les animaux communiquaient entre eux de façon non verbale et télépathique, pourquoi ne se transmettent-ils pas ces informations d'histoire (une histoire non écrite) et pourquoi n'a-t-on jamais de récit culturel mais seulement des récits d'un vécu personnel?

Si l'on accorde un crédit à la communication télépathique — et nous verrons que des expériences donnent des effets statistiquement démontrés —, il reste néanmoins qu'il s'agit d'un phénomène exceptionnel, tant pour l'animal que pour l'humain.

Personnel

Je n'ai pas d'anecdote tirée de mon histoire personnelle à vous raconter, du moins pas dans le domaine de la télécommunication entre humains et chats. Entre humains, c'est autre chose... et celle-ci concerne un chat d'argile. J'ai retrouvé dans un tiroir de mon bureau — au moment même où j'écris ce livre, en août 1997 — une carte, achetée quelques mois plus tôt, présentant la photographie d'un chat angora blanc en position assise, portant un tablier, en face d'un modelage d'argile brune d'un chat assis lui aussi, de taille légèrement plus petite que lui. J'ai manipulé cette carte et l'ai remise plusieurs fois dans le tiroir, me demandant à qui je l'enverrais. Après deux ou trois semaines, sous l'influence d'une brusque inspiration, je l'ai envoyée à mon amie Cécilia par la poste, sachant qu'elle faisait du modelage et parce que je lui avais demandé, quelques semaines plus tôt, de faire un modelage de chat. Quelle n'a pas été sa surprise de voir que le chat de la carte était identique à celui qu'elle avait modelé trois semaines plus tôt! Coïncidence? Si c'est une coïncidence, alors la vie est remplie de coïncidences heureuses de ce type.

Professionnel

Mais revenons à nos chats. J'ai tout de même une anecdote professionnelle à vous conter. En 1982 une cliente m'a raconté les faits suivants, datant de l'époque où elle vivait en Angleterre. Sa chatte semblait pouvoir deviner certaines choses et surtout quand sa maîtresse achetait du foie pour le repas. Cependant, quand elle partait faire ses achats, la dame n'avait pas d'idée préconçue pour les courses à faire et, de temps à autre, se décidait au dernier moment, devant l'étal du boucher, à acheter du foie, l'aliment préféré de sa chatte. Au même moment, à la maison, un témoin pouvait constater que la chatte se réveillait brusquement et sautait sur la table de la cuisine, ce qu'elle ne faisait jamais à d'autres moments. Là, elle attendait le retour de sa maîtresse.

Ce phénomène attira l'attention des familiers qui s'en amusèrent et firent alors des observations: c'était bien au moment même où la propriétaire décidait d'acheter du foie que la chatte présentait le comportement spécifique, et pas à un autre moment, au retour par exemple, lorsque la chatte pouvait flairer à distance l'odeur du foie.

Cette observation a quasiment tous les critères d'une observation scientifique. Les séquences sont répertoriées dans le temps, notées et répétées pour vérification. En ces temps de technologie, on préférerait un enregistrement vidéo, et on programmerait des séances d'achat, donnant à la maîtresse une enveloppe fermée qui lui dirait quoi acheter, de façon aléatoire. Ainsi, en présence d'observateurs extérieurs, nous aurions une répétabilité qui pourrait faire l'objet d'une analyse statistique.

À l'époque, je me souviens avoir fortement insisté sur une série de critères et avoir été convaincu que ce chat avait bien quelque chose de paranormal.

Les anecdotes de qualité comme celle-ci sont rares. Le chat est un animal autonome, solitaire, même s'il demande des câlins et qu'il dort sur vos genoux. Ses activités sociales, ses échanges sociaux, sont plus rares que ceux que l'on a avec un chien. On le laisse aussi mener sa vie comme bon lui semble, ce que l'on ne fait pas avec un chien. Ses jeux sont solitaires alors que ceux du chien sont sociaux. Et on ne passe pas son temps à lui enseigner des trucs éducatifs, au contraire du chien. Dès lors, il est plus malaisé d'observer des comportements hors du commun, suffisamment spécifiques, pour qu'on se pose des questions. Combien de chats, chaque jour, ne nous montrent-ils pas des choses extraordinaires... sans que nous les voyions!

Chapitre quinze

De la télépathie de crise
à l'effet PK

Télépathie de crise

Dans le chapitre «Télécommunication entre espèces», j'ai introduit des anecdotes de communication non verbale, ou télépathique, entre chats et chiens, ainsi qu'entre chats et humains. J'ai préféré ranger certaines de ces anecdotes de communication non verbale dans un chapitre séparé parce qu'elles ont en commun une caractéristique: la crise.

Renée Haynes écrivait: «la télépathie semble marcher mieux lorsqu'il existe un élément émotionnel fort. Ce qui arrive probablement pour la plupart des anecdotes d'interaction télépathique entre humains et animaux familiers; humains, qui sont les substituts du leader de la meute ou des parents pour leurs animaux; animaux qui sont les substituts d'enfants ou des enfants supplémentaires pour les humains.»

Bill

Joseph Wylder raconte cette anecdote publiée dans *Tomorrow*, un magazine anglais, dont il ne cite malheureusement ni les références ni la date.

Un chat nommé Bill, dévoué à son maître, resta à la maison alors que son propriétaire partait en voyage. L'homme, blessé gravement dans un accident de chemin de fer, fut hospitalisé et décéda à l'hôpital quelques jours plus tard. Il fut inhumé à proximité de l'hôpital et, le jour de l'enterrement, le frère du propriétaire vit Bill à cet endroit.

Bill, le chat fidèle et clairvoyant, savait ce qui était arrivé, avait fait le voyage pour être près de son maître. Le chat s'avança au bord de la tombe, jeta un regard sur le cercueil et, ensuite, tristement, se retourna et rentra à la maison.

Peut-être cette anecdote est-elle vraie, qui sait? Il est dommage qu'on ne puisse se limiter aux faits et qu'un anthropomorphisme mélodramatique ne vienne entacher la crédibilité des événements.

L'histoire célèbre de Grindell Mathews

Voici l'histoire de M. Grindell Mathews, un savant anglais du début du siècle, citée par Jean-Louis Victor. Cette histoire se passait en 1924. Sa petite chatte noire était tombée d'une terrasse et s'était cassé la colonne vertébrale. Elle était paralysée des pattes arrière, mais elle avait partiellement récupéré en plusieurs mois. M. Mathews écrivait:

Elle me montrait une affection presque humaine, me guettait quand je rentrais du laboratoire et ne me quittait plus; elle dormait dans mon propre lit!

Un an passa. Je dus aller à New York et je laissai la chatte chez moi. J'étais là-bas depuis trois semaines quand, un matin, je me réveillai dans un bain de transpiration. J'avais eu un épouvantable cauchemar, dans lequel je voyais ma chatte luttant dans les mains d'un homme en blouse blanche; il me semblait en outre qu'une forte odeur de chloroforme s'était répandue dans ma chambre d'hôtel. Je fis aussitôt câbler à Londres en demandant des nouvelles de ma chatte. Je ne reçus aucune réponse. Or, dans toutes les pièces de mon appartement de New York, une forte odeur de chloroforme semblait flotter, mais, chose extraordinaire, j'étais le seul à la percevoir!

Je m'arrangeai pour abréger mon séjour, et 10 jours après ce cauchemar, j'arrivai à Londres. Pendant ces 10 jours, l'odeur de chloroforme me poursuivit et je ne pus m'en débarrasser. À mon arrivée, on me dit que la chatte avait refusé toute nourriture, dès le jour de mon départ, et qu'elle s'était mise à dépérir; le concierge avait pensé plus humain de détruire l'animal et il avait porté la chatte à un chirurgien vétérinaire; mais il avait été effrayé à l'idée de me câbler cette triste nouvelle.

Je vérifiai moi-même le moment, la date et tous ces renseignements concordèrent avec mon cauchemar de New York. Le chirurgien vétérinaire qui donna la mort à ma pauvre chatte m'était inconnu et je n'en avais, jusque-là, jamais entendu parler.

Mitzi et la guerre espagnole

Au début des années 1930, écrit Renée Haynes dans *The Hidden Springs*, il [Osbert Wyndham Hewitt] vivait à Headington et possédait un chat noir et blanc, appelé Mitzi, qu'il aimait beaucoup. Il partit en voyage à Londres, chez des amis et passa la soirée à discuter des avantages et des inconvénients de la guerre civile espagnole. La discussion était animée et fatigante et il se mit au lit assez tard.

En rêve, il vit Mitzi entrer dans la chambre, vêtue comme un volontaire de la guerre d'Espagne, mais vilainement blessée: son oreille était presque arrachée. Elle pleurait, sanglotait et lui demandait de la tuer, parce que la douleur n'était pas supportable. Non pas peu surpris qu'elle puisse parler, il tenta de la consoler et lui disait qu'il l'emmènerait à l'hôpital; mais elle s'en alla en sanglotant et en criant et il se réveilla, baigné d'une transpiration froide, pour se rendre compte qu'il était quatre heures du matin.

Assez secoué, il n'arriva plus à se rendormir et, au petit-déjeuner, raconta à son hôtesse ce rêve très vivant. Il avait juste terminé [de parler] que le téléphone sonnait; elle répondit. C'était la concierge de la maison de Headington qui, sachant combien il était dévoué à son chat, lui demanda de revenir au plus vite, car Mitzy avait été blessée de façon sérieuse. Elle était arrivée par la fenêtre de sa chambre à coucher, vers 4 h et avait réveillé la maisonnée par ses hurlements. Ils l'avaient trouvée sur l'oreiller; son oreille était presque arrachée.

M. Hewitt rentra chez lui, apporta Mitzy chez un vétérinaire compétent et la chatte fut sauvée.

Je cite cette histoire, continue Renée Haynes, [...] d'abord parce qu'il s'agit d'une anecdote authentifiée d'une transmission télépathique de l'animal à l'homme (deux témoins la confirment), et aussi parce qu'elle illustre nettement ce que Rosalind Heywood appelle le processus d'«émergence le long du canal associatif le plus proche»: la guerre civile espagnole, avec ses volontaires, ses blessures, ses douleurs et le sang, était vive dans le souvenir du rêveur; la douleur du chat s'associa à ces pensées et son état s'illustra dans l'imagerie de la guerre.

La chatte prise au collet

Il y a quelques jours, écrit M. Duke — cité par Jean-Louis Victor — je me suis attardé à écrire jusqu'à une heure avancée, et j'étais absorbé par mon sujet lorsque je fus littéralement envahi par l'idée que ma chatte avait besoin de moi. Je fus obligé de me lever et d'aller à sa recherche. Après avoir fait inutilement le tour de la maison, je me rendis au jardin et comme l'obscurité m'empêchait de [...] distinguer [quoi que ce soit], je me mis à l'appeler. Je perçus enfin un faible miaulement à distance; chaque fois que je répétais mon appel, celui-ci se reproduisait, mais l'animal ne venait pas me rejoindre. Je rentrai alors pour me munir d'une lanterne; puis je traversai le jardin potager et me dirigeai vers un champ d'où me semblaient parvenir les miaulements. Après quelques recherches, je trouvai ma chatte dans une haie, prisonnière d'un piège tendu pour prendre les lapins; le nœud coulant lui enserrait le cou. Si elle s'était efforcée de tirer dessus pour se libérer, elle n'aurait pas manqué de s'étrangler. Heureusement, elle avait eu l'intelligence de rester immobile et d'envoyer à son maître un message de demande de secours par radio!

Par radio, enfin, en quelque sorte. La métaphore de la radio reste une de celles les plus utilisées en télépathie. Elle nous donne alors des terminologies telles que l'«émetteur» et le «récepteur» qui sont compréhensibles de tous. C'est un modèle théorique mais il n'a peut-être aucune ressemblance avec la réalité, puisqu'il semble que ces télécommunications soient instantanées: dès lors qui est l'émetteur et qui est le récepteur? Ne s'agit-il pas plus d'un moment précis dans le temps qui constate la résonance de deux êtres — selon le principe physique de résonance, celui de deux matériaux, comme la métaphore de Tolstoï à propos des deux cordes (de violon ou de guitare, etc.) qui vibrent à la même fréquence?

Kabuki

L'anecdote suivante est racontée par Raymond Bayless dans son livre *Animal Ghosts.* C'est une histoire de Noël. Sandra Decksinger était tombée amoureuse d'un petit chat persan noir nommé Kabuki. Le chat et Sandra s'adoraient. Cette dernière, voulant offrir le chat en cadeau à son mari, différa sa venue au foyer à la date du 19 décembre (1966). Le 16 décembre, à 11 heures, Mme Decksinger se sent faible, fatiguée et tombe presque évanouie. Comme elle est infirmière dans un centre de recherches (au Newark Beth Israel Hospital), elle est entourée de médecins qui l'examinent aussitôt sans parvenir à faire un diagnostic. Spontanément, 10 minutes plus tard, ses malaises disparaissent. Elle n'y pense plus jusqu'au 19 décembre et téléphone à la maîtresse du chat qui lui dit que, malheureusement, le vendredi précédent, (le 16 décembre) vers 11 heures, Kabuki était subitement tombé malade et était mort en une dizaine de minutes.

Pour Raymond Bayless, il peut s'agir d'une transmission télépathique entre la maîtresse du chat et Sandra Decksinger ou entre celle-ci et Kabuki.

Je ne doute pas que la seconde hypothèse soit ma préférée. La transmission télépathique entre un animal et un humain ne peut se faire à

l'aide de mots-symboles, mais plutôt à l'aide d'impressions, de sensa-
tions d'images, de sons, de douleur... Dans l'empathie, il n'est pas rare
de souffrir avec l'autre, d'avoir des nausées quand l'autre a des problèmes d'estomac, de somatiser les mêmes affections qu'autrui. Pourquoi
la transmission télépathique n'entraînerait-elle pas une sensation soma-
tique? Je trouve cela assez logique. C'est peut-être ce qui est arrivé à
Sandra Decksinger de façon brusque et intense, simultanément à
l'affection de son chat.

Fernand Méry

C'est une histoire très sincère et très personnelle qui, à plus de 20 ans de
distance, me laisse encore stupéfait.
Un jour, un de mes clients m'offrit un chat, un jeune chat de quelques
semaines qu'il avait vu naître chez lui et dont il se séparait, contraint et
forcé pour cause de surnombre. Minou grandit chez nous, apparemment
heureux pendant un an, puis succomba en quelques jours à une brutale
méningite.
Et c'est ici que se place la coïncidence effarante que l'on ne peut que
rapporter; le lendemain, je reçus dans la journée ce billet de son ancien
maître:
Mon cher docteur, après un long silence, je vais passer à vos yeux pour
un «père» indigne, mais je voudrais savoir si vous avez toujours Minou,
le chat que je vous ai donné jadis. Cette nuit même, un long cauchemar
a bouleversé ma femme. Elle le voyait blessé à la tête et s'efforçant en
vain de grimper jusqu'à nous le long de la façade de l'immeuble. Pour la
rassurer et m'être agréable, voulez-vous nous donner des nouvelles et
croire, etc.
Or, le chat était mort cette nuit-là, la tête enveloppée de linges glacés,
dans une agitation extrême que nous n'avions pas pu calmer.
C'est une histoire toute simple mais personne ne l'a expliquée. Est-ce le
fait du hasard? Ou la manifestation du facteur psi? (Gouineau)

Pourquoi n'y a-t-il pas d'histoires récentes?

Et pourquoi, m'a-t-on souvent demandé, n'y a-t-il pas plus d'histoires récentes? La réponse se trouve dans le chapitre intitulé *Science et parascience*. Serions-nous aujourd'hui en pleine période d'inquisition? Les grands prêtres de la science «épistémologiquement correcte», détenteurs du pouvoir (et des sous) brûleraient-ils sur les bûchers médiatiques les nouveaux sorciers de la parapsychologie et le peuple qui aspire à de nouveaux modèles de pensée. Sans rentrer dans ces considérations politiques de la science bien pensante, disons simplement qu'il n'y a ni plus ni moins d'anecdotes qu'à la fin du XIXe siècle, en pleine période de spiritisme, ou que dans la première moitié du XXe siècle, mais que la critique acerbe de chaque anecdote, aujourd'hui, n'incite pas les gens à en publier.

Effet PK — psychokinésie

Helmut Schmidt fit une expérience particulière à l'Institut de Parapsychologie de College Station en Caroline du Nord. Ses résultats ont été publiés dans *The Journal of Parapsychology* de décembre 1970 sous le titre «PK experiment with animals as subjects». Son but était de déterminer si le chat est capable d'activité PK, c'est-à-dire de psychokinèse ou encore la «possibilité d'agir par la pensée, consciente ou inconsciente, sur la matière, entraînant le mouvement de celle-ci», ainsi que l'écrivent Jean et Christine Dierkens. Folle entreprise? Voyons de quoi il est question.

Il n'est pas question ici de plier des cuillères par la seule volonté de la pensée (macro-PK) mais bien d'influencer un ordinateur (micro-PK).

La partie centrale du matériel d'expérience de Schmidt est un générateur électronique de nombres aléatoires (*Random Number Generator* ou RNG en anglais). Cet appareil — ce modèle est un générateur binaire — produit les nombres +1 et -1, un nombre à chaque seconde, dans une séquence laissée au hasard, c'est-à-dire que sur une période de temps assez longue, il y aura autant de +1 que de -1, soit 50 p. 100 de chaque notation.

Une lampe de 200 watts est connectée au RNG de telle sorte que quand le +1 sort, la lampe s'allume jusqu'à ce qu'un -1 soit généré. La lampe est montée dans une cabane froide (température de gelée, soit 0 °C) qui abrite un chat; ce dernier se réfugie sous la lampe et semble apprécier quand celle-ci s'allume (on comprend bien ce malheureux chat pour qui la lampe doit en effet être un stimulus plaisant pour la chaleur qu'elle dégage). Le RNG, situé à environ 2 mètres de la cabane, est également connecté à des compteurs électromagnétiques qui totalisent le nombre de fois et de temps que la lampe s'allume et s'éteint. Sans chat dans la cabane, le RNG donne 50 p. 100 de +1.

L'expérimentation est constituée de sessions d'une demi-heure (soit de quoi générer 1800 nombres par le RNG), l'après-midi, plusieurs jours consécutifs. Le chat ne se trouve dans la cabane que pendant la demi-heure d'expérience. Entre les sessions, la machine fonctionne en permanence pour vérifier qu'elle produit bien 50 p. 100 de chaque nombre. Pendant l'expérience, l'expérimentateur est absent. Il n'intervient que pour enregistrer les chiffres en fin de session.

La partie qui précède est assez longue et détaillée pour vous montrer qu'aucune intervention humaine n'est nécessaire pendant l'expérience.

Je suppose que le résultat vous intrigue! Quand le chat est dans la cabane froide, le RNG donne 4,615 fois le +1 sur 9000 nombres générés, soit 51,3 p. 100 de +1, ce qui est statistiquement significatif (P = 0,016 ou 1,6 p. 100 de risques que les résultats soient dus au hasard) même si ce n'est pas spectaculaire aux yeux des non-statisticiens.

À la fin de la sixième séance d'essais, le chat développa subitement une aversion marquée pour la lampe chauffante, s'éloigna d'elle, se blottit dans un coin et s'échappa de la cabane à la fin de la session lorsque la porte fut ouverte. Au cours de cette session et des quatre séances suivantes, les résultats furent équivalents à ceux que l'on attendrait du hasard, soit 50 p. 100. Ensuite, la température extérieure s'étant réchauffée, l'expérience fut stoppée. La conclusion qui s'impose est que l'action de la volonté ou du désir «bousculerait la matière, toutefois sans passer nécessairement par la conscience ou le langage» (Dierkens).

Effet PK en éducation

Vous rendez-vous compte que cette expérience nous oblige à accepter que la psyché du chat influence des appareils électromagnétiques?

Plusieurs auteurs se posent d'ailleurs la question suivante: dans l'éducation et le dressage des animaux comme les chiens ou les chats, un effet PK n'interviendrait-il pas? Cet effet PK, on le nommerait zootélékinésie. Pour envisager cette hypothèse, ces auteurs se basent sur le niveau relativement bas de l'intelligence des chiens et des chats — ce à quoi je m'oppose absolument — par rapport à certaines prouesses qu'ils réalisent, comme le travail de berger des border collies, par exemple, qui répondent à des sifflements très symboliques.

Si l'origine de leur hypothèse n'est que partiellement cohérente, ce qui m'interpelle, c'est la similitude avec ce que je propose lors de l'éducation animale. Quel que soit l'ordre, il faut bien entendu qu'il soit correctement émis et que l'animal ait été conditionné à sa symbolique, mais je propose toujours que l'éducateur visualise l'animal comme réussissant à répondre de façon correcte.

Je m'étais basé pour cela sur des expériences scientifiquement probantes de renforcement positif, dans lesquels des entraîneurs de sport récompensaient leurs sportifs en les gratifiant d'un temps ou d'un exploit légèrement supérieur à celui qu'ils avaient réalisé. Ce mensonge éducatif avait des effets remarquables puisque les sportifs obtenaient rapidement les performances qu'on leur avait annoncées. Je m'étais dit: pourquoi pas pour le chien et le chat?

Mais comment leur dire? Eh bien, de deux façons. D'abord en visualisant la réalisation de l'acte demandé, ensuite en façonnant le comportement dans cette direction. Cette technique comportementale du façonnement (*shaping*) est remarquablement efficace.

Des effets directs de zootélékinésie ont été démontrés dans la première moitié du XXe siècle par Vladimir Bechterev, le célèbre neurophysiologiste russe (président de l'Académie psycho-neurologique et directeur de l'Institut pour l'investigation du cerveau à Saint-Pétersbourg), avec des chiens de cirque. (J'ai conté cette série d'expériences dans *Chiens hors du commun*.) À ma connaissance, seuls les travaux d'Osis ont tenté de faire quelque chose de semblable. (Voir le chapitre «Effet psi entre humains et chats».)

Chapitre seize

Effet psi entre humains et chats

Une expérimentation

Je résume ici un article scientifique de Karlis Osis, publié en 1952 dans *The Journal of Parapsychology* et intitulé «A test of the occurrence of a psi effect between man and the cat».

Dans la première moitié du XXe siècle, les scientifiques se sont beaucoup intéressés aux capacités d'orientation des animaux et leurs explications rationnelles — c'est-à-dire basées sur les sens connus — étaient insuffisantes. Certains d'entre eux n'ont pas hésité à envisager l'hypothèse extrasensorielle — psi — et à la tester. L'expérimentation du Dr Osis est en continuité avec ces hypothèses. Elle s'en démarque cependant. Plutôt que de déterminer l'éventuelle présence de l'hypothèse psi dans l'orientation générale des animaux, cette expérience tente de vérifier directement si l'animal possède des capacités psi. Si la réponse est oui, alors cette hypothèse psi pourrait avoir des fondements pour expliquer d'autres phénomènes comportementaux inexplicables, comme les facultés d'orientation par exemple.

Une première en anpsi

Cette expérience est également une des toutes premières expériences scientifiques de laboratoire sur l'extrasensorialité animale. Elle ressemble beaucoup aux expériences faites avec des humains. La méthodologie est donc bien connue et les analyses statistiques détermineront si l'hypothèse psi peut être confirmée ou rejetée. La question fondamentale de cette étude est la suivante: l'homme peut-il influencer l'animal par des voies extrasensorielles? Peu importe qu'il s'agisse d'une action télépathique ou d'un effet PK (zootélékinésie), la question est: y a-t-il effet psi?

La méthodologie de base est celle du choix multiple. Le plus simple de ces choix multiples est le double choix: deux assiettes de nourriture. L'expérimentateur essaiera d'influencer mentalement l'animal — qui a faim — à se diriger vers une des deux assiettes. Son choix est déterminé par un jeu de fiches de couleur — noir pour droite, rouge pour gauche — dont l'arrangement a été fait par une tierce personne, extérieure à l'expérience, selon les indications des tables aléatoires de Tippett. La première assiette choisie est notée comme la réponse de l'animal, qui a ensuite le loisir de manger dans les deux assiettes.

Le chat au labo de psi

L'animal expérimental choisi fut le chat. Mais pourquoi le chat? Parce que le chat est de petite taille, peu onéreux à manipuler en laboratoire, et que son histoire millénaire de cohabitation avec l'être humain — sa domestication — a démontré qu'il pouvait établir des relations d'amitié et d'intimité. Or, il a déjà été démontré, au cours d'études sur le psi chez l'homme, qu'une relation amicale entre l'expérimentateur et le sujet facilite l'obtention de résultats. Sept chats ont été testés, d'âges variant entre 7 semaines et l'âge adulte: Judy, Mika, Timmy, Bobo, Chippy, Vabuly, Susie.

Que doit faire le chat? Qu'attend-on de lui? Il est introduit dans un tube en carton qui est connecté à un appareillage en forme de T et fait d'un grillage métallique. Le chat arrive alternativement à chacune des branches horizontales du T, il court vers la branche centrale large de 25 centimètres, haute de 45 centimètres et longue de 240, il passe à côté ou au-dessus de divers obstacles — qui sont constamment changés de place afin de garder à la situation l'attrait de la nouveauté et de la complexité — et arrive enfin à la base du T ou se trouvent deux coupelles métalliques contenant toutes les deux la même quantité de viande crue. Le double choix peut aussi être deux balles suspendues à un fil et que le chat peut capturer. Seule Judy a montré un intérêt pour ce jeu, les autres chats étant indifférents.

L'observateur est en face des coupelles, dans une cabane obscure faite de bois et regarde le chat par une fenêtre de plastique bleu foncé. Le chat ne peut pas voir l'expérimentateur.

L'expérimentation s'est faite en deux phases. D'abord, l'expérimentateur travaille seul, place la nourriture dans les coupelles, introduit le chat dans le tube de carton, regarde la fiche colorée, essaie d'influencer le chat silencieusement, l'observe et note le résultat. Puis, l'expérimentateur ne travaille plus seul, il place la nourriture dans les coupelles, introduit le chat dans le tube de carton et note le résultat. Il ne connaît pas l'objectif. Celui-ci est connu seulement de l'agent — on appelle agent la personne qui tente d'influencer le chat —, dans sa cabane en bois, qui prend une fiche colorée, la regarde et la retourne avant que le chat ne soit introduit dans le tube de carton.

L'expérimentateur et l'agent restent silencieux. L'expérimentateur manipule les chats de la même façon, quel que soit le résultat.

Deux contextes furent utilisés pour réaliser cette expérience: un contexte plaisant et un contexte déplaisant où un ventilateur soufflait dans les yeux du chat, une lumière violente fut brusquement allumée, un choc électrique très faible fut administré. Ces deux contextes furent utilisés en alternance.

Une des premières constatations fut que certains chats développent des habitudes très fortes, très rapidement: ils choisissent un côté et s'y dirigent systématiquement. Pour rompre ces habitudes, les coupelles sont déplacées légèrement vers le côté préféré, afin de donner au chat une réelle situation de choix, ou l'expérience est arrêtée et alors, seule une des coupelles — celle du côté non préféré — est remplie d'aliments. Puis le chat est lancé dans l'appareillage. Il a fallu jusqu'à 18 essais de ce type pour rompre une habitude établie d'emblée par un des chats.

Avant même de recueillir des résultats sur l'extrasensorialité du chat, on se rend compte des difficultés d'une expérimentation *a priori* simple. On apprend aussi cette constatation quotidienne des propriétaires de chats: le chat est un animal qui se crée des habitudes et des routines de vie.

Premiers résultats encourageants

Une première série expérimentale fut réalisée afin de déterminer les meilleures conditions d'expérience. L'expérimentateur faisait tout, ce qui n'est pas adéquat pour une expérience d'extrasensorialité. C'est cependant intéressant pour les personnes qui voudraient tenter ce genre de tests à la maison et qui devraient alors tout faire eux-mêmes.

Une expérience est constituée d'une série de 20 tests, soit 200 essais, car chaque test comporte 10 essais. Un essai est un passage dans l'appareillage. Dans un test de double choix, le hasard permet au chat de trouver 50 p. 100 des réponses attendues. Voici un exemple des résultats:

Nom du chat	Conditions	Essais	Résultats
Judy	Deux coupelles d'aliments	200	119
Judy	Deux balles suspendues	200	122

L'analyse statistique est réalisée sur l'ensemble des résultats obtenus par quatre chats qui ont effectué 1700 essais. Par chance, ils auraient obtenu 850 résultats positifs. Or ils en ont obtenu réellement 922, soit une déviation positive de +72, ce qui est significatif avec P égal à 0,05 p. 100 (on considère généralement 5 p. 100 de risques que les résultats soient dus au hasard, soit P égal à 5 p. 100). Donc dans cette série, on a seulement 0,05 p. 100 de risques que les résultats soient dus au hasard.

Si on fait une analyse plus fine des résultats, on voit que les chats se désintéressent de l'expérience. Dans les 900 premiers essais, la déviation était de +89 (soit 539 bonnes réponses sur 900), ce qui était statistiquement très significatif avec un risque de hasard équivalent à 0,00000004 p. 100. Ensuite, les chats n'ont quasiment plus répondu. Judy est tombée malade, a récupéré mais est devenue hostile aux autres chats. Pour les autres chats, aucune explication plausible n'a été découverte.

D'autres séries de tests

Dans la principale série de tests, de nouveaux chatons furent utilisés puisqu'on avait observé des effets plus importants lorsque l'expérience était quelque chose de nouveau pour les chats et l'absence d'effets lors de répétitions multiples. Mais les analyses statistiques de ces résultats furent décevantes puisque les chats ne réussirent que 725 réponses positives sur 1400 essais, soit une déviation de +25, ce qui n'est pas significatif par rapport au niveau statistique accepté.

Une analyse plus fine des résultats démontra que la première moitié de chaque série est bien meilleure que la deuxième moitié. Sur 1700 essais, partagés en 2 séries de 850 essais et dont les réponses positives données par hasard seraient de 425: la première moitié donne 503 réponses positives sur 850 essais, soit 59,2 p. 100 (déviation de +78), alors que la deuxième moitié donne 419 réponses positives sur 850 essais, soit 49,2 p. 100 (déviation de -6). Cette différence est hautement significative.

Par exemple, Susie qui fut le chaton le plus étonnant de la principale série d'essais, présente une diminution de ses capacités à émettre la réponse attendue en fonction de l'évolution de l'expérience. Si on divise les 2 séries de 200 essais en 4 quarts égaux de 50 essais, on voit très bien cette décroissance graduelle.

Quarts de 50 essais	Premier	Deuxième	Troisième	Quatrième
1re série	+9	+5	-2	-9
2e série	+4	+3	+1	-1
Total des 2 séries	+13	+8	-1	-10

Un test statistique de Chi carré des quatre totaux prend une valeur de 12,40 avec une valeur de P — le risque d'obtenir ce résultat par hasard — de 0,6 p. 100. Ce résultat est donc significatif.

Discussion

La discussion, ou en d'autres mots, les réflexions portées sur cette expérience, met en évidence quelques questions. Les résultats peuvent-ils être dus à la chance, au hasard? Les résultats peuvent-ils être expliqués par une autre hypothèse qu'une interaction psi — extrasensorielle — entre l'homme et le chat?

L'ensemble des analyses révèle sans problème que les résultats sont significatifs sur le plan statistique. Cela signifie que l'hypothèse de départ, qui est de savoir si on peut influencer un chat à préférer une coupelle de nourriture plutôt que l'autre, ne peut être ni infirmée ni rejetée. On est donc forcé, en attendant d'autres tests, de l'accepter comme base de travail.

Il faut donc maintenant tenter de résoudre des questions beaucoup plus complexes. Par exemple, y a-t-il un phénomène d'apprentissage?

Certains chats ont montré des signes d'habitudes ou de routines leur faisant préférer un à l'autre. Divers protocoles dans l'expérimentation s'y sont opposés, gardant à l'expérience un caractère suffisamment neuf et tentant de casser ces habitudes.

L'utilisation d'informations sensorielles aurait également permis d'améliorer la performance. Or, les réponses diminuent avec le temps, ce qui semble s'opposer à l'hypothèse d'un phénomène d'apprentissage.

Y a-t-il d'autres informations sensorielles pouvant aider les chats à trouver la bonne réponse? L'odeur de l'aliment est potentiellement un de ces facteurs, mais les deux coupelles contiennent le même aliment et en même quantité. On peut en déduire que l'odeur est la même et qu'elle n'est pas dans ce cas un critère de choix.

Des informations visuelles données par l'agent sont peu probables puisqu'il est enfermé dans un local sombre. Ce n'est cependant pas exclu, le chat étant extrêmement sensible aux mouvements, même dans la pénombre. Des illuminations de l'appareillage n'ont pas modifié les résultats. Dès lors, on peut penser que ce critère n'entre pas en considération.

L'expérimentateur extérieur ne connaît pas le résultat attendu. Sa présence, son langage corporel, les informations qu'il pourrait donner ne semblent donc pas significatives — à moins qu'il soit lui-même capable de recevoir l'information de l'agent émetteur par voie extrasensorielle et ainsi de la transmettre aux chats par des signaux sensoriels. Cette explication n'est pas à exclure.

L'expérimentateur pourrait aussi être doué d'anticipation et prévoir quelle sera la prochaine coupelle avant de mettre la viande et de placer les coupelles. Encore faudrait-il alors qu'il connaisse les préférences de latéralisation des chats?

Cette expérience permet de conclure que l'on peut raisonnablement accepter l'hypothèse psi — extrasensorielle, du moins dans le sens de «en dehors des sens connus» — dans la relation entre humains et chats.

Cette relation psi varie en fonction des chats et des gens. Certains, c'est manifeste, sont plus doués que d'autres.

Et si cette relation psi est un ingrédient dans une relation expérimentale entre un expérimentateur qui ne vit pas en permanence avec des chats de laboratoire, il est très probable que ce soit également un ingrédient important dans la relation quotidienne entre les personnes et les chats.

Cette expérience donne plus de poids aux anecdotes.

Cette expérimentation du Dr Karlis Osis démontre scientifiquement et statistiquement que l'hypothèse psi ne peut pas être rejetée en ce qui concerne la relation entre humains et chats.

C'est fermé chez la Grize

Et puis, écrit Myriam Champigny, c'est le sommeil second. Alors on dit «c'est fermé, chez la Grize». Ses yeux clos sont les fentes parfaites de deux boutonnières cousues main, au fil de soie noire, sur fond de velours gris. J'admire la perfection de ce travail de haute couture. Sachant que je la regarde (ce n'était peut-être encore que le premier sommeil?), elle se met sur le dos, replie ses pattes en Jeannot-Lapin, entrouvre ses boutonnières pour voir si je la regarde toujours. Mon regard lui plaît. Elle aime être observée.

Cette intéressante anecdote peut être à la base d'un test simple, à la portée de tout le monde. Mais avant de faire le test, parlons de la puissance du regard.

La puissance du regard

Voici d'abord deux citations. La première concerne le regard entre humains:

Une petite expérience anodine, par exemple lors d'une conférence ennuyeuse ou dans un restaurant bondé, montrera toutefois que dans la majorité des cas, scruter avec une intensité soutenue l'arrière de la tête de quelqu'un mettra celui-ci mal à l'aise et l'amènera à se retourner et à lancer un coup d'œil inquiet. On peut faire de même avec un chat ou un chien endormi, et avec des oiseaux de notre jardin — sans parler des enfants... (Renée Haynes, citée par Sheldrake)

Voici la seconde citation qui concerne des animaux.

Durant des heures d'affilée, les renardeaux s'ébattent avec entrain au soleil de l'après-midi; certains traquent des souris et des sauterelles imaginaires, d'autres défient leurs compagnons dans des simulacres de luttes ou de chasses...; le plus frappant dans tout cela est que la vieille renarde, étendue en retrait afin de pouvoir surveiller à la fois leurs ébats et les parages, semble exercer un contrôle constant sur toute la portée sans jamais émettre le moindre son. De temps à autre, lorsque les cabrioles d'un renardeau l'entraînent trop loin du terrier, la renarde dresse la tête pour le tenir à l'œil; et son regard produit finalement le même effet que l'appel silencieux de la louve; il immobilise le renardeau comme si elle avait poussé un cri ou envoyé un messager. S'il ne se produisait qu'occasionnellement, on pourrait imputer le phénomène au hasard et le négliger, mais il est courant, et prend un caractère toujours aussi impératif. L'ardent renardeau s'arrête net, se retourne comme s'il avait reçu un ordre, rencontre le regard de la renarde, et revient comme le fait un chien bien dressé quand on le siffle (W. J. Long, cité par Sheldrake).

Ces citations illustrent l'universalité de l'effet du regard.

Le désintérêt des psychologues et des parapsychologues

Le mérite d'avoir remis en exergue récemment la puissance du regard revient à Rupert Sheldrake dans son livre *Sept expériences qui peuvent changer le monde*. Il a fait des recherches bibliographiques et n'a trouvé que 6 articles sur le sujet en 100 ans. Ce sujet n'a intéressé ni les psychologues ni les parapsychologues, alors que tout le monde, vous et moi, avons fait cette expérience. C'est tout de même étonnant.

J'ai personnellement fait cette expérience à plus d'une reprise, que ce soit dans les transports en commun ou dans les réunions de société, quand le discours m'ennuyait profondément. Je regardais le dos d'une personne située devant moi, sans avoir à tourner la tête (pour ne pas montrer un comportement hors norme), jusqu'à ce que cette personne bouge ou se retourne. J'ai fait la même chose avec chiens et chats. Parfois, c'était efficace, mais pas toujours. Vous aussi, vous avez, sans doute bien involontairement, fait cette expérience.

Le regard et la métacommunication

Dans la puissance du regard, il y a le regard aimant et le mauvais œil. Déjà dans la mythologie de la Grèce ancienne, le regard de la Méduse (dont la tête était coiffée de serpents) changeait les hommes en pierre.

Comme l'écrit Sheldrake: «dans notre société occidentale, on considère en général que fixer autrui est une marque d'impolitesse, et suscite souvent un sentiment de malaise ou des réactions agressives.» Mais on peut ajouter que si on ne regarde pas la personne à qui l'on s'adresse, on donnera l'impression d'être faible et timide, alors que le regard dans les yeux, au moment où l'on dit quelque chose d'important, mais sans fixer le regard de façon continue, est une marque d'assertivité. Fixer le regard est, chez l'être humain, comme chez le chat ou le chien, une menace, une marque d'agression. Chez le chien, un regard dominant est dirigé sur la croupe du vis-à-vis. Chez l'humain, ce regard serait jugé «faux» ou timide, voire éventuellement pervers si la personne en face de soi est de l'autre sexe. Les choses sont donc complexes.

Le regard fait partie de l'ensemble des éléments de la métacommunication, cette communication sur la communication, c'est-à-dire ces gestes, attitudes et postures qui accompagnent le message donné par la parole dans l'espèce humaine. Ces messages font partie intégrante de la communication et sont même plus importants que le message vocal lui-même; ils le confirment ou l'infirment, rendant la communication congruente et claire dans le premier cas ou paradoxale et angoissante dans le second.

Dans l'extrait du texte du naturaliste W. J. Long, on remarque la puissance du regard d'une mère sur ses renardeaux. En serait-il de même chez tous les canidés? En serait-il de même chez tous les mammifères supérieurs? De nombreux propriétaires de chats m'ont dit qu'ils étaient capables d'attirer l'attention de leur chat simplement en le regardant, même de dos.

Bon œil, mauvais œil

Toutes les cultures — anciennes ou récentes — et toutes les langues possèdent semble-t-il des expressions parlant du pouvoir du regard, que ce soit l'œil bleu d'Horus qui protège du mauvais œil, lui-même repris dans les Écritures, le regard pétrifiant de la Méduse à la tête coiffée de serpents ou son masque — la tête de Gorgone — et les sorcières du Moyen Âge qui jetaient le mauvais œil, etc. Je vous renvoie à Sheldrake pour une vision plus détaillée de l'aspect universel du regard et de l'histoire scientifique récente de son étude, depuis la publication de Titchener dans *Science* en 1898 jusqu'à celles de Sheldrake lui-même, qui démontrent toutes des effets statistiquement positifs, même s'ils ne sont pas spectaculaires en macro-psi ou à l'œil nu et sans analyses statistiques (1858 réponses positives sur 3496 réponses — en 10 expériences différentes avec 120 sujets — soit 53,1 p. 100 alors que l'attente due au hasard était de 50 p. 100).

Une expérience sur la puissance du regard

Des expériences sur la puissance du regard entre êtres humains, proposées par Rupert Sheldrake, pourraient être modifiées pour intéresser la relation entre l'homme et le chat.

Désirez-vous tester la puissance de votre regard vis-à-vis de votre chat? C'est tout simple, et cela ne coûte rien.

Observez votre chat quand il se couche pour se reposer à quelque distance de vous ou même à vos pieds. Que fait-il? Vous regarde-t-il ou ne s'occupe-t-il pas de vous? Essayez de déterminer quand votre chat ne recherche pas votre regard, ne vous regarde pas ou se désintéresse de vous. Car c'est à ce moment qu'il vous faudra faire l'expérience, au moment où votre chat ne se doute pas de votre intérêt. Le chat n'est pas endormi, il s'apprête seulement à faire une sieste.

Bien sûr, vous restez calme, vous n'avez à votre disposition ni un jouet du chat ni un aliment, rien qui puisse intéresser le chat.

Vous avez une pièce de monnaie dans votre main fermée. C'est le système le plus simple, car tout autre système pourrait faire du bruit et attirer l'attention du chat. Vous ouvrez silencieusement votre main et regardez si c'est pile ou face. Vous aurez auparavant choisi que pile c'est regarder le chat et face, c'est ne pas regarder le chat (ou l'inverse, à votre choix). Si c'est pile, vous regardez le chat pendant une période de 20 secondes à 1 minute, sans bouger, sans faire de bruit. Et ensuite vous notez sur un papier le comportement du chat: a-t-il bougé, s'est-il retourné, vous a-t-il regardé? Si c'est face, vous pensez à tout ce que vous voulez sauf au chat et vous regardez tout ce que vous voulez sauf le chat. Il serait alors idéal que quelqu'un, ou une caméra vidéo, ait observé le chat et noté ses réactions comportementales: a-t-il bougé, s'est-il retourné, vous a-t-il regardé?

Répétez cette expérience deux centaines de fois. Eh oui! C'est une des nécessités de l'étude statistique. Avec un risque d'erreur acceptable de 5 p. 100, vous devriez obtenir 55 p. 100 de résultats positifs quand vous tirez pile, c'est-à-dire d'induction de comportements d'attrait chez votre chat, comportements différents de quand vous tirez face.

La puissance de votre pensée

Une fois que vous avez fait ces tests, vous pouvez envisager d'aller plus loin et d'essayer non plus la puissance de votre regard mais la puissance de votre pensée. À ce moment, quand vous tirez pile, au lieu de regarder le chat, vous pensez au chat sans le regarder et quelqu'un enregistre le comportement de l'animal.

Que faire de vos résultats?

Bonne question! Vous pouvez déterminer si votre chat et vous avez une relation spéciale, si votre regard possède cette puissance dont nous parlons et si votre chat possède cette faculté de pressentir votre regard ou votre pensée. Vous pouvez aussi m'envoyer vos résultats. Si vous m'en donnez l'autorisation, cette documentation pourrait être publiée dans une prochaine édition.

TROISIÈME PARTIE

Challenge

Chapitre dix-sept

Les facultés d'orientation du chat

Dans la littérature, et surtout dans les magazines de vulgarisation, on trouve de temps à autre des anecdotes du type: un chat, transporté loin de chez lui, revient à son domicile dans un état lamentable, les pattes en sang, après un voyage stupéfiant de plusieurs semaines et même de plusieurs mois.

Voici par exemple une anecdote que je reprends à Brad Steiger. En juin 1989, Murka tua et mangea les deux canaris chéris de sa maîtresse, Olga Stravinsky (de Moscou). En punition, le chat fut exilé auprès de familiers dans la banlieue industrielle de Voronezh. En novembre cependant, Murka était de retour à Moscou, les pattes fatiguées, le poil abîmé, une oreille déchirée et la queue raccourcie de quelques centimètres. Et pendant ce voyage de 700 kilomètres en 5 mois, la chatte tricolore, manifestement enceinte, avait trouvé le temps de prendre du bon temps.

On m'avait demandé d'expertiser un cas comparable en France où un chat perdu en vacances était revenu chez lui. Des journalistes avaient fait grand cas de cette chatte mais, malheureusement, dès le premier coup d'œil, on pouvait voir, aux photographies de l'animal, qu'il ne s'agissait pas du tout de la même chatte. Ainsi un bilan de cet épineux problème semble nécessaire.

Le retour au gîte

Mais avant de citer d'autres anecdotes, étudions cette caractéristique, analysée par les éthologues, qu'est le retour au gîte: il représente autant le trajet que fait un animal pour rentrer chez lui après ses repas, que les migrations les plus lointaines. Comment se fait-il qu'un puffin, transporté de son terrier en Angleterre jusqu'aux États-Unis, revienne à son terrier 13 jours plus tard, après avoir accompli un voyage de plus de 4500 kilomètres. McFarland écrit que «beaucoup d'animaux qui chassent, tel le lycaon ou la hyène tachetée, laissent leurs petits dans le terrier et font jusqu'à 30 kilomètres en une nuit».

Qu'en est-il de notre ami chat? En milieu rural, un chat peut occuper un domaine vital de 600 hectares et se déplacer dedans. Il doit donc s'orienter avec facilité sur des distances avoisinant 5 kilomètres. Mais on peut émettre l'hypothèse que le chat soit aussi doué que les grands félins (relativement à la taille de chacun) et que ses confrères le chien et les autres canidés — et les plus doués d'entre eux s'orientent sans nul doute sur des distances d'une trentaine de kilomètres sans le moindre problème, récupérant au sol des traces odoriférantes et se repérant par des repères sonores et visuels qu'ils ont emmagasinés dans leur mémoire. C'est ce qu'on appelle la mnémotaxie (orientation basée sur la mémoire).

Trente kilomètres, peut-être est-ce beaucoup pour un chat!

Comment se repère notre compère?

Il allie, pour ce faire, une excellente mémoire à des sens très développés. Ainsi, odeurs, bruits, images sont autant d'indications utiles pour son retour.

Ils adoptent des points de repère naturels, écrivent Jo et Paul Lœb, comme des pierres, des accidents de terrain ou des arbres. Ce système de repérage s'adapte très mal aux cités de banlieue ou aux grands immeubles d'habitation contemporains, dans lesquels tout se ressemble plus ou moins: les rues, les maisons, les étages, les portes. Les étages se ressemblent tellement à leurs yeux qu'il nous est souvent arrivé d'être obligés de rapporter des chats à leurs maîtres qui demeuraient seulement à un étage au-dessus ou au-dessous de chez nous.

Difficulté du repérage urbain! Pourtant... À la mort de son père, une amie hérita de son chat; ce dernier, très attaché à la maison où il vivait depuis des années, ne voulut rien entendre d'un quelconque déménagement. Emmené chez elle, à quelques centaines de mètres de la maison paternelle, il s'échappait aussitôt pour rejoindre le lieu de son enfance. Ayant trouvé des personnes pour s'occuper du chat, elle le leur apporta en voiture; le chat était enfermé dans un panier; ils n'habitaient qu'à 5 ou 6 kilomètres de chez elle. Dès qu'il dénicha une issue, le chat prit la fuite. Une dizaine d'heures plus tard il était de retour à son premier domicile.

Sur 5 ou 6 kilomètres, dans la périphérie de Bruxelles, à travers jardins, routes, avenues, l'autoroute périphérique et au milieu de sonorités, d'odeurs et de visions partout pareilles, le chat se dirigea tout droit chez lui.

On ne peut penser qu'il décrivit aléatoirement des cercles de plus en plus larges pour enfin aboutir au but, car il n'en aurait jamais eu le temps. Sans l'ombre d'un doute, il est rentré directement à la maison.

Téléotaxie

Mais quand le chat n'a pas la mémoire d'un lieu, que fait-il? Comment se dirige-t-il vers un but, ce qui est une autre prouesse au nom scientifique ravissant de téléotaxie? Et que nous enseignent les anecdotes relevées dans la littérature?

Une série d'anecdotes ne constitue pas une preuve...

Mastic vivait avec son frère Pinceau à Bruxières-les-Mines, dans l'Allier. Quand leur maître déménagea pour Sainte-Geneviève-des-Bois près de Paris, les chats furent du voyage. Mastic ne sembla pas s'acclimater et disparut. Il traversa des forêts, des villes et des champs, ainsi que la Loire, pour réapparaître à son ancienne maison, 285 kilomètres plus loin et 9 jours plus tard (Pedrazzani).

Blanchette déménagea de Fouqueux, dans les Yvelines, pour Saint-Gely, dans le Gard. Puis, placée chez des voisins le temps d'apprêter la nouvelle résidence, elle s'enfuit. Quatre mois plus tard, elle avait franchi les 700 kilomètres qui la séparaient de Fouqueux où elle réapparut amaigrie, épuisée mais fidèle à son territoire.

Mylord fut perdu pendant des vacances sur la côte d'Azur. Il revint trois mois plus tard à son domicile dans la Saône-et-Loire, après avoir marché, comme Blanchette, 700 kilomètres (Ortega).

Avec un titre accrocheur: «Rusty le chat établit un record de vitesse pour parcourir 1600 kilomètres en 83 jours», Sherry Hansen nous raconte l'histoire de Rusty, en vacances avec sa famille à Boston en 1949 et qui rentra à la maison à Chicago à la vitesse record de 19 kilomètres par jour. Les experts n'expliquent pas ce phénomène sans recourir à l'hypothèse de l'auto-stop, du train ou d'un autre moyen de transport.

Sherry Hansen nous raconte une autre anecdote — invérifiable elle aussi, puisqu'elle ne nous donne aucune référence —, celle de Peggy et Ronald Keaton de Grand Rapids (Michigan), dont la chatte écaille de tortue, Princesse, était adulée et ne mettait jamais le nez dehors. En juin 1991, la mère de Peggy tombe malade et Peggy la rejoint à Toledo en Ohio, avec deux de ses enfants de 2 et 4 ans. Ronald suit quelques jours plus tard avec leur aînée de 6 ans et Princesse.

Entre Grand Rapids et Toledo, Princesse disparaît. À 160 kilomètres de la maison, Ronald avait fait un arrêt. Mais il est certain que Princesse était encore dans le véhicule à ce moment, puisqu'il l'a vue contre la fenêtre. Il ne fit pas d'autre arrêt avant Toledo. Princesse reste néanmoins introuvable et les trois enfants sont inconsolables.

Quelques jours plus tard, un de leurs voisins de Grand Rapids téléphone aux Keatons pour leur signaler que Princesse est gentiment assise sur le perron et attend leur retour.

La petite chatte précieuse qui n'avait jamais mis le nez dehors avait ainsi parcouru près de 160 kilomètres en quelques jours. Dommage qu'on ne sache pas le nombre précis de jours.

Peu d'histoires...

Et puis... Et puis en fait, on a peu d'histoires à raconter. Pourquoi?

Parce qu'il n'y a pas eu de publication sérieuse sur le sujet. Ni de la part des éthologues qui ne s'intéressent pas à ces cas marginaux ni de la part des parapsychologues qui préfèrent se pencher sur un comportement plus marginal et moins explicable encore: le pistage psi (voir le chapitre «Un pouvoir d'orientation extrasensoriel»). Nous pouvons néanmoins tenter de découvrir quelques informations sur les moyens utilisés par le chat pour franchir ces dizaines et même ces centaines de kilomètres qui le séparent du territoire ou du compagnon humain bien-aimé.

Justifications

Les explications que l'on peut donner à ce type de comportement sont très hypothétiques. On a, en fait, deux problèmes à résoudre. D'abord, comment l'animal détermine-t-il la direction à prendre pour rentrer chez lui? Enfin, comment maintient-il ce cap jusqu'à arriver dans un terrain connu? En 1985, j'avais repris — et critiqué — l'hypothèse de Michael Fox selon laquelle le chat se dirige en fonction de la différence entre la position du soleil dans sa mémoire et dans la réalité du lieu où il se trouve. Si l'animal a été déplacé vers le nord, le soleil se trouve, à la même heure, plus bas sur l'horizon (l'animal pourrait calculer la latitude en utilisant un sextant biologique) et l'animal redescend vers le sud. S'il a été déplacé vers l'ouest, le soleil, à la même heure, se trouve plus à l'est que dans sa mémoire (encore faut-il que son horloge biologique soit précise et qu'il possède un rapporteur biologique pour mesurer la distance et l'angle, en degrés, entre les deux positions du soleil, afin d'obtenir sa longitude!) et l'animal retourne vers l'est. Ces deux calculs se feraient en même temps en quelques fractions de seconde dans l'inconscient de l'animal.

Est-ce bien ainsi que cela se passe? Cette hypothèse est en fait dérivée de celle que l'on utilise pour les oiseaux migrateurs diurnes et pour les pigeons (dont les concours colombophiles tirent grand bénéfice). Mais même chez les oiseaux, cela ne suffit pas: en effet, comment font-ils pour s'orienter quand le soleil est voilé?

À chaque question on découvre une réponse partielle. Si le ciel est voilé, ce n'est plus du soleil mais de la lumière polarisée dont l'animal tiendrait compte. Ou alors l'animal est sensible aux ultraviolets qui franchissent même un épais manteau de nuages. Vraiment?

Mais, d'autre part, le chat qui ne se trouverait qu'à une faible distance de son domicile n'aurait que des positions du soleil (ou de la lumière polarisée) très peu différentes pour faire ses calculs astronomiques. Tandis que le chat qui se trouverait à une très grande distance de son foyer verrait son horloge biologique s'adapter au rythme circadien (jour-nuit) des lieux traversés et perdrait très vite la possibilité de calculer sa longitude (l'horloge biologique n'est pas précise au point de «tourner» en 24 heures, mais elle se remet à l'heure chaque jour en fonction de la longueur du cycle jour-nuit de l'endroit où vit l'animal). Non, cette hypothèse est valable pour des oiseaux capables de parcourir une centaine (ou plus) de kilomètres par jour (parce que suffisamment simple), mais pour les mammifères, qu'en est-il?

Et pourtant, il semble que l'hypothèse de la «navigation céleste» — par les étoiles — soit applicable, non seulement aux oiseaux, mais aussi aux poissons, aux grenouilles et aux crapauds, ainsi qu'aux reptiles et même à ce fossile vivant qu'est la limule (espèce vieille de 250 millions d'années). Et il n'est pas certain que nous autres humains ne puissions en faire autant. Des tests positifs de ce genre ont été réalisés avec des Pygmées et il est bien connu que certains groupes d'Inuits et d'Asiatiques de Sibérie puissent en faire autant. Alors, pourquoi pas le chat?

Il n'y a pas de sixième sens

«Il n'y a pas de sixième sens», écrivait en 1973 Fernand Méry, vétérinaire, appuyant son argumentation sur une anecdote vécue et narrée en 1842 par son ancêtre Méry, conservateur du Musée d'Égyptologie de Marseille.

Le chat du musée avait vieilli. On décida de s'en défaire en le précipitant du haut du Saut-du-Maroc dans la mer, à quelque trois lieues (une quinzaine de kilomètres) de la ville. Ainsi fut fait. S'étant probablement raccroché aux pins qui hérissent la montagne, le chat prit la direction du retour. Quatorze mois plus tard, le chat arriva au musée. Et Méry (l'ancêtre) de supputer que le chat avait fui la mer pour se diriger vers la ville dont il entendait la rumeur lointaine; le chat traversa la campagne et, arrivé en ville, sans impatience et sans découragement, reprenait chaque jour la route du hasard, recherchant les bruits caractéristiques du musée, dont l'horloge musicale sonnait tous les quarts d'heure. «Les chats semblent donc progresser au hasard», écrivait Fernand Méry.

Quatorze mois pour 15 kilomètres?

Malgré les trésors de persévérance et les qualités d'endurance déployés par ce chat sans nom, il faut avouer qu'il ne devait pas briller spécialement par ses aptitudes d'orientation. Dans tous les domaines, il existe des animaux aptes et des animaux inaptes. Mais ce n'est pas en se fiant à ces derniers que l'on peut ébaucher des théories scientifiques.

Les tests d'Herrick

Pourtant, déjà en 1922, le professeur F. H. Herrick lâcha des chats à des distances comprises entre 3 et 7,5 kilomètres de leur foyer, aux quatre points cardinaux, et tous revinrent à la maison dans un délai de 8 à 18 heures. Schmid fit la même chose avec des chiens. Ces expériences sont restées sans autres recherches ni autres intérêts de la part de la science traditionnelle.

Doris Lessing, écrivain bien connu, racontait l'histoire suivante, vécue pendant son enfance en Afrique au début du XXe siècle.

Un jour, un bûcheron avait emmené un de ses nombreux chats, adulte, dans son campement sur les contreforts montagneux, à une trentaine de kilomètres de chez elle. Le chat ne tarda pas à s'esquiver et à disparaître dans le veld, immense étendue désolée regorgeant de prédateurs. Il franchit deux cours d'eau. «Une fois la seconde rivière traversée sans dommage, il lui restait encore plus de 15 kilomètres à parcourir dans le veld. Il avait dû courir aveuglément, affamé, farouche et désespéré, ne sachant rien d'autre que la nécessité de courir encore, et la certitude d'avoir pris la bonne direction.» Quinze jours après sa disparition, il se glissa hors de la brousse et rentra dans la maison, «amaigri, le poil hérissé, l'œil hagard et apeuré». Puis il monta se nicher dans les bras de sa maîtresse en ronronnant.

Ce chat a marché 30 kilomètres en 15 jours, donc en moyenne 2 kilomètres par jour à travers une nature inhospitalière.

Y aurait-il tout de même un sixième sens?

Le chat, selon les expériences datant de 1954 et réalisées par le professeur H. Precht et le Dr Elke Lindenlaub (cités dans Vitus B. Dröscher), aurait une idée de la direction indépendante de ses cinq sens classiques. Dans ces expériences faites à Wilhemshaven, 140 chats ont été emmenés — dans un sac obscur —, désorientés par une balade dans la ville et, ensuite seulement, lâchés dans un laboratoire au milieu d'un labyrinthe possédant 24 sorties. Résultat: le chat prend en général la sortie qui fait face à son domicile. En cela, le chat ressemble à l'abeille qui va à l'aventure, empruntant de nombreux détours, jusqu'à plus d'un kilomètre de distance et puis qui s'en revient droit à la ruche, comme si son cerveau minuscule avait pris note de tous les va-et-vient et de tous les crochets qu'elle avait réalisés, et pouvait déterminer la direction à prendre et la distance à parcourir jusqu'à la ruche.

Le chat posséderait-il réellement ce même sens? Très probablement. Enfin, c'est encore à vérifier. Il y a peut-être d'autres réponses à envisager. Si un touareg est capable de sentir un feu dans le désert à 50 kilomètres de distance, quelles seraient les capacités d'orientation olfactives du chat dont l'odorat est probablement 100 000 fois supérieur à celui de l'homme? Si le chat retrouvait son chemin par l'odorat (et c'est probablement le cas sur de courtes distances), il se rapprocherait ainsi du saumon qui retrouve à l'odeur (ou au goût) le lieu de sa naissance après des semaines de migration de la mer jusqu'en haut des rivières où il pond. On pourrait aussi le comparer au papillon qui rejoint sa femelle éloignée de 1,6 kilomètre en 10 minutes (soit à une vitesse de 10 km/heure) mais qui peut aussi la détecter à 5, 10 et même 20 kilomètres de distance — grâce, on le sait aujourd'hui, au pouvoir des phéromones, petites molécules d'odeur aux influences émotionnelles et hormonales sur l'organisme récepteur.

Si le chat avait une acuité olfactive telle qu'elle lui permette de retrouver ses propriétaires sur plusieurs centaines de kilomètres de distance, en traversant plusieurs autoroutes et de nombreux autres obstacles de l'environnement, sur une période longue de plusieurs semaines, alors ce sens de l'olfaction mériterait que les physiologistes se penchent sur le *homing* et sur le pistage psi.

Mais ils ne le font pas. Pourquoi? Parce que le nombre de chats réalisant ces prouesses est très limité et qu'il n'est pas envisageable d'élaborer une expérimentation scientifique confirmative et contradic-toire sur ce sujet. Alors les scientifiques se sont, comme d'habitude, tournés vers les petits animaux de laboratoire.

Chapitre dix-huit

Un pouvoir d'orientation extrasensoriel

Des rouges-gorges aux champs magnétiques

Les expériences du Dr Hans Fromme avec des rouges-gorges ont montré que seul un abri en béton (aux parois de 15 centimètres d'épaisseur) ou une chambre en acier close pouvait désorienter les oiseaux, alors que si on entrouvre la porte de l'enceinte, ils reprennent directement la direction du sud-ouest. Il a pensé à ce moment que ce type d'enceinte affaiblissait le champ magnétique extérieur et il soumit les oiseaux à de puissants champs magnétiques pour tenter de les désorienter. Rien n'y fit. En décalant leur horloge biologique? Sans effet. Et pourtant certains oiseaux sont désorientés en passant près de radars puissants. Il ne reste plus qu'à chercher, et chercher encore, la mystérieuse source radio naturelle (terrestre ou tirant son origine dans la Voie Lactée) qui dirige nos rouges-gorges et, probablement, nos chats, nos chiens, nos souris et beaucoup d'autres animaux.

Des hypothèses, pas de démonstrations

Nous ne pouvons actuellement que faire des suppositions. Ce qui est certain, c'est que cette information qui influence l'orientation de l'animal pourrait être indépendante des sens habituels: elle serait donc extrasensorielle. Elle est inexplicable par la psychologie ou par l'éthologie traditionnelles, elle est donc «à côté» de la psychologie ou, en d'autres mots, parapsychologique.

Le nombre de chats qui reviennent chez eux après avoir parcouru des dizaines ou des centaines de kilomètres est finalement très faible. Doit-on dès lors envisager la présence d'un «sens» que posséderaient tous les chats ou, plus simplement, penser à une qualité particulière que ne posséderaient que ces chats extraordinaires? L'aspect marginal de ce phénomène appelle à l'hypothèse psi. Et si les chats rentraient chez eux en partie grâce à un lien psi? C'est encore l'hypothèse la plus simple!

Pistage psi

Le pistage mental, écrivent Rhine et Feather, regroupe les cas dans lesquels l'animal, séparé d'une personne ou d'un partenaire à qui il est attaché, suit le compagnon, qui s'en est allé, dans un territoire totalement inconnu, et le fait dans un temps et dans des conditions qui ne lui permettent pas d'utiliser une piste sensorielle. Si de tels cas peuvent être découverts et que la distance soit suffisante pour exclure la localisation de la personne ou du partenaire par accident, alors l'animal doit avoir été guidé par un mode de connaissance inconnu. Ceci, évidemment, invoquerait l'hypothèse psi.

Ces cas sont moins nombreux que les autres groupes, mais ils permettent le moins de solutions de rechange à l'hypothèse psi et pour cette raison offrent des démonstrations nettes pour l'anpsi (voir le chapitre «Des expériences exceptionnelles à une parapsychologie du chat»).

La rocambolesque histoire de Li-Ping

Voici, racontée par Brad Steiger, une histoire extraordinaire:

En avril 1955, une infirmière du nom de Vivian Allgood déménagea de Sandusky (Ohio) pour Orlando (Floride) pour des raisons professionnelles. Elle laissait à sa sœur son chat noir, Li-Ping. [...] Ce dernier vaga-bonda aux environs de la maison pendant deux semaines puis disparut. Un soir de mai, un mois après son déménagement, Vivian était assise sur le porche, chez une amie lorsque son attention fut attirée par un chat noir pitoyable, qui boitait misérablement. Quelque chose à propos de ce chat lui rappelait Li-Ping. Suivant cette sensation étrange, venue d'on ne sait où, Vivian prononça «Li-Ping?». Le chat s'arrêta net, tourna au son de sa voix, et vint en boitant, presque en se traînant, vers elle. L'instant d'après il était dans ses bras, et elle criait qu'il s'agissait bien de Li-Ping. Son amie voulait savoir comment un chat pouvait voyager de l'Ohio en Floride, sans aucune connaissance du lieu de résidence de sa maîtresse. [...] Beaucoup de chats se ressemblent. Peut-être ce pauvre chat écorché et efflanqué ne faisait-il que ressembler à Li-Ping?

Vivian évalua la condition pitoyable de son chat. [...]. Il avait dû survi-vre à d'innombrables combats. Ses pattes étaient à vif et saignaient du terrible voyage de 2500 kilomètres. Vivian savait que c'était Li-Ping, qui avait comme caractéristique d'être aphone — il ne produisait qu'un son bizarre et râpeux.

Sans vouloir être rabat-joie, j'aimerais poser une question. Li-Ping a démarré son voyage deux semaines après le déménagement de Vivian. Il réalisa alors un parcours de 2500 kilomètres en 15 jours, soit 166 kilo-mètres par jour — ce qui me semble impossible, à moins d'avoir un moyen de transport. Le chat a-t-il pris un bus, a-t-il fait de l'auto-stop?

Ce genre d'anecdotes jetterait un discrédit sur le travail scientifique réalisé autour de l'hypothèse psi.

Sherry Hansen-Steiger nous signale que le record du monde semble détenu par Tom, un chat qui fut abandonné à St. Petersburg (Floride) et traversa les États-Unis pour retrouver la famille Charles B. Smith à San Gabriel (Californie). C'est un record de distance (4000 kilomètres) mais pas de vitesse, puisque Tom mit 2 ans et 6 semaines à revenir de cette odyssée.

Une évaluation scientifique des cas de pistage psi

En 1962, Joseph B. Rhine et Sarah Feather ont publié une revue des cas anecdotiques collectés dans la banque de données de la Duke University. Cette collection de 500 cas envoyés au laboratoire, généralement par des lecteurs d'articles populaires, ne permettra pas d'établir des preuves de quoi que ce soit, mais d'émettre des hypothèses. Les cas de pistage psi (*psi-trailing*), admissibles selon des critères logiques, étaient au nombre de 54, parmi lesquels on dénombrait 22 chats, 28 chiens et 4 oiseaux. Quels sont ces critères?

1. **La source et la quantité d'information.** La question principale est la fiabilité. Le rapport est-il honnête et sérieux? La considération d'un canular est-elle suffisamment rejetée? Évidemment, une première source d'informations peut être inadéquate mais conduire à une autre plus sûre. À l'autre extrême, un premier rapport peut apporter une publicité non désirée et tarir la source d'informations.

2. **L'identification de l'animal.** Il y a deux grands groupes de caractéristiques, soit physiques et comportementales, qui permettent de conclure si l'animal est bien celui qu'il doit être. Les caractéristiques physiques sont dans la plupart des cas les plus distinctives. Le sexe, la taille, la race, la couleur et la condition générale sont à prendre en considération. Les caractéristiques spéciales de couleur et de longueur du poil, de taches spéciales, de couleur des yeux, etc. étendent la base du jugement. Puis, la valeur du cas est fortement augmentée s'il y a une caractéristique physique unique telle qu'une opération vétérinaire, une cicatrice bien connue, une déformation évidente, un collier familier ou un tatouage. L'examen doit porter sur les rapports existants avant et après le voyage de l'animal. Les photographies, s'il y en a, doivent être utilisées pour le jugement.

   Les caractéristiques comportementales ont quelque valeur mais elles conduisent plus facilement à des erreurs de jugement. Ce qu'un chien ou un chat fait familièrement chez lui peut être réalisé par un autre chien ou un autre chat. Et pourtant il y a des comportements si inhabituels qu'ils en sont convaincants, au moins pour les personnes familières. [...] Un chat qui, comme celui que l'on a perdu, saute sur le piano pour accompagner son partenaire humain en tapant sur les touches, montre lui aussi un comportement familier qui penche pour l'identification de l'animal. Pour évaluer convenablement le comportement d'un individu, il faut une bonne habitude des caractéristiques animales afin d'en établir le caractère unique, et dès lors considérer qu'elle a une quelconque valeur indicative.

3. **Les circonstances générales.** Il faut que les éléments d'information donnés aient du sens... Le temps entre la disparition et la réapparition est-il suffisamment long? L'animal arrive-t-il dans un état physique qui suggère un long voyage? Trouve-t-il la famille lui-même ou a-t-il été pris dans le voisinage? Son comportement au retour indique-t-il des signes de reconnaissance? Il faut aussi comprendre que l'animal peut avoir eu des expériences au cours de son voyage, avoir été adopté ou recevoir un autre collier qu'il porte toujours à son retour. Ces circonstances sont importantes pour déterminer de la validité d'un cas.

4. **Les informations de soutien.** Dans certains cas, des affirmations peuvent provenir de témoins indépendants, dans d'autres, l'opinion experte d'un vétérinaire peut être une contribution importante, et dans d'autres encore, des faits de confirmations peuvent être fournis par des gens qui ont été en contact avec l'animal pendant son voyage. [...]

L'importance de ces critères dépend du (et est inversement proportionnelle au) nombre de cas disponibles. Si le pistage mental était une activité quotidienne, on n'aurait guère besoin d'y consacrer même une seconde pensée. Mais comme ils sont très rares, cela vaut la peine de prendre le temps nécessaire pour confirmer tous les éléments et pour en voir les significations potentielles, comme l'ont fait les premiers rapporteurs de cas psi chez l'homme.

Des limitations arbitraires indispensables

Il y a plusieurs limitations pour la prise en considération d'un cas: ainsi les anecdotes historiques sont hors de portée de toute vérification et ne sont pas acceptables dans une étude scientifique.

Lorsque tous les filtrages ont été réalisés, écrivent Rhine et Feather, la collection s'est réduite à 54 cas admissibles de pistage mental [...].

Insuffisance de paramètres d'identification

La première limitation est le manque de caractéristiques d'identification: dans ce groupe, il y a 3 chiens et 2 chats. Parmi eux, Sparky.

En 1959, le Dr L. K. R., vétérinaire, dut abandonner son chat lorsqu'il déménagea de Poughkeepsie, dans l'État de New York, pour Livermore en Californie. Sparky était absent au moment du départ. Neuf mois plus tard, cependant, un chat se présenta à sa nouvelle résidence et la famille le reconnut comme leur chat.

Le chat était amaigri mais en bonne condition, exception faite d'une plaie sur le dos. Le sexe (mâle) et la couleur (blanche) correspondaient, et Mme R. estima en outre que la taille du chat était semblable ainsi que la couleur inhabituelle des yeux et l'aspect de la fourrure. Elle ajouta qu'il présentait une courbure particulière de la queue. Sur le plan comportemental, les indications convenaient; l'une d'entre elles (mais il n'y a là rien d'inhabituel) était la tendance à vagabonder des jours entiers.

Cependant, ainsi que le reconnaissait Mme R., il n'y avait aucun élément contraignant pour identifier Sparky, bien que son mari et elle-même fussent confiants à ce sujet. Il restait possible qu'un autre chat blanc, mâle, de la même taille, de la même couleur d'yeux, et avec une courbure semblable de la queue, puisse, par coïncidence, se présenter, s'adapter et se faire adopter.

Une distance insuffisante

Une autre limitation, écrivent Rhine et Feather, est que dans certains cas, la distance envisagée n'est pas impressionnante — du moins pour les esprits les plus prudents. [...] Dans cette liste se retrouvent 10 chats, 18 chiens et 1 oiseau. L'histoire du chat Dougal en est un exemple.

Aux environs de 1935 (le cas fut rapporté en 1951), la famille W. G. H. de San Marino (Californie) revenait à la maison après un séjour à Laguna Beach, emportant dans leurs bagages un jeune chat (de race mélangée) qu'ils avaient élevé au cottage de la plage, à environ 90 kilomètres de là. Dougal avait environ 8 mois. (Un frère de Dougal avait déjà été emporté à la maison de San Marino.) La famille s'arrêta à San Gabriel, à 10 kilomètres de la maison, pour voir comment se comportait le chat dans son panier sur le camping-car. Ils découvrirent que le panier était ouvert et que le chat avait disparu. Une recherche soigneuse fut opérée, sans succès, et ils terminèrent leur voyage. À peu près deux semaines plus tard, Dougal fut retrouvé dans le salon, occupé à jouer avec son frère Sandy. [...] Il n'y eut aucune difficulté d'identification puisque le temps de séparation était très court, les deux jeunes chats étaient très semblables et les marques d'identification de Dougal étaient suffisamment distinctives.

La distance que Dougal a parcourue n'est pas connue avec certitude — seulement qu'il avait été perdu entre 10 et 90 kilomètres de la maison. On peut envisager que la distance la plus courte puisse être la plus probable et, bien que Dougal soit en territoire non familier (puisqu'il n'avait jamais été dans la maison de San Marino), il est possible qu'il ait pu trouver son chemin par un hasard chanceux et des comportements d'exploration systématiques. [...] Pour éviter des doutes sur la distance, on a fixé arbitrairement — mais de façon logique tout de même — la distance minimale à 50 kilomètres.

Smoky

Quelques cas respectent l'ensemble des critères.

Occasionnellement, on trouve un cas qui présente une marque de naissance exceptionnelle, comme Smoky, un persan de 3 ans, dont le nom était indicatif de sa couleur. Smoky appartenait à la famille de monsieur W. M. M., un homme d'affaires de Tulsa (Oklahoma). La famille voyageait en voiture, en 1934 — Smoky était du voyage —, en direction de Memphis (Tennessee) où elle déménageait. À Broken Arrow (Oklahoma), 28 kilomètres en dehors de Tulsa, le chat disparut au cours d'un arrêt; la famille fut obligée de reprendre le voyage sans lui. Deux semaines plus tard, des voisins à Tulsa signalèrent que Smoky était de retour dans le voisinage de l'ancienne maison. Ensuite, un an plus tard, un chat, que la famille M. (incluant une jeune fille de 14 ans) reconnut comme Smoky, se présenta sur le porche de la maison de Memphis et y resta comme s'il y était à la maison. Il sauta sur les genoux de la jeune fille et quand elle se mit au piano et se mit à jouer, le chat — comme Smoky le faisait — sauta à son côté droit (le côté correct) et plaça ses pattes antérieures sur les touches, exactement comme l'aurait fait le chat de Tulsa. D'autres comportements, comme voyager assis à la fenêtre arrière de l'auto, ou attendre le retour de la jeune fille perché à la fenêtre d'entrée près de la porte, étaient comparables avec ce qu'on se rappelait du chat de Tulsa.

Cependant, ce fut le tableau physique qui fut le plus distinctif. Le sexe, la taille, le pelage, la couleur étaient caractéristiques de Smoky, mais l'élément le plus distinctif était une touffe de poils rouge foncé sous le menton, sur la gorge. Lorsque la famille M. reconnut cette tache, elle fut certaine de l'authenticité de leur chat, Smoky.

Il avait, semble-t-il, marché sur une distance estimée à 500 kilomètres à vol d'oiseau, soit facilement 750 kilomètres en un an, et 2 kilomètres par jour.

J'ai préféré vous traduire mot à mot le texte de Rhine et Feather, parce que j'ai retrouvé l'histoire d'un Smoky dans Pedrazzani (sans citation de ses sources et sans découvrir l'article de Rhine et Feather dans sa bibliographie). Smoky devient un persan de 18 mois, appartenant aux Jeanes, un couple de professeurs enseignant à Jackson City (Oklahoma) et qui déménagèrent pour Nashville (Tennessee). Je vous passe les détails pittoresques du chat qui se débat lors de la mise dans le panier de transport, qui s'en échappe et disparaît dans les champs de maïs qui bordent la route.

Ce genre de comparaisons entre l'anecdote telle qu'elle est imprimée dans l'article scientifique et celle tirée du livre du journaliste n'est pas en faveur de ce dernier.

Missy

Nous avons un autre enregistrement dans lequel les marques physiques sont les éléments les plus distinctifs; il s'agit du chat Missy, qui suivit la famille B. de Lyles (Tenessee) à Chattanooga à 320 kilomètres de distance. Ainsi continue l'article de Rhine et Feather.

Ce chat, par ailleurs ordinairement brun et blanc, croisé persan, possédait une strie noir-charbon sur chacune de ses pattes postérieures et, en plus, présentait un cercle brun inimitable sur la joue droite, près du nez. Des photographies et des témoins rapportèrent que ces marques rendaient le chat difficile à confondre.

Sugar

Une des autres particularités de grande valeur pour l'identification est une déformation corporelle, écrivent Rhine et Feather. L'histoire du grand voyage de Sugar en fournit un excellent exemple. Sugar était un chat crème, de type persan, élevé depuis son plus jeune âge par la fille de S. A. W., un directeur d'école à Anderson en Californie.

Alan Devœ et Brad Steiger nous donnent une petite précision sur le nom de la famille, les Stacy W. Woods. Je continuerai le texte de Rhine et Feather en citant le nom complet.

Lorsque M. et Mme Woods, et leur fille de 10 ans, se mirent en voiture en 1951 pour partir en Oklahoma, ils avaient l'intention de prendre

Sugar avec eux. Mais le chat s'enfuit par une fenêtre de la voiture, et ne put être repris — il avait une peur panique des voitures — et il fut laissé aux voisins qui avaient son frère.

Quatorze mois plus tard, selon Mme Woods, qui se trouvait dans une étable le dos à une fenêtre, un chat sauta sur son épaule. Sursautant, elle rejeta le chat de son épaule mais remarqua directement à son mari: «Sugar est revenu nous rendre visite.» Son identification fut considérée comme une plaisanterie jusqu'à ce que, quelques jours plus tard, en caressant le chat — qui s'était installé à la maison comme chez lui — Mme Woods sente une déformation osseuse sur la hanche gauche. L'os ressortait suffisamment pour qu'on puisse aisément palper la déformation en glissant la main sur le dos du chat. Mme Woods se rappela alors, comme les autres membres de la famille, que Sugar avait cette particularité. À ce point, la famille prit la décision de considérer que ce chat était bien leur Sugar. Cependant aucune information ne fut échangée avec les voisins de Californie chez qui Sugar avait été laissé. Quelle ne fut dès lors pas leur surprise lorsque, quelques mois plus tard, ils visitèrent l'Oklahoma, aperçurent Sugar et demandèrent comment le chat avait pu venir à cet endroit. Eux, aussi, se remémoraient la déformation osseuse. À l'écoute de l'histoire de la famille Woods, ils révélèrent les faits suivants: Sugar n'était resté avec eux que 16 à 18 jours après le départ des Woods, puis il avait disparu, et ils n'avaient pas eu le cœur d'informer les Woods de sa perte.

Joseph B. Rhine se déplaça pour visiter la famille Woods à Gage (Oklahoma), et s'informer de la vie de Sugar, et put percevoir la déformation osseuse qui avait été décrite. Qu'elle soit unique ou non, c'est bien difficile à dire. Mais jusque-là, aucune autre déformation de ce genre n'avait été portée à leur attention. Il faut signaler que cette déformation n'entraînait aucun handicap locomoteur. Sugar était un chat mâle athlétique, extrêmement puissant, qui, aux dires de M. Woods, était un chasseur exceptionnel. Le chat pouvait revenir après une nuit de chasse avec un jeune lapin. Les chiens errants et les coyotes étaient sans ressources contre lui, et M. Woods ne peut se rappeler avoir vu un chien lui causer le moindre trouble. Un tel chat aurait les compétences [...] de voyager sur le terrain extrêmement accidenté des 2400 kilomètres entre la Californie et l'Oklahoma, pour autant qu'il trouve son chemin.

Les corroborations des témoins sont de bonne qualité, comme le sont les informations comportementales. Le comportement du chat — sauter sur l'épaule d'un étranger — semblerait incroyable de la part d'un chat errant. Cependant, sans équivoque, la déformation osseuse de la hanche est ce qui rend ce cas si spectaculaire. (La famille Woods avait accepté de donner le squelette de Sugar au Laboratoire de parapsychologie, mais le chat disparut, affrontant probablement la mort au cours d'un de ses périples de chasse.)

Suivant B. Steiger, il semble que des extraits de cette anecdote soient parus dans le magazine américain *Frontiers: A Magazine of Natural History*, en avril 1954. D'après lui aussi, les Woods déménagèrent de Gage (Oklahoma) pour Anderson (Californie) au début de 1950 et revinrent à Gage en juin 1951. Comme à aucun moment on ne nous donne l'âge de Sugar, il n'est pas exclu qu'il ait vécu à Gage et ait déménagé à Anderson pour revenir à Gage par ses propres moyens. Cela n'enlève rien à sa surprenante odyssée.

Chat Beau

Chat Beau était un solide chat mâle de 4 ans, au moins demi persan, appartenant à la famille C., quoique, en réalité, il était le compagnon favori de Butchie, le fils de 8 ans. La famille C., qui vivait à Lafayette en Louisiane, se rendit à Texarkana, au Texas, à une distance de 475 kilomètres, pour chercher une nouvelle résidence. Pendant leur absence, leur chat disparut et on ne le revit plus. M. C. s'installa à Texarkana et, en janvier 1954, Mme C. et ses deux enfants l'y suivirent. Quatre mois plus tard, ils retrouvèrent Chat Beau, lui aussi, à Texarkana.

Le chat fit sa première apparition près de l'école où Mme C. enseignait et où Butchie suivait les cours. Ils entendirent parler du chat par les autres enfants, qui disaient qu'il les fuyait. Mais quand Butchie vit le chat, il se dirigea droit sur lui, l'attrapa et immédiatement s'exclama «C'est Chat Beau!». La maman de Butchie, voyant le comportement du chat, fut également convaincue de son identité. Chat Beau avait été élevé par le collie des C. au milieu de ses propres chiots et avait appris à grogner comme un chien et à mordre de colère. De plus, il répondait à un coup de sifflet. Toutes ces réponses comportementales furent découvertes chez le chat récemment trouvé. Plus encore, le chien et le chat s'étendirent pour dormir l'un à côté de l'autre, comme auparavant.

Les caractéristiques physiques générales n'étaient pas distinctives et la robe blanche était sans tache. Pourtant il y avait deux caractéristiques physiques exceptionnelles qui, ensemble, rendaient l'identification plus sûre. Le chat présentait une cicatrice oculaire, l'empêchant de fermer l'œil, identique à celle que Chat Beau avait eue à Lafayette. (Il y avait aussi une entaille à l'oreille, mais il ne s'agit pas là d'un signe distinctif chez un chat mâle entier.) L'autre marque d'identification était une tache de goudron sur la queue du chat, semblable à celle acquise par Chat Beau en Louisiane, et que Mme C. n'avait pu laver totalement à cette époque. Il restait un peu de couleur noire lorsqu'il arriva à Texarkana et ce fut pour Mme C. un argument sans réplique.

Entre autres considérations qui entrèrent en ligne de compte, était l'état d'épuisement extrême du chat à son arrivée à l'école, ainsi que son comportement remarquable envers Butchie, contrastant avec celui montré envers les autres enfants. Le témoignage de trois visiteurs, venus de Lafayette et qui connaissaient le chat (l'un d'entre eux étant le propriétaire de la mère de Chat Beau), ajouta encore à la probité du cas (J. B. Rhine).

Ainsi un chat peut, s'arrachant à son instinct territorial, partir de chez lui et s'en aller vers l'inconnu à la recherche de ses maîtres (et amis) et les trouver à 475 kilomètres de distance et cela seulement en quatre mois. C'est dire que, dès le début, il sut prendre la bonne direction et n'en point dévier.

Chat Beau a marché environ 4 kilomètres par jour, ce qui est dans la norme acceptable.

Chapitre dix-neuf

Fantômes et poltergeists

À la chasse aux fantômes de chats

L'histoire suivante fut racontée par Mme Greiffemberg en décembre 1890.

> Au début de l'été 1884, vers midi, nous étions tous réunis à déjeuner. Pendant que nous causions, je vis ma mère regarder sous la table. Je lui demandai si elle avait laissé tomber quelque chose. «Non, me répondit-elle, mais je ne comprends pas comment ce chat a pu rentrer dans la chambre.» Je regardai à mon tour et aperçus avec surprise un gros chat angora, près de la chaise de ma mère... Le chat fit le tour de la table, après quoi il se dirigea tranquillement vers la porte, et sortit sans faire de bruit. Arrivé au milieu du couloir, il se retourna et nous regarda toutes les deux. Il continua quelque temps à fixer sur nous ses yeux verdâtres; après quoi, sous nos yeux, il s'évanouit comme du brouillard...

«Un chat, écrit Bill Schul, a été vu par un grand nombre de personnes pendant plusieurs années après sa mort.» L'écrivain britannique Elliot O'Donnel relate l'histoire de ce chat fantôme dans son livre *Animal Ghosts*. L'histoire lui fut contée par Mme Louise Marlowe.

Au début de ce XXe siècle, Mme Marlowe visitait des amis à Congleton dans le Yorkshire. Un jour, après une promenade en voiture, ils s'arrêtèrent près des ruines d'une vieille abbaye pour cueillir des roses sauvages. Comme les femmes s'approchaient des murs, elles virent, perché sur un poteau de la haie, un magnifique chat blanc. «Je me demande s'il se laissera caresser», commenta Mme Marlowe. Elles s'approchèrent du chat qui bondit soudain et disparut. Les femmes étaient déconcertées, car l'herbe était rase et pourtant on ne le voyait nulle part.

Deux jours plus tard, elles roulaient le soir sur le même chemin et virent à nouveau le chat blanc perché sur son poteau. Le chat observa leur approche d'un air amical, mais comme elles arrivaient près de lui, il s'évanouit lentement et disparut. Elles s'arrêtèrent pour le thé dans un village voisin et parlèrent de l'affaire à une serveuse. La seule réponse fut un sourire condescendant; cependant une dame assise à une table proche me demanda s'il s'agissait d'un grand chat blanc. «Bon Dieu, s'exclama-t-elle, vous semblez être passées juste au moment opportun pour voir le chat-fantôme de Congleton.»

La femme s'approcha pour raconter qu'elle avait vécu dans le village plus d'une cinquantaine d'années auparavant et se remémorait le chat à l'époque où il vivait. Il avait appartenu à Mme Winge, concierge de l'abbaye. Elle était dévouée à son animal. Un jour le chat disparut et elle pensa qu'il avait été victime d'une meute de chiens. Elle fut surprise, plus tard, d'entendre miauler à la porte. Pleine de joie, elle se précipita pour faire entrer le chat, mais elle eut beau le cajoler, il refusa d'entrer. Le chat resta sur le pas de la porte et ensuite disparut. Au début, elle pensa qu'il s'était enfui après ses mésaventures, mais la même scène se reproduisait nuit après nuit. Chaque nuit, Mme Winge ouvrait la porte mais le chat refusait d'entrer. Un jour, par une lune claire, la concierge vit son chat simplement se dissoudre. Elle fut surprise de voir que son chat était maintenant devenu un esprit et refusa de répondre désormais à ses miaulements. Bientôt elle quitta le voisinage, disant à ses amis qu'elle aimait les chats vivants, mais que cela ne la réjouissait nullement d'être visitée par un chat mort. La femme du *tea room* conclut son histoire en disant que cela s'était passé quarante ans auparavant, mais que l'apparition du chat-fantôme restait un phénomène bien connu dans le village.

Le chat Fingal

Le magazine anglais *Prediction,* raconte Bill Schul, mentionna il y a quelques années l'anecdote d'un chat remarquable nommé Fingal. Il semblait que Fingal ait un extraordinaire sens de la compassion et de la responsabilité et qu'il ait de l'affection pour d'autres animaux familiers. L'un d'entre eux était une tortue qui avait la mauvaise habitude de tomber continuellement sur son dos et était incapable de se redresser. Lors d'un tel incident, Fingal se précipitait avec beaucoup d'excitation vers un membre de la famille et insistait jusqu'à ce qu'il fasse un sauvetage rapide.

Le chat demeurait près du clapier si l'un des lapins était tombé malade, veillant jusqu'à ce que le lapin ait récupéré. Pourtant quand un humain tombait malade, Fingal préférait garder ses distances jusqu'à ce qu'il aille mieux. C'était considéré comme un bon présage pour la famille.

Fingal vivait une vie bien réglée; suivant sa maîtresse, Celia Dale, «il aimait sortir le soir, et revenait de façon ponctuelle à 21 h. Alors il frappait sur la fenêtre pour pouvoir entrer».

Peu après la mort de Fingal, les tapotements sur la fenêtre recommencèrent. Ils devenaient si insistants que l'on devait ouvrir la fenêtre; alors les coups cessaient. À plusieurs occasions, les membres de la famille étaient convaincus d'entendre les ronronnements de Fingal depuis son coussin favori.

Un après-midi, un ami apporta avec lui son chat siamois. Lorsque le chat approcha la chaise de Fingal, recouverte d'un coussin jaune, il fit le gros dos de peur; ses yeux semblaient suivre quelque chose qui se dirigeait vers la fenêtre. Lorsque la fenêtre fut ouverte, le siamois, apparemment conscient que l'occupant de la chaise était parti, s'installa sur le coussin inoccupé.

S'agit-il d'une hallucination collective pour les humains et le chat présent, ou de la perception d'un phénomène parapsychique?

La seconde proposition me semblerait être l'hypothèse la plus simple. Tous les membres de la famille entendent les bruits sur les carreaux de la fenêtre et même le chat siamois perçoit, de façon visuelle, semble-t-il, la présence d'une apparition invisible.

Les hurlements de Chateaubriand

Au cours de la première moitié du XIXe siècle, dans la somptueuse bibliothèque du château de Combourg, raconte Pedrazzani, Chateaubriand frissonna d'horreur. Un miaulement terrifiant venait de retentir. Or, il n'y avait pas de chat! Le hurlement retentit à nouveau. Et toujours pas de chat. Nuit après nuit, la plainte se fit entendre, faisant vibrer les murs par ses échos infernaux. Jamais on ne vit le chat. L'académicien déserta sa bibliothèque pour quêter ailleurs l'inspiration de ses *Mémoires d'outre-tombe*.

Et le chat? Il devait bien y avoir un chat?

Oui, il y avait un chat! Voici son histoire. Au début du XVIIIe siècle, le comte de Cœtquen possédait un chat noir qui fut atteint de la rage. Selon les croyances de l'époque, l'enragé était «possédé» par le diable. Pour exorciser ce suppôt de Satan, il fallait emmurer le chat vivant. Ainsi fut fait... Le chat miaula sa rage et son désespoir pendant... plus de 100 ans. Son cadavre, momifié, racorni et aujourd'hui silencieux, fut retrouvé il y a seulement quelques années au cours de la restauration de la tour du château.

S'agit-il d'une coïncidence? Comme je l'ai écrit dans le chapitre sur l'histoire, il était coutumier de maçonner une momie de chat (et de rat) dans les murs d'une bâtisse en construction, afin de tenir rats et souris éloignés de la demeure. Est-ce le fantôme de ce chat qui vint perturber l'écrivain ou a-t-il souffert d'une hallucination auditive, voire de poltergeists dont il serait lui-même — ou un de ses familiers — l'auteur?

Poltergeists

Les poltergeists consistent en effets PK parfois violents (déplacement d'objet, bruits, etc.) accompagnés — ou non — d'apparitions. L'hypothèse habituellement admise est que ces effets sont liés à une personne, souvent un adolescent. Mais ils peuvent être plus exceptionnellement d'une autre nature.

La question que l'on se pose est: qu'est-ce que les chats ont à voir avec les poltergeists? C'est ce que certaines anecdotes devraient montrer.

XIXᵉ siècle

Cette anecdote a paru le 29 novembre 1891 dans le journal *San Francisco Examiner* et nous est contée par W. T. Stead. La famille Walsingham, d'Oakville sur la rivière Savannah, bien que ne croyant pas du tout aux fantômes, entend des bruits la nuit. Le chien entre dans de furieuses colères; la chatte, au contraire, «semble apprécier les faveurs du fantôme et, souvent, passe les portes comme si elle escortait quelque visiteur qui lui caresserait le dos. Il lui arrive aussi de monter sur une chaise, se frottant et ronronnant comme si elle était flattée par la présence d'une personne sur cette chaise».

Marie de Thilo, écrit Ernest Bozzano, était doctoresse à Saint-Junien en Suisse. Elle avait une amie d'études qu'elle aimait beaucoup et qui était partie aux Indes comme médecin-missionnaire. Un matin, écrit-elle, dans la nuit du 28 au 29 octobre (j'étais encore à Lausanne), je fus réveillée avant 6 h par des petits coups frappés à ma porte. Ma chambre à coucher donnait sur un corridor qui aboutissait à l'escalier de l'étage. Je laissais ma porte entrouverte pour permettre à un gros chat blanc, que j'avais alors, d'aller à la chasse pendant la nuit (la maison fourmillait de souris). Les coups se répétèrent. La sonnette de nuit n'avait pas sonné, et je n'avais pas non plus entendu monter dans l'escalier.

Par hasard, mes yeux tombèrent sur le chat qui occupait sa place ordinaire au pied de mon lit; il était assis, le poil hérissé, tremblant et grondant. La porte s'agita comme poussée par un léger coup de vent, et je vis paraître une forme enveloppée d'une espèce d'étoffe vaporeuse blanche, comme un voile sur un dessous noir. Je ne pus pas bien distinguer le visage. Elle s'approcha de moi; je sentis un souffle glacial passer sur moi, j'entendis le chat gronder furieusement. Instinctivement, je fermai les yeux, et quand je les rouvris, tout avait disparu. Le chat tremblait de tous ses membres...

J'avoue que je ne pensais pas à l'amie aux Indes, mais bien à une autre personne. Environ 15 jours plus tard, j'appris la mort de mon amie, dans la nuit du 29 au 30 octobre 1890, à Shrinagar au Kashmir. J'appris plus tard qu'elle avait succombé à une péritonite.

Un troisième cas est repris par E. Bozzano du *Journal of the Society for Psychical Research* (III, p. 268-271). Cette aventure, vécue par mademoiselle K., se passa vers 1845 à Boulogne-sur-Mer et fut relatée en 1874 dans le livre du révérend J. G. Wood, *Man and Beast* (London, Dalby, Isbister and Co).

C'était un soir d'hiver; je me trouvais dans ma chambre assise au coin du feu, entièrement absorbée à caresser ma petite chatte favorite, l'illustre Mme Catherine. [...] Elle était blottie sur mes genoux, dans une attitude presque rêveuse, les yeux à demi fermés, comme assoupie. [...] Ma petite chatte, la tête appuyée sur mon bras, semblait de plus en plus somnolente, et je pensais aller me coucher.

Tout à coup, je m'aperçus que quelque chose d'inattendu avait troublé la tranquillité de ma favorite. Elle avait brusquement cessé de ronronner et donnait des signes évidents d'une inquiétude croissante. Je m'étais courbée sur elle, en m'efforçant de la calmer par mes caresses, quand tout à coup elle se leva sur ses quatre pattes, et commença à souffler fortement, en faisant le gros dos, dans une attitude de défi et de terreur.

Cette manière d'agir me fit lever la tête à mon tour, et j'aperçus avec frayeur une figure, petite, laide et ridée de vieille mégère, qui occupait le fauteuil de ma mère. [...] Je ne pouvais pas en détourner le regard et encore moins me lever.

En attendant, je tâchai de maintenir fortement la chatte, mais celle-ci paraissait ne pas vouloir rester dans cet horrible voisinage; après des efforts désespérés, elle parvint à se libérer, et en sautant sur les chaises, les tables et tout ce qu'elle trouvait devant elle, elle s'élança à plusieurs reprises et avec une violence extrême contre le battant supérieur de la porte qui donnait dans l'appartement fermé. Ensuite, en se tournant vers l'autre porte, elle recommença à se lancer contre elle avec une rage redoublée. Ma terreur augmentait: tantôt je regardais cette mégère dont les yeux maléfiques continuaient à se fixer sur moi; tantôt, je suivais des yeux ma chatte qui devenait de plus en plus frénétique.

Enfin, mademoiselle K. arriva à retrouver sa respiration et cria. Sa mère accourut et ouvrit la porte. L'apparition s'évanouit. «La chatte continua, pendant une bonne demi-heure, à courir dans l'escalier, comme si quelqu'un la poursuivait.»

Poltergeists auditifs

Certains poltergeists peuvent se présenter à l'homme sous une forme auditive tout en étant perceptibles, apparemment, à la vision du chat. Ainsi J. L. Victor raconte-t-il l'aventure de cet officier de l'armée danoise qui entendait dans sa chambre des bruits de pas, sans voir l'origine de ces bruits.

J'avais dans ma chambre, dit-il, un chien, une petite chatte et un serin, qui tous réagissaient d'une façon caractéristique lorsque le bruit des pas se faisait entendre. Le chien sautait aussitôt sur mon lit et s'accroupissait près de moi en tremblant; la chatte suivait du regard le bruit des pas, comme si elle apercevait ou s'efforçait d'apercevoir celui qui les produisait; le serin, qui dormait sur son perchoir, se réveillait aussitôt et se mettait à virevolter dans la cage, en proie à une grande agitation.

Chapitre vingt

Visions ou hallucinations

Un chat furieux face à l'invisible

Qui oserait aujourd'hui braver l'opinion bien pensante et écrire des histoires d'apparitions? Eugène Bertrand n'a pas peur des tabous. Plusieurs années après la mort de son chien collie nommé Rex, des phénomènes particuliers se déroulèrent chez lui: chaise qui bouge, «sensitif» parisien — personne supposément sensible aux phénomènes parapsychiques ou métapsychiques — qui perçoit la présence d'un magnifique animal (invisible pour l'assemblée) et la chatte qui se met, elle aussi, de la partie. Il écrit:

> Nous fûmes encore trois à voir un soir se cabrer notre chatte, tous poils ébouriffés, et la gueule entrouverte qui laissait s'échapper un souffle rageur — dans l'attitude bien caractéristique de défense agressive envers un chien (et rien dans la pièce ne pouvait, pour l'œil humain, expliquer ce phénomène). [...] Laissez-nous penser qu'il s'agissait de la présence présumée de Rex — qu'elle n'avait point connu et qui lui était donc totalement étranger.

Eugène Bertrand possédait un autre chien, Blacky, qui avait l'habitude de s'allonger dans la cuisine pendant la préparation du repas du soir.

Il obstruait totalement le passage, contraignant de la sorte une autre chatte, d'une nature particulièrement indolente, à sauter par-dessus lui si elle désirait entrer ou sortir de la pièce. [...] Eh bien, grande fut la stupeur de mon épouse lorsque, plusieurs mois après la mort du chien, occupée au même endroit à sa tâche habituelle, elle vit la chatte bondir, comme pour franchir un obstacle invisible, mais apparemment réel!

Un autre chat furieux

Le 14 octobre 1987, Karen Browne de San Diego, entendit le feulement caractéristique de son chat de quatre ans, Juniper, debout à l'entrée de sa chambre à coucher, regardant fixement dans le hall de nuit, et manifestement terrifié: oreilles couchées, gueule ouverte, crachant et sifflant. Karen, elle aussi envahie d'une crainte, se munit d'une batte de base-ball et va voir dans le couloir.

Elle est alors prise d'un rire nerveux en voyant que, dans le couloir, se trouve seulement son petit chien de terrier noir et blanc, du nom de Jiggs. Karen invectiva Juniper, le traitant de «vieux fou» et lui demandant depuis quand il avait peur de son vieux copain Jiggs. Et Jiggs restait là, dans le couloir, immobile, la tête inclinée sur le côté, l'air «triste». À ce moment, la sonnette d'entrée retentit. Karen s'en fut ouvrir à son voisin, Hank Swanson, qui portait dans ses bras... le corps de Jiggs, qui venait d'être accidenté par un camion dans la rue et qui décéda sur le coup (Steiger, références non citées).

Expériences hors-corps

Des expériences assez récentes, menées en 1973 et en 1974 à la Psychical Research Foundation (Durham, Caroline du Nord) permettent de corroborer scientifiquement que le chat peut voir des choses qui échappent à notre sens visuel. Ces tests se firent sous le contrôle de Robert L. Morris et avec le concours de Stuart Blue Harary, personne capable de réaliser des expériences hors-corps à volonté et sous contrôle scientifique (ce qui est important). Les auteurs écrivent:

> De nombreuses définitions des expériences hors-corps (EHC) ont été proposées dans la littérature parapsychologique. Pour minimiser toute confusion, nous adoptons la définition générale proposée par Palmer en 1974: «l'expérience distinctive de la perception de l'environnement à partir d'une région de l'espace située hors du corps physique.» Ces expériences étaient dans les années 1970 classées en psychiatrie dans le groupe, grand et vague, des dépersonnalisations. Mais les EHC pourraient bien être autre chose que des hallucinations. Elles pourraient également être davantage que des états facilitant la PES (la perception psi). Cela pourrait être un aspect du soi capable de s'étendre au-delà du corps, et qui pourrait survivre à la mort du corps physique. Pour notre facilité, cet aspect hypothétique du Soi sera référencé comme l'aspect Thêta (TA). [...] La prise de conscience, par autrui, de la présence d'un expérimentateur hors-corps, comme le rapportent des cas spontanés, suggérerait l'existence d'une TA. Si cet aspect du Soi est capable d'une expression tangible au-delà du corps physique, alors il pourrait bien être perçu par d'autres organismes.

Harary était situé soit dans une pièce du laboratoire de psychophysiologie sur le campus de l'Université Duke, soit dans le bâtiment A de la Psychical Research Foundation (PRF). Il devait «rendre visite», au cours d'une expérience hors-corps (EHC), à des animaux situés dans le bâtiment B de la PRF (à 15 mètres du bâtiment A ou 300 mètres du laboratoire), et cela à des moments déterminés au hasard.

Comme des anecdotes suggéraient que des chats pouvaient être sensibles à des expériences hors-corps, deux chatons furent acquis à l'âge de 6 semaines. L'un d'eux montra un attachement immédiat à Stuart Harary, lorsque ce dernier s'accroupit auprès de la nichée. Le chaton fut testé dès l'âge de 8 semaines et placé dans une pièce inconnue, au sol quadrillé (carrés de 25 centimètres de côté). Étant dans un environnement étranger, voire menaçant, le chaton tenta de s'échapper, cria et s'agita. Les observateurs, derrière leurs écrans, totalisèrent le nombre de carrés traversés (2,67 pour 100 secondes) et le nombre de miaulements (1,29 pour 100 secondes). Mais au moment précis où Harary réalisait une expérience hors-corps, le chat réduisit son activité (à 0,21 carré pour 100 secondes) et ses expressions vocales (à 0 pour 100 secondes).

Pendant les 8 périodes témoins, le chaton miaula 37 fois tandis qu'au cours des 8 périodes tests (avec EHC), il ne prononça pas le moindre son.

L'étude statistique de ces résultats fut significativement positive (pour les lecteurs scientifiques, les valeurs furent pour l'activité: $P < 0,01$ et pour les miaulements: $P < 0,005$).

Pour différencier ce phénomène d'une simple transmission de pensée, on demanda à Harary de simuler une expérience hors-corps en se représentant mentalement le chaton dans le local d'expérience, en s'imaginant jouer avec lui, le caresser, etc. Pendant cette simulation, le chaton resta actif et miaulant.

La réduction d'activité pendant les expériences hors-corps fut interprétée comme une acceptation des lieux, qui n'étaient plus effrayants puisqu'il y avait la présence rassurante de la personne d'attachement (Harary) avec laquelle le chaton était émotionnellement lié. De ce fait, le chat ne montrait plus ni érection du poil ni aucune posture typique des réactions de peur, pendant les périodes d'expériences hors-corps.

Dans une seconde série d'expériences, le chaton fut placé dans un conteneur métallique circulaire de 60 cm de haut et de 70 cm de diamètre, avec toit ouvrant et plancher constitué de 8 plateaux (comme des huitièmes de tarte) reliés à des balances. Le but de l'expérience était de déterminer si le chaton pouvait s'orienter en direction de l'EHC de Harary, lorsque celui-ci se mettait à un endroit précis prédécidé au hasard de la pièce de test, à 3 mètres du conteneur.

Au cours des quatre premières sessions (sur sept) de quatre tests de trois minutes chacun, le chaton se mit sur les balances les plus proches de Harary de façon statistiquement significative (P <0,04). Au cours des trois dernières sessions, ils ne répondit plus du tout, sans doute habitué à la routine de l'expérience.

Pour terminer, signalons que pendant les EHC, Harary présenta quelques modifications physiologiques statistiquement significatives: une accélération respiratoire, une légère accélération de la fréquence cardiaque et une baisse du potentiel cutané (en millivolts). Ces modifications physiologiques sont différentes de la phase de rêve du sommeil.

Chapitre vingt et un

Chats thérapeutes

Un accord sur la sémantique

La sémantique de la terminologie «animal de compagnie» — admise partout dans le monde, même si l'espèce animale change d'une culture à l'autre — est révélatrice. I. E. Burrows responsable du Centre de Nutrition des Animaux de Compagnie de Waltham, le géant mondial du *pet food* (alimentation industrielle de l'animal de compagnie), écrit:

La domestication de l'animal, est une préoccupation de l'homme depuis plusieurs millénaires. Aujourd'hui, dans notre société très urbanisée, la motivation de la possession d'un animal tient plus au plaisir qu'au désir de profit. Nous appelons ces animaux des animaux de compagnie, mais ces termes ne rendent qu'imparfaitement compte des relations très complexes qui se tissent entre les individus ou les familles et leurs compagnons, et des bénéfices qui peuvent en découler.

Bénéfices et maléfices

Que Burrows parle de bénéfices est, comme j'aime les jeux de mots, très révélateur également: les bénéfices pour l'être humain représentent des bénéfices pour Waltham. Les publications sponsorisées par les géants du *pet food* sont donc biaisées à la base mais, quand on le sait —

et quand on garde ces faits en mémoire —, cela ne pose pas de problème. Il est tout à l'honneur de ces hommes d'affaires de sponsoriser des recherches cliniques sur la relation entre l'homme et l'animal. Sans eux, d'où viendrait l'argent? Mais restons vigilants quant aux généralisations abusives des résultats. Burrows parle de bénéfices. Je parlerais de bénéfices et de maléfices. Il parle des «relations très complexes qui se tissent entre les individus ou les familles et leurs compagnons». Je suis totalement en accord. Mais ce chapitre est intitulé «Chats thérapeutes» parce que je crois que le chat agit sur l'humain bien plus que comme un compagnon ou un familier. Il agit bien davantage comme un thérapeute inconscient de ses actes thérapeutiques.

Des bienfaits de la possession d'un chat

On a beaucoup écrit sur les effets bénéfiques de la possession d'un animal de compagnie. Mais, écrit Serpell:

> [...] il existe peu de preuves convaincantes quant à l'effet bénéfique de la possession d'un animal familier sur la santé humaine. Plusieurs études ont montré, par exemple, une diminution transitoire de la fréquence cardiaque et/ou de la pression artérielle chez des sujets volontaires mis en présence d'animaux familiers. [...] Cependant, jusqu'ici aucune étude n'a apporté la preuve d'une amélioration prolongée d'un quelconque paramètre physiologique qui soit secondaire à la possession d'un animal de compagnie. Même la publication largement citée de Friedmann (1980), qui semblait montrer une amélioration d'un an de la survie des patients coronariens traités en ambulatoire et possédant un animal, a été critiquée par Wright et Moore (1982) et, à ce jour, ce type d'études n'a apparemment pas été répété.

Dans son étude longitudinale des effets des chiens et des chats sur la santé humaine (sur 10 mois), Serpell (1990) démontre statistiquement une amélioration des petits problèmes de santé dans les quelques mois qui suivent l'acquisition d'un animal (effet de la nouveauté?) et sur les relations familiales, surtout à l'intérieur des foyers. Il écrit: «les animaux de compagnie peuvent affecter l'état psycho-immun de leur maître en lui apportant une compagnie et une aide sociale. House et coll. (1988) ont récemment mis l'accent sur l'importance d'interactions sociales positives en tant que facteurs de protection vis-à-vis de certaines affections somatiques ou psychiatriques.»

La seule information qui manque généralement dans ces études est la suivante: qu'en est-il, lorsque l'on impose la présence d'un chat à une personne qui n'en veut pas (ou qui est phobique, sans parler des allergies)? Les effets sont-ils alors bénéfiques ou maléfiques?

Cela étant dit, ma conviction reste établie: le chat est un confident, un ami et même un psychothérapeute en puissance!

Chats guérisseurs

Au début des années 1980, j'avais lu, dans un quotidien, un petit encart de quelques lignes qui disait que: le chat aurait des vertus particulières pour guérir le cancer. L'abbé Romaric Hemmerter, docteur en théologie et professeur de niveau universitaire en langue russe, s'apprêterait, selon le journal *L'Alsace,* à rédiger un mémoire sur le cancer du sein et le chat. Hemmerter estime que le chat est une «mini-bombe au cobalt» à cause de ses yeux phosphorescents et de son importante électricité statique. Il indique que le chat se couche sur l'onde cancérigène et la neutralise en émettant des ondes bénéfiques.

L'article concluait en tournant cet avis en dérision, ce qui n'est pas nécessairement la réaction journalistique ou scientifique idéale, car elle peut fermer la porte à des découvertes intéressantes.

L'histoire me trottait dans la tête... Des scientifiques s'intéressaient aux guérisseurs. D'ailleurs, la seule médication mal expérimentée et dont on ne connaisse ni la dose ni la répétition des prises, mais qu'on utilise (dont on use et abuse), c'est le médecin lui-même. On peut se demander quel est l'effet propre du médecin dans un traitement? On dira, avec raison, qu'il fait partie de l'effet placebo. Et c'est pourquoi les études scientifiques insistent sur des expériences multicentriques, c'est-à-dire effectuées dans des centres différents, avec des personnes différentes. L'effet «personne» est trop important pour être négligé.

Alors, si certains êtres humains ont la capacité d'administrer des énergies curatrices, par imposition des mains, par la prière, par la pensée ou quelque autre méthode, pourquoi ne découvririons-nous pas des pouvoirs semblables chez les animaux et particulièrement chez le chat?

Avant de nous pencher sur le chat, j'aimerais simplement faire mention de tests effectués au Laboratoire de Parapsychologie de l'Université du Chili. L'expérimentatrice Gita Elguin a essayé d'influencer — par la pensée et l'imposition des mains — le développement de tumeurs cancéreuses greffées chez des souris de laboratoire (comparaison avec un lot témoin). Ses résultats sont statistiquement significatifs au seuil $P < 0,01$ (1 %). Il est donc démontré, que ce soit par un effet PK ou par un autre effet psi, que des guérisseurs ont un pouvoir sur des processus pathologiques animaux.

Un coup de patte à l'opinion

J'ai alors eu sous les yeux un article paru dans le *Psychic News* du 14 avril 1984, sous le titre «Psychic cat's healing gift is paws for thought», ce qu'on pourrait traduire par le don de guérison psychique du chat est un coup de patte à l'opinion. L'article commençait en ces termes: «Le chat-star du *T.V. Times* possède-t-il un don de guérison? La maîtresse de Rogan, Jane Bailey, croit qu'il est responsable non seulement de la guérison d'animaux familiers, mais aussi d'êtres humains.»

J'écrivais en 1985 dans *Le chat cet inconnu*:

Rogan a acquis le titre de «Star Cat of Great Britain» en 1981 pour ses talents d'acteur — en compétition avec 5000 autres chats. Il adore aller à l'hôpital et à l'église et montre une compassion incroyable pour les malades (physiquement ou psychiquement). Une dame, à qui il avait rendu visite, décéda et fut enterrée; Mme Bailey s'en fut porter des fleurs sur sa tombe en compagnie de Rogan. Celui-ci se dirigea droit sur la tombe que ni lui ni sa maîtresse ne connaissaient, dans un cimetière qu'ils n'avaient jamais visité; le chat se coucha de tout son long sur la tombe et se mit à ronronner doucement.

Dans le Suffolk, Jane Bailey et Rogan rencontrèrent une femme, Mme Parsons, dans un état dépressif total et en pleine crise de larmes. À l'étonnement de Mme Bailey, la femme demanda à pouvoir rester avec Rogan dans la voiture quelques instants. Elle expliqua ses problèmes au chat qui, gentiment, lui posa les pattes sur les épaules, resta ainsi quelques minutes, puis se rassit comme pour réfléchir. Mme Parsons sentit que la paix lui venait dans l'esprit. Après une heure et demie, sa dépression était un vieux souvenir; Rogan, en revanche, était endormi, complètement exténué. Une autre dame demanda l'aide de Rogan pour aider son chaton siamois qui était en train de mourir; le vétérinaire n'avait plus aucun espoir; le petit chat était alimenté de force et ne pesait plus que 750 grammes. À sa demande, Mme Bailey envoya à la maîtresse du chaton une photographie de Rogan et quelques poils de sa fourrure et tenta de communiquer psychiquement avec Rogan lors de leur visite suivante à l'église (chose que le chat adore à un point tel qu'il ne peut passer près d'une église sans tenter d'essayer de persuader sa maîtresse d'y entrer). Peu après, une lettre leur apprenait que le chaton avait fait des progrès stupéfiants, ce que le vétérinaire trouvait incompréhensible. Le chaton guérit!

Rogan fit charitablement bénéficier de ses talents la Ligue de Protection des Chats, Oxfam, Save the Children et d'autres encore.

Dans la même revue, le 5 mai 1984, Irène Orly relançait ce débat: «Quand je suis fatiguée, écrit-elle, mon chat vient se coucher sur moi, posant ses pattes sur ma gorge, ronronnant fortement, et il reste immobile jusqu'à ce que je me sente mieux.» Ce qui est intéressant est que Kundalini (un nom vraiment prédestiné pour un chat-guérisseur) va droit au centre d'énergie (*chakra*) de la gorge, c'est-à-dire le centre dont

Irène Orly est particulièrement consciente lors de son travail de guérisseur (elle a établi la clinique Orly à Brighton dans le Sussex où elle fait de la recherche d'avant-garde sur les allergies). Ce travail est épuisant; dès que le dernier patient est sorti, Kundalini arrive avec ce regard particulier rempli de compassion, prêt à aider sa maîtresse.

De l'anecdote à la science

Ceci reste terriblement anecdotique. Et cela ne nous donne nullement une démonstration éclatante d'un pouvoir de guérison psychique réel chez le chat. On peut néanmoins retenir l'hypothèse comme sujet d'interrogation personnelle et éventuellement comme sujet d'expérimentation scientifique. Quels seraient alors les traits comportementaux majeurs du chat guérisseur?

Il serait un chat compatissant; l'humain ou l'animal récepteur s'améliorerait spontanément et d'une façon inexplicable en rapport avec la présence physique, psychique ou énergétique d'un chat déterminé et enfin, l'événement doit se répéter avec une fréquence suffisante pour que le hasard n'entre pas en ligne de compte.

Ces trois éléments se retrouvent dans les histoires de Rogan et de Kundalini et les coïncidences ne semblent pas aléatoires. Cela constitue en soi bien plus que le phénomène passif dont je parlais en début de chapitre sur le chat thérapeute et psychothérapeute.

L'empathie du chat s'exprime par le contact

En 1985 déjà, j'écrivais l'anecdote qui suit.

> Qu'en est-il de votre chat? Se couche-t-il sur votre ventre quand vous avez des coliques? Se love-t-il autour de votre cou quand vous souffrez d'angine? Se couche-t-il sur l'oreiller, près de votre tête, au moment de vos migraines?

Pour le savoir, laissez-le donc venir près de vous et observez l'endroit où il se couche: toujours le même? Chat quelque peu routinier. Endroits variables? Notez donc où et quand, ainsi que vos petits ennuis de santé du moment. Se couche-t-il sur l'endroit douloureux ou sur l'endroit où la maladie s'est localisée?

Cathy est enceinte et doit accoucher sous peu:

Rouky est un magnifique chat rouquin de quatre mois. Quand Cathy a des douleurs ou des contractions, et doit s'allonger un moment, Rouky se couche sur son ventre, pose la tête sur l'endroit douloureux et ronronne. Ses ronrons sont des vibrations dont le message régulier décontracte et soulage rapidement; si le bébé s'agite dans le ventre maternel, lançant ses pieds dans les muscles endoloris de sa mère, le chat vient également ronronner et, oh magie, le bébé se calme aussitôt!

QUATRIÈME PARTIE

Charivari

Chapitre vingt-deux

De l'éthologie clinique
à la systémique familiale

L'éthologie clinique, c'est l'éthologie — la science de l'observation des animaux dans leur milieu naturel — appliquée à la clinique vétérinaire. C'est une nouvelle spécialisation, en médecine vétérinaire, s'appliquant aux animaux de compagnie qui souffrent de problèmes comportementaux, (pour ne pas dire de troubles mentaux).

Mais un exemple vous en dira bien plus!

Un cas parmi tant d'autres

Petit Loup est un chat. Son nom ne l'indiquait pourtant pas. C'est un chat européen roux, mâle castré de 7 ans. Petit Loup ne sort plus; il sursaute — à vrai dire, il fait un bond d'un demi-mètre — lorsque Câline, sa copine chatte, passe à côté de lui; il évite le tapis d'Orient qu'il grattait auparavant. Sa propriétaire, infirmière en service néonatal, a fini par se convaincre qu'il fallait consulter un spécialiste, quelqu'un qui s'occupe du comportement — de la psychiatrie — des animaux. Alors, elle a bravé les commentaires les plus ironiques de ses proches et elle a décidé de m'appeler.

La consultation a duré 45 minutes. C'est un minimum. Petit Loup a pu s'exprimer — on l'a posé sur la table, et il est resté complètement prostré, replié sur lui-même. C'est l'entretien dirigé qui a donné les renseignements les plus importants. Mme H. fut mes yeux et mes oreilles à la maison. C'est elle la spécialiste de son chat. Moi, je suis l'interprète.

Petit Loup est boulimique (c'est assez récent, cette obnubilation pour les aliments); il dort trop; il a des sursauts violents; il se frotte moins les joues au mobilier (par périodes); il a des problèmes intestinaux; il s'isole dans le jardin d'hiver — la répercussion en est que la propriétaire a l'impression qu'il l'évite — peut-être n'a-t-elle pas tort puisque, quand il est dans la même pièce qu'elle, il lui tourne le dos; il connaît alternativement des périodes d'agitation et d'agressivité et des périodes d'indifférence. En périodes de crises d'activité, il se lèche énormément, puis la peau de son dos fait des vagues (*rolling skin*) et il s'enfuit comme un sot. Il agresse (grogne) si on le caresse; il agresse par périodes sa copine Câline, l'empêchant de venir dans le salon — et il est alors très violent. Il est obnubilé par l'escalier de secours qui donne sur la terrasse — un jour, un chat étranger s'est montré à cet endroit alors qu'on est à plus de 10 mètres au-dessus du niveau de la rue, et cet étranger s'est même faufilé dans la chambre. Petit Loup présente aussi des crises de panique (depuis un cambriolage quatre ans auparavant, semble-t-il); il fait à ce moment des rêves bruyants en gémissant.

Cette liste de signes et de symptômes me permet de faire un diagnostic. Petit Loup n'est vraiment pas bien dans sa peau, il a des variations d'humeur; il est parfois dépressif et parfois hyperactif et agressif. Ces alternances portent un nom: la dysthymie. C'est un peu comme les variations d'humeur en médecine humaine, ces cyclothymies, ces maniaco-dépressions, mais à un stade mineur. Et de même qu'en médecine humaine, il s'agit d'un trouble du métabolisme des cellules nerveuses, de la conduction électrique dans le cerveau, de la chimie des cellules nerveuses et cela se soigne très bien. Quelques comprimés de sélégiline et Petit Loup sera bien mieux dans sa peau.

Oh, j'ai oublié de vous dire que si son état s'était dégradé depuis six ou sept mois, cela faisait réellement plus de quatre ans que Petit Loup déclinait. Il sera bien vite plus heureux.

Des cas et d'autres

La dysthymie, les agressions entre chats, les dépressions, les anxiétés, les phobies, les troubles relationnels avec les propriétaires et les marquages urinaires ne sont que quelques-uns de ces symptômes ou de ces affections qui troublent les chats et donc leurs propriétaires. C'est tout le domaine de l'éthologie clinique, cette forme de psychiatrie vétérinaire.

Rassurez-vous. Ni le chat ni ses maîtres ne sont allongés sur un divan. La psychanalyse est passée de mode. Les thérapies comportementales, les médicaments régulateurs — permettant et améliorant les apprentissages, les thérapies par le jeu et la lumière, les thérapies écologiques, éco-systémiques, systémiques et autres sont désormais au programme des solutions apportées. C'est un sujet très vaste nécessitant à lui seul tout un ouvrage. Sachez cependant que dans la francophonie, des vétérinaires se forment activement à ces multiples et complexes disciplines. Si vous cherchez un expert, demandez à votre vétérinaire traitant, il pourra vous aider ou vous aiguiller vers un spécialiste.

Une mort de chat qui sauve un couple

C'était un couple comme beaucoup d'autres. La chatte appartenait à monsieur et madame n'en voulait pas. La chatte, de race siamoise, souffrait de diarrhée chronique psychosomatique (les analyses médicales étaient normales et les traitements classiques s'avéraient inefficaces). Le couple allait à la dérive.

Un jour la chatte se fit écraser et le couple se reforma. Pour un temps, sans doute. Ne versons pas de larme sur le sort de la chatte; n'est-elle pas plus heureuse ainsi, sans maladie et sans rejet social? À la limite, ne pourrait-on pas croire que le destin l'a sacrifiée pour le renouveau du bonheur du couple?

Monsieur a même pensé un moment que la chatte s'était sacrifiée, suicidée, pour eux. Sans aller jusque-là — mais pourquoi ne pas se représenter cela comme un conte de fées —, l'accident mortel fut salutaire. Quel paradoxe!

Dans la représentation de cette famille, le chat était pointé du doigt; il était devenu responsable. Nous revoilà en pleine sorcellerie. Il s'agissait en réalité d'une querelle de pouvoir entre deux personnes et le sort du chat y fut lié. La mort accidentelle du chat apporta une solution temporaire, un compromis viable: madame gagnait puisque le chat partait et monsieur ne perdait pas la face puisqu'il n'avait pas cédé à sa compagne et ne s'était pas défait de la compagnie de son chat. Ne pensez-vous pas que la maladie psychosomatique du chat puisse être liée à la dynamique du couple?

Ainsi, quelle solution pourrait-on apporter pour sauver un chat malade d'un système familial? À la recherche de cette solution, j'ai acquis une formation en thérapie systémique et familiale avec les psychologues, les psychiatres, les infirmières en psychiatrie et autres spécialistes de la santé mentale humaine. Accepté par les formateurs, je suis néanmoins devenu une épine dans le pied du système de formation, une occasion de crise et de solution. En effet, que vient donc faire un vétérinaire en santé mentale humaine? Pensez-vous que pour sauver ce chat, et d'autres, j'avais une autre solution?

Pour une systémique, animal inclus

La systémique est devenue une passion. Les systèmes humains, leur complexité, les représentations mentales des jeux et des rôles que chacun joue dans un système — une famille ou une institution —, c'est une véritable drogue pour un chercheur, pour celui ou celle qui veut comprendre plus et aider mieux encore.

Mais nulle part encore je n'ai vu en systémique l'importance du rôle que l'animal joue dans l'équilibre d'un système. Or, dans notre monde occidental — dit civilisé —, il y a désormais plus d'animaux de compagnie que d'enfants, et les animaux compagnons jouent le rôle que la famille leur fait jouer, au point d'être parfois l'élément stabilisateur d'un système, l'élément perturbateur aussi, ou l'élément malade grâce auquel la famille trouve un équilibre ou un déséquilibre transitoire dans sa quête paradoxale de permanence et de changement évolutif.

C'est, tout comme l'éthologie clinique, le sujet d'un ouvrage entier. Et c'est un sujet sur lequel je reviendrai.

Une vision anthropologique de la domestication

L'ampleur du phénomène [de la domestication des animaux de compagnie dans le monde occidental], écrit Jean-Pierre Digard, ethnologue et anthropologue, a suscité des interprétations diverses et parfois divergentes. Les plus courantes (liaisons avec le mouvement de dénatalité de l'après-guerre, avec l'aggravation de l'isolement social et de l'insécurité en milieu citadin) sont démenties par les chiffres puisque ce sont les familles de plus de deux enfants qui sont les plus nombreuses à posséder des animaux de compagnie et que les taux de possession décroissent systématiquement (pas uniquement pour de simples raisons de commodité) quand on passe du milieu rural au milieu urbain et des maisons individuelles aux grands ensembles.

L'aspect essentiel du phénomène — que les meilleures études statistiques signalent mais n'expliquent pas — réside en fait dans le rapport qualitatif que l'homme entretient avec l'animal. Or, ce qui frappe surtout, c'est l'intégration des animaux «familiers»... à la famille, dans laquelle ils sont à la fois «éduqués» et maternés, bref «traités comme des enfants dont ils sont, au fond, des substituts» (selon Moscovici, 1984). Anecdote significative: je connais plusieurs couples d'homosexuels passionnés par l'élevage des chiens et des chats; l'un d'eux dit ne pas se séparer «pour les animaux», comme d'autres diraient «pour les enfants». La prospérité des industries alimentaires, boutiques de toilettage, cliniques vétérinaires, services de garde (y compris à domicile), assurances, agences matrimoniales, cimetières ou centres d'incinération pour animaux, témoigne assez bien du luxe de soins et d'attentions dont ceux-ci font l'objet. Pour eux, on ne regarde pas à la dépense: tel propriétaire d'un poisson rouge, par ailleurs pêcheur à la ligne, n'hésite pas à consulter un vétérinaire pour son poisson atteint de mousse, car, dit-il, «c'est un animal familier».

Si les animaux de compagnie apparaissent chez nous comme des substituts des enfants, c'est dans un sens, non pas démographique, mais pédagogique, pourrait-on dire. «Dans l'élevage d'un animal familier, l'homme teste sa capacité éducative de façon analogue à la manière dont il interroge son statut d'éducateur parental au travers des réactions d'un enfant à son regard» (Yonnet, 1985). En d'autres termes, ce que nous aimons dans nos animaux de compagnie, c'est leur dépendance et l'image d'êtres supérieurs, tout-puissants que celle-ci nous renvoie de nous-mêmes.

Un puzzle

L'anthropologue, fatalement anthropocentriste, n'a qu'un petit élément du puzzle. L'historien a une pièce assez centrale. Le vétérinaire, éthologue clinicien, psychiatre de l'animal, en a une — ou même plusieurs (il ne le sait pas toujours) — parce qu'il a différents points de vue sur la question. Le systémicien a son lot de pièces du puzzle, lui aussi. Ensemble, arriverait-on à résoudre l'énigme du chat dans la société humaine?

Chapitre vingt-trois

L'alchimie du territoire

Il était une fois...

Un jour d'été des années 1980, dans une pinède de la pointe du Langoustier, à Porquerolles, je me promenais et discutais avec mon ami Patrick Pageat — élève de Rémy Chauvin, l'éthologue français bien connu — de nos observations respectives sur les marquages chez le chat. Nous avions l'un et l'autre observé comment les chats se frottent au mobilier et comment ils se frottent les uns aux autres dans les interactions sociales, et nous avions remarqué que les marques urinaires n'étaient pas déposées aux endroits de frottement des joues.

Plutôt que de frotter mutuellement les joues de deux chats en dispute, j'utilisais déjà des compresses frottées sur le coin des lèvres d'un chat et ensuite frottées sur le corps de l'autre, pour tenter de reproduire cet allomarquage, semble-t-il, apaisant, du système social du chat.

Ce jour-là, nous avons élaboré une nouvelle technique thérapeutique à base de compresses frottées sur les joues du chat et collées à l'endroit où il avait fait un marquage urinaire. Cette technique s'est révélée très efficace.

Patrick Pageat a été plus loin. Et ce travail lui a pris plus de cinq ans. Il a analysé ces sécrétions, les a synthétisées et, ce faisant, il a révolutionné la compréhension de la notion de territoire chez le chat, ainsi que celle de la communication olfactive chez les mammifères. Cette notion était restée à un niveau de compréhension très rudimentaire, l'homme — animal à l'odorat défectueux — ayant été très handicapé pour se représenter un monde de communication olfactive.

Le texte qui suit est construit sur la base de conférences que Patrick Pageat a données en français, que j'ai traduites et adaptées en anglais, avant d'en faire un article. Patrick Pageat a également écrit un article sur la communication chimique dans l'univers des carnivores domestiques (1997).

Le chat, animal territorial

Le chat est classé parmi les animaux territoriaux. Ceci ne signifie pas qu'il est incapable de relations sociales. Cinq à dix mille ans de vie commune avec l'être humain prouvent le contraire. Être territorial signifie simplement que le chat présente un attachement privilégié aux lieux de vie, au biotope. Dans la nature, le chat vit en solitaire. Dans la vie quotidienne, le chat domestique vit en compagnie d'autres chats et d'êtres humains. Cependant, son attachement à l'espace est supérieur à celui qu'il montre envers avec les individus vivants.

Faut-il dès lors envisager le chat comme un animal qui va s'armer pour défendre son territoire — qu'il va clôturer d'une façon ou d'une autre — et dont il va empêcher l'accès à tout intrus? Non. Il n'y aura ni clôture, ni barbelés, ni mur d'enceinte pour isoler sa propriété de celle du voisin. L'organisation du territoire du chat est bien plus subtile, plus diplomatique et beaucoup plus complexe.

Le chat distribue plutôt, à l'intérieur de ses lieux de vie, des messages quasi symboliques. Ces messages organiseront l'espace. Ils s'adresseront autant au chat lui-même qu'aux autres habitants. Et ces messages seront renouvelés régulièrement.

Mais qu'est-ce qu'un territoire?

La notion d'une propriété délimitée par des marques périphériques, comme une propriété individuelle humaine ou le territoire d'une nation, n'est pas valable pour le chat. Il n'y a pas de police des frontières, il n'y aura pas de guerre d'invasion, non plus.

Le territoire du chat est constitué de différentes surfaces, appelées «champs», et de réseaux de connections qui sont les lieux de passage entre ces champs. Le champ prend le nom de l'occupation du chat sur cette surface. On connaît deux types de champs: les champs d'activité (chasse, nutrition, élimination...) et les champs d'isolement (couchage). On observe des surfaces où l'agression est plus fréquente. Ces champs d'agression sont variables. Ils dépendent de la sociabilité du chat, de son humeur ou de son état de santé. Ils se situent essentiellement dans les champs d'isolement et les lieux de passage.

Le territoire est donc un système de surfaces et de voies de communication. Il est comparable à un village avec ses habitations, ses promenades, ses routes et ses chemins. Certaines surfaces sont partagées par plusieurs chats, ce sont les aires de sport et de chasse, les complexes sportifs de nos villes. Pour éviter les disputes, chaque chat possède ses heures d'occupation.

Communication

Mais comment les chats transmettent-ils aux autres les informations sur ces lieux et les heures d'occupation de ces champs? Par une série de signaux qui pourront être entendus, vus, ou sentis par les congénères.

Vocalises

Les significations des vocalises du chat sont encore mal connues aujourd'hui. Il y a le ronronnement, qui s'exprime dans les périodes de contentement ou de crainte. Il y a les chants d'amour, qui sont autant d'appels au partenaire sexuel. Il y a les grondements, les sifflements et les crachements qui sont manifestés en relation avec les comportements d'agression, et notamment au cours de la défense des champs territoriaux. Les miaulements sont aussi très importants mais personne, à ce jour, n'a pris la peine d'en étudier la sémantique, d'établir une corrélation entre les sonogrammes et les comportements caractéristiques.

Postures corporelles

Les postures corporelles sont elles aussi expressives. Elles ont leur signification, comme autant de mots ou de phrases dans nos langages.

Pour la défense des champs territoriaux, aux puissantes vocalises le chat associe la marche «en crabe» ou «saut de côté»: il se grandit sur la pointe des pieds, arrondit le dos, lève la queue qui s'infléchit en U inversé, hérisse le poil, et ayant doublé de stature, le voici qui saute latéralement vers l'adversaire (marche «en crabe»). Ce dernier comprend qu'il a affaire à forte partie et que la diplomatie n'est plus de rigueur. Une échappée vers un lieu de protection s'impose. Si l'intrus ne fuit pas, le résident prend une posture de défense, couché sur le flanc, perpendiculaire à l'adversaire, présentant toutes ses armes, crocs et ongles; il émet des phéromones d'espacement par émission d'urine et expression des glandes anales et attaque l'intrus qui fuit.

Les postures corporelles peuvent aussi souligner que le chat dépose une information, sous une autre forme, telle qu'une marque olfactive. C'est le cas du marquage urinaire. Après avoir pétri le sol et s'être retourné dos à un support vertical saillant, le chat dresse la queue qui se met à vibrer à son extrémité. Pour tout observateur, c'est le signe infaillible du dépôt d'une marque urinaire.

Marques visuelles

Les marques visuelles dans un champ d'activité ou à proximité d'un champ d'isolement signalent la présence d'une marque olfactive. Les griffades signalent une marque olfactive d'évitement à proximité des champs d'isolement. Les spots urinaires signalent pour leur part la présence d'une marque olfactive urinaire. Toutes deux activent le flehmen (comportement de réception des phéromones) et favorisent le dépôt d'une projection d'urine.

Communication olfactive

Elle utilise des phéromones. Elle implique l'existence de structures sécrétoires et réceptrices.

Une phéromone associe plusieurs molécules. Chez les insectes, il s'agit de l'association de quelques éléments simples, de synthèse facile en traitements phytosanitaires. Chez les mammifères, il s'agit d'une association de substances complexes, ayant rendu très difficile la synthèse, et cela pendant des dizaines d'années.

Les phéromones sont des substances de volatilité variable. On distingue des marques de proximité (marquage facial) et des marques actives à distance (marque urinaire et vidange des sacs anaux). La volatilité dépend d'une protéine porteuse. La protéine Feld-1, synthétisée en grande concentration dans les sacs anaux, est bien connue des allergologues (allergie au chat chez l'humain); elle est aussi sécrétée dans la peau et se retrouve ainsi sur le poil. Sa production est d'une part, activée par les hormones sexuelles et d'autre part, diminuée par la castration. Cette protéine est extrêmement collante: elle va se coller à une phéromone et adhérer à tout support, y compris les poussières dans l'air, et sera transportée à plusieurs mètres de distance. La composition totale des phéromones est variable et liée à des facteurs individuels, familiaux, raciaux, sexuels, etc.

Les structures sécrétantes sont les glandes sébacées de la peau de la face, du pourtour de l'anus et les glandes sudoripares entre les coussinets, ainsi que les muqueuses sexuelles. On retrouve aussi la protéine Feld-1 dans la salive. La bouche produirait-elle des phéromones? D'autres recherches sont à envisager pour le déterminer.

L'organe de Jacobson

Une des structures réceptrices des phéromones est l'organe (voméronasal) de Jacobson, situé dans la voûte palatine, et s'ouvrant derrière l'arcade incisive supérieure. Le nerf voméro-nasal conduit l'information au bulbe olfactif accessoire, qui la relaie au thalamus et au système limbique. L'information reçue par l'organe de Jacobson ne va pas au cortex, c'est-à-dire que le chat n'en est pas conscient. L'information va au système limbique, responsable d'une modification immédiate des émotions et du système hormonal. Le chat réagit affectivement et dans son corps sans en être conscient. D'autres récepteurs situés dans la bouche et dans les voies respiratoires doivent sans doute aussi être activés par les phéromones. Cette information, elle, va au cortex — le chat en est conscient — avant d'aller au système limbique.

Le comportement de réception des phéromones est le flehmen. Pendant le flehmen, la gueule est entrouverte, les narines sont fermées par le retournement de la lèvre supérieure, l'air est inhalé par la gueule de façon forcée. À ce moment, il y a une réduction de la pression sanguine dans la zone buccale et un petit élément érectile dans l'organe de Jacobson voit son volume et sa taille se rétrécir, ouvrant l'organe et permettant aux molécules de phéromones de rentrer en contact avec les récepteurs situés sur la muqueuse.

Le flehmen est activé par les marques olfactives, par les odeurs sexuelles et après léchage des marques ou des organes sexuels.

L'être humain ne fait pas le flehmen. En 1991 cependant, on a découvert chez lui aussi un organe de Jacobson, qui s'ouvre vers l'arrière, dans le nez. Des recherches sont en cours pour déterminer son utilité.

Phéromones et territoires

Il y a trois types de phéromones: les phéromones territoriales strictes: marques urinaires et griffades; les phéromones d'alarme et d'espacement: griffades et transpiration des coussinets et enfin, les phéromones d'identification (familiarisation, apaisement): frottement de la face.

Les marques urinaires

Elles sont situées à proximité d'un lieu de passage et d'un champ. Parfois, elles sont aussi émises dans un champ de chasse tel qu'un terrier de lapin.

Elles sont activées par l'excitation, l'émotion, la sexualité et l'intrusion territoriale. Elles sont émises surtout lorsque 70 p. 100 des marquages faciaux d'identification sont perturbés. Par conséquent, lors de déménagements, d'acquisitions de mobilier, de nettoyage excessif des pieds des chaises et des meubles, il y a un risque que le chat projette de l'urine.

Pendant le développement, c'est à la puberté que la séquence complète apparaît sous influence hormonale. Cette influence activatrice ne dure que deux semaines, au maximum. Ensuite la séquence devient indépendante des hormones. Une stérilisation réduit cependant l'incidence des marquages.

La séquence typique est la suivante: approche d'un lieu approprié (surface verticale au pied de laquelle se trouve une surface meuble), flehmen (d'une marque antérieure), pétrissage, retournement dos au support, hérissement du poil, redressement de la queue en position verticale, émission d'un petit jet d'urine (parfois quelques gouttes), miaulement, retournement, flehmen, éloignement.

Les griffades

Les chats territoriaux les impriment à proximité des champs d'isolement, des champs d'élimination et des champs de chasse ou d'alimentation (lorsque les proies et la nourriture se font rares), sur des objets visibles de toutes parts. Elles sont rafraîchies régulièrement. Les chats sociaux griffent peu.

En cas de déstabilisation émotionnelle, les chats sociaux impriment les griffades sur des objets stratégiques.

La séquence typique est la suivante: approche du support vertical, flehmen, étirement vertical sur le support, pattes postérieures étirées ou fléchies, sortie des griffes, lacérations verticales de haut en bas d'une ou des deux pattes antérieures.

Les phéromones d'alarme

En cas de stress, le chat présente les comportements de crainte ou de peur (échappement, agression, inhibition) et émet des phéromones d'alarme de la vidange des sacs anaux ou de la transpiration des coussinets plantaires.

Ces phéromones ont un effet puissant sur le chat lui-même, sur les autres chats, et aussi partiellement, semble-t-il, sur les chiens. Ces phéromones sont bien connues des vétérinaires. Puisqu'elles sentent extrêmement mauvais, elles contiennent en effet des amines nauséabondes (putrescine, cadavérine). Puis, riches en protéine Feld-1, elles se collent sur tous les supports. Aussi les chats qui suivent le chat stressé savent, par les phéromones de stress, qu'il y a quelque chose à craindre dans ces lieux et ils deviennent alors très difficiles à manipuler. Cet effet négatif peut durer plus d'un jour.

L'émission des phéromones d'alarme est réduite par la socialisation et la sociabilité. En effet, les chats sociaux n'ont pas une obligation d'être seuls pour leur bien-être et n'ont donc pas la nécessité de produire des phéromones de distanciation pour leurs congénères.

Les marques d'identification

Il s'agit d'une phéromone sécrétée par les glandes sébacées des joues, entre le menton et l'oreille. Le chat se frotte avec intensité le coin des lèvres et l'angle de la mâchoire. Cette phéromone ne déclenche pas le flehmen à distance; elle semble donc peu destinée à communiquer avec d'autres chats mais pourrait être un signe pour le chat lui-même, signifiant: ceci est un objet apaisant. Le marquage facial balise principalement la proximité des lieux de passage et des champs, et à l'intérieur des champs d'activité. Cette phéromone est donc associée à un état de bien-être et aux objets connus.

Patrick Pageat a individualisé 40 composants chimiques dont 13 sont partagés par tous les chats, quelle que soit leur race. Ces composants ont été séparés en cinq fractions d'actions différentes.

La phéromone faciale de balisage des objets antagonise le marquage urinaire. L'utilisation de la phéromone individuelle récupérée sur des compresses et placées stratégiquement dans l'environnement réduit le marquage urinaire réactionnel de 89 p. 100 en moins de sept jours. Ce chiffre est à mettre en parallèle avec les résultats de différentes médications utilisées depuis des années pour la même problématique. J'espère que plus personne n'utilise aujourd'hui les hormones progestagènes peu efficaces et dangereuses, le diazepam sédatif. Seule la clomipramine présente des effets intéressants ainsi que je l'ai montré dans une étude récente (Dehasse, 1997), de même que la trimipramine. Mais ces molécules ne sont pas dénuées d'effets secondaires ni de toxicité sévère et doivent être prescrites et utilisées sous contrôle vétérinaire strict.

La phéromone faciale F3 active l'appétit et l'exploration dans un environnement stressant. Sur 210 chats hospitalisés ou en chatterie inconnue, l'exploration est sept fois plus rapide et la reprise alimentaire huit fois plus rapide. Elle organise l'espace (apaisant). Des cinq fractions, seule la fraction F3 reproduit ces caractéristiques.

L'allomarquage

Quand un chat se frotte les joues, du coin des lèvres à la partie quasi glabre située devant l'oreille, sur un autre chat, c'est pour l'identifier comme un membre du groupe. Cette phéromone est constituée par la fraction F4 identifiée par Patrick Pageat. Elle réduit l'agression territoriale. La fraction F3 présente ces caractéristiques à un niveau mineur (50 p. 100).

Des expériences ont permis à Pageat de démontrer cet effet socialisant. Si on lave un chat d'un groupe, il est éjecté de ce groupe parce qu'il a perdu l'odeur du groupe. Si on prend un sosie d'un chat du groupe, mais appartenant à un autre groupe, et qu'on le frotte de phéromone F4, ce chat sera accepté dans le groupe, dont il a pris en quelque sorte l'odeur sociale. Cette mystification d'un groupe de chat par une phéromone sociale est très spectaculaire. Elle nous conduit à émettre l'hypothèse suivante: pour la reconnaissance inter-individuelle entre chats, l'odeur a plus d'importance que la vue (image).

Autre effet surprenant, cette phéromone F4 facilite aussi la manipulation des chats par les vétérinaires qui s'en imprègnent les mains.

Phéromones de synthèse

La synthèse de phéromones de mammifères est une révolution scientifique et une prouesse technique. La synthèse de phéromones apaisantes de chat — création de Patrick Pageat — est une première mondiale. Cette phéromone:

— réduit les marquages urinaires réactionnels;
— réduit les griffades;
— apaise le chat en milieu stressant: voiture, panier, consultation, hospitalisation, chatterie...;

— réorganise l'espace apaisant après déstructuration territoriale (déménagement, déplacement de mobilier, intrusion d'un chat inconnu ou d'un chien...);

— est en synergie avec le traitement médicamenteux des anxiétés.

Un mot de conclusion

La recherche scientifique appliquée sur la base des observations éthologiques et de leurs applications — réellement des «trucs» — cliniques efficaces par compresses de phéromones faciales, a entraîné un remaniement complet de la notion des territoires chez le chat. Il a fallu aussi un petit quelque chose en plus, de l'ordre de l'intuition, à Patrick Pageat pour aboutir à cette découverte étonnante — il y a quelque temps, on aurait parlé d'une découverte alchimique — qui facilite la vie à tant de systèmes humains-chats.

Ces phéromones apaisantes ont été commercialisées en Europe sous le nom de FeliwayR par Sanofi Santé Animale. Ces phéromones et d'autres encore seront bientôt d'usage tellement courant qu'il se pourrait bien que — comme cela s'est passé pour l'aspirine dont le nom est devenu un mot commun pour désigner un anti-inflammatoire ou un antidouleur — on confonde bientôt le nom de la spécialisation et celui de son produit.

L'avenir de la médecine comportementale est révolutionné par l'utilisation des phéromones. Mais, agissant sur un organisme à son insu, il conviendra de respecter une éthique rigoureuse le jour où l'on utilisera des phéromones repoussantes ou attractives, particulièrement des phéromones d'attrait sexuel. Le danger est moins pour la manipulation animale que pour la manipulation des êtres humains entre eux.

Épilogue

Le chat referma le livre avec un franc éclat de rire. «Alors, se dit-il, les hommes pensent que je pense.» Et il ajouta: «Mais savent-ils que je sais qu'ils pensent?» Et pensant: «Sans doute ne le sauront-ils jamais!», il s'en alla faire comme s'il allait chasser un papillon. Et le livre resta sur l'herbe. Les mots s'envolèrent au gré d'un petit vent.

Glossaire des termes parapsychologiques

AMERICAN SOCIETY FOR PSYCHICAL RESEARCH (ASPR): société américaine des recherches psychiques (située à New York).

ANPSI: terme générique pour parler d'expériences animales exceptionnelles (EAE) mettant en évidence l'hypothèse psi et la perception extrasensorielle.

ANTICIPATION: notamment l'anticipation du retour du maître, une forme de prémonition répandue chez les animaux de compagnie, surtout les chiens et les chats, et qui a fait l'objet d'enquêtes scientifiques.

ASSOCIATION PARAPSYCHOLOGIQUE (PA): société professionnelle internationale fondée en 1957, membre depuis 1969 de l'American Association for the Advancement of Science.

BIO-PSYCHOKINÉSIE (BIO-PK): «C'est "l'action de la pensée sur la matière vivante". Le phénomène classique est celui du "magnétiseur" ou "guérisseur" pour autant qu'on exclut l'effet psychosomatique. Un autre type d'effet serait la "main verte".» (Pierre Macias). On l'appelle aussi DMILS. L'expérience classique est l'effet du regard, en direct ou via des systèmes vidéo avec enregistrement du monitoring du système nerveux de l'observateur et de la personne observée.

CLAIRVOYANCE: gain d'information sur l'environnement (lieu ou événement) en dehors des sens traditionnels.

CRITIQUES: elles sont nombreuses, généralement non fondées — et ne seront donc pas toutes étudiées ici. Je renvoie le lecteur aux FAQ publiés sur Internet à http://hrcweb.lv-hrc.nevada.edu/crd/para1.html. Les méthodologies étant identiques aux sciences conventionnelles, les critiques sur des critères scientifiques ou statistiques sont non recevables.

DIRECT MENTAL INTERACTIONS WITH LIVING SYSTEMS (DMILS): voir Bio-PK.

ÉPISTÉMOLOGIE: mot signifiant l'étude de la science. C'est une discipline philosophique qui analyse l'histoire, les méthodes, les principes, les modèles et les
paradigmes des sciences. Le problème est, pour le philosophe épistémologue, de pouvoir sortir du paradigme qu'il étudie. S'il n'y arrive pas, il pourrait émettre un jugement critique sur un paradigme qui ne correspond pas
à ses modèles d'existence. On en vient alors à la notion d'«épistémologiquement correct» pour signifier un accord avec le paradigme dominant.

ÉTATS MODIFIÉS DE CONSCIENCE: «Nous appelons état de conscience ordinaire
notre état de lucidité habituelle. Les états dits "modifiés" sont ceux qui se
différencient de l'état ordinaire, parmi eux, le sommeil, le rêve, la transe, les
états de conscience engendrés par la privation sensorielle, la relaxation,
l'hypnose, etc. Les psychologues ont constaté qu'au cours de ces états modifiés, des fonctions mentales parallèles entraient en jeu. On trouve, par exemple, dans le rêve, un raisonnement et une mémoire similaires à ceux de la
conscience normale, bien qu'autonomes. Les états de conscience non ordinaires sont donc devenus un terrain de choix pour l'étude d'un élargisse-
ment possible de la conscience et de fonctionnements mentaux différents.
[...] Il existe une interrelation très particulière entre les états modifiés de
conscience et les phénomènes psi» (Mario Varvoglis). On y trouve par
exemple l'hypnose, ou des états obtenus par la procédure Ganzfeld. Ces
états favorisent le psi, comme d'ailleurs l'état de rêve pour la réception
d'information par perception extrasensorielle.

EXPÉRIENCE ANIMALE EXCEPTIONNELLE (EAE): terme générique pour parler
d'expériences et de phénomènes inexpliqués et inexplicables par les modèles scientifiques traditionnels (le paradigme newtonocartésien).

EXPÉRIENCE EXCEPTIONNELLE (EE): cette terminologie couvre toutes les expériences
inusuelles, non ordinaires, supernaturelles, transpersonnelles, métanormales
et transcendantes. Cent-cinquante types d'expériences exceptionnelles ont
été listés à ce jour.

EXPÉRIENCE HORS-CORPS (EHC): l'expérience de se sentir séparé de son corps
physique, souvent accompagnée de perceptions visuelles comme si on était
au-dessus de son corps.

EXPÉRIENCE HUMAINE EXCEPTIONNELLE (EHE): expérience exceptionnelle qui a
transformé la vie d'un individu.

EXPÉRIENCES PSYCHIQUES: expériences de la vie qui semblent évoquer la perception extrasensorielle.

FANTÔMES: les apparitions indépendantes des poltergeists semblent être soit des hallucinations, soit des informations générées par effet psi.

GANZFELD: la technique Ganzfeld est l'isolation des individus humains en expérimentation du «bruit de fond» externe dans une pièce isolée acoustiquement, avec des demi-balles de ping-pong devant les yeux et un casque audio proposant un son blanc (*white sound*). Cela entraîne un «état modifié de conscience» et facilite les tests de perception extrasensorielle.

GÉOBIOLOGIE: c'est l'étude scientifique de la biologie de l'habitat, notamment des champs électriques et magnétiques, de la radioactivité, des failles et des cours d'eau dans le terrain profond et des champs telluriques Hartmann (nord-sud et est-ouest) et de ceux qui les coupent à 45°. Ce domaine est situé en dehors du champ de la parapsychologie.

HANTISE: phénomènes récurrents se déroulant dans des lieux précis rapportant des apparitions, des sons, des mouvements d'objets et autres effets.

MACRO-PK: psychokinésie de large envergure, directement observable, sur des objets.

MAISONS HANTÉES: voir Poltergeist.

MÉTHODOLOGIE: en parapsychologie, elle est fondée sur les méthodes classiques comme la psychologie, la biologie, la physique, la sociologie, l'anthropologie... Une grande part de la recherche tend à éliminer les méthodes de perception sensorielle et d'explications conventionnelles afin de mettre en évidence les effets de la perception extrasensorielle.

MICRO-PK: psychokinésie effectuée sur des systèmes microphysiques aléatoires, tels que le bruit électronique.

NDE (NEAR DEATH EXPERIENCE) OU EXPÉRIENCE DE MORT IMMINENTE (EMI): expériences rapportées par des personnes ayant failli mourir et incluant des sentiments de paix, des expérience hors-corps, la vision de lumières et d'autres phénomènes.

PARADIGME: c'est un cadre de pensée, un modèle de représentation. Il y a eu différents paradigmes dans les sciences du comportement: le behaviorisme, le cognitivisme et la parapsychologie ont tous trois un paradigme différent; dès lors les sujets d'études et leurs résultats jettent des éclairages différents sur les mêmes questions.

PARAPSYCHOLOGIE: l'étude scientifique et scolaire de ce qui est «à côté» ou qui va au-delà de la psychologie et qui étudie ces compétences qui suggèrent que la conscience est capable d'interagir avec le monde physique de façon encore inexpliquée par les modèles scientifiques traditionnels. La parapsychologie refuse le modèle théorique qui sépare le subjectif de l'objectif et tente de cerner les anomalies telles que la perception extrasensorielle, la psychokinésie et les expériences dites proches de la mort (incluant les apparitions et la réincarnation).

«Étude scientifique des phénomènes de perception extrasensorielle, psychokinésie, expérience hors-corps, expérience de mort imminente, et les phénomènes associés aux croyances relatives à la survie et à la réincarnation» (définition de l'OR3P). «Le "para" de parapsychologie, écrit Pierre Macias, ne veut pas dire "à côté" de la psychologie. En fait, le terme en lui-même aurait pu être meilleur! La parapsychologie se définit comme une étude scientifique spécifique, un domaine particulier, au même titre que l'astrophysique par exemple. Certains ont été tentés d'utiliser, en France, le terme de psychotronique pour éviter cette interprétation de "à côté", et d'autres inventent de nouveaux termes. À mon sens, même si le terme n'est pas approprié, il existe depuis un siècle et il peut servir d'indicateur quant à l'acceptation du domaine de recherche.»

PARAPSYCHOLOGIE — CE QU'ELLE N'EST PAS: La parapsychologie ne s'occupe pas de tout ce qui est bizarre. Par exemple, elle n'est pas concernée par l'astrologie, les ovnis, les recherches sur le Bigfoot, le paganisme, l'alchimie, la sorcellerie, les vampires, la géobiologie, etc.

PARAPSYCHOLOGIE — DOMAINE D'ÉTUDE: télépathie, précognition, clairvoyance, perception extrasensorielle, psychokinésie, bio-psychokinésie, expérience de mort imminente, expérience hors-corps, réincarnation, hantise, poltergeists.

PERCEPTION EXTRASENSORIELLE (PES): terme générique introduit par Joseph Banks Rhine pour parler de toute manifestation du psychique analogue aux perceptions sensorielles. La perception extrasensorielle couvre la télépathie, la clairvoyance, la précognition.

PK: voir Psychokinésie.

POLTERGEISTS: signifie en allemand «fantôme bruyant». Phénomène de psychokinésie à large échelle (mouvements d'objets, perturbations électriques, bruits...) souvent attribué à des «esprits» mais qui semble lié à la présence d'une personne, souvent un adolescent.

PRÉCOGNITION OU PRÉMONITION: acquisition d'informations sur le futur, sans pouvoir la déduire des événements présents ou passés. Voir Anticipation.

PSI: terme utilisé par Rhine pour désigner la perception extrasensorielle et la psychokinésie, mais c'est aussi un terme populaire pour parler d'expériences exceptionnelles (EE) non expliquées par les modèles scientifiques traditionnels; on utilise aussi les termes «compétences psi» et «phénomènes psi».

PSILOGIE: terme générique pour définir la parapsychologie au Canada.

PSYCHOKINÉSIE OU PSYCHOCINÈSE (OU EFFET PK): influence directe du mental (ou de la conscience) humaine sur l'environnement, avec dans de rares cas déplacement ou modification structurelle d'objets (macro-PK). Le plus souvent, les études de psychokinésie se basent sur la capacité à influencer des processus atomiques ou électroniques, par exemple des générateurs de nombres aléatoires (micro-PK).

PSYCHOKINÉSIE SUR DES SYSTÈMES VIVANTS: voir Bio-PK.

PSYCHOTRONIQUE: terme générique pour définir la parapsychologie dans les pays de l'Est.

PUBLICATIONS: les principales publications psi sont le *European Journal of Parapsychology*, le *Journal of Parapsychology*, le *Journal of the American Society for Psychical Research*, le *Journal of the Society for Psychical Research*, le *Zeitschrift fuer Psychologische Grenzgebiete*, le *Journal of Scientific Exploration*, la *Revue de Parapsychologie* (Organisation pour la Recherche en Parapsychologie & sur les Phénomènes Paranormaux — GEEPP).

RADIESTHÉSIE: forme d'investigation avec un amplificateur comme un pendule ou une antenne de radiesthésie (antenne Lecher — qui peut être réglée en fonction de longueurs d'ondes différentes). Elle est utilisée depuis toujours en sourcellerie (recherche des sources d'eau) et plus récemment en géobiologie. Ce domaine est situé en dehors du champ de la parapsychologie.

RECHERCHE EXPÉRIMENTALE EN PARAPSYCHOLOGIE: c'est actuellement la première source d'informations et d'évidences dans la discipline. Certaines expérimentations ont été répétées des centaines de fois par des dizaines de chercheurs.

RÉINCARNATION: rapports, particulièrement de la part d'enfants, d'apparents souvenirs de vies antérieures.

RHINE: Joseph Banks Rhine, biologiste, et son épouse Louisa Rhine sont venus à la Duke University en 1927 pour étudier les phénomènes psychiques avec le Dr William McDougall, directeur de la faculté de psychologie. Il introduisit la terminologie PES (perception extrasensorielle) et adopta le terme parapsychologie pour différencier ses approches expérimentales des méthodes antérieures de recherches psychologiques. En 1962, Rhine fonda le FRNM (Foundation for Research on Nature and Man). En 1995, le FRNM fut rebaptisé Rhine Research Center en l'honneur au centenaire de Joseph B. Rhine. Informations complémentaires sur demande à l'adresse internet suivante: info@rhine.org.

RNG (RANDOM NUMBER GENERATOR): générateur de nombres aléatoires. Il produit au hasard des séries de chiffres qui sont interprétés par un programme informatique, par exemple des séries de 0 et de 1 en proportions égales de 50 p. 100. Le mental ou la conscience d'un individu peut-il modifier cette production? Huit cents expériences faites par 60 chercheurs ont démontré un effet faible mais statistiquement démontré avec un risque de hasard de 1 pour un trillion.

SCEPTICISME: les chercheurs en parapsychologie sont généralement de bien plus grands sceptiques que les scientifiques qui ont un *a priori*. Ce scepticisme est indispensable pour obtenir des résultats scientifiques fiables.

SIGNIFICATION STATISTIQUE: Un résultat est significatif lorsqu'il n'y a pas plus de 5 chances sur 100 pour que ce même résultat ait été produit par les fluctuations du hasard; ce qui correspond à une probabilité P de 5 p. 100, soit P = 0,05.

SOCIETY FOR PSYCHICAL RESEARCH (SPR): société des recherches psychiques qui a été fondée à Londres le 17 juillet 1882. C'est historiquement le premier organisme de recherche scientifique en parapsychologie.

TÉLÉPATHIE: perception, sentiment perçu à distance — en dehors des sens reconnus. Communication directe de mental à mental, de conscience à conscience.

THÉORIE: les théories sur le psi sont ce qu'elles sont, soit des modèles de fonctionnement. Les confondre pour une réalité quelconque serait non scientifique. On y trouve, comme en psychologie, des théories physicalistes et mentalistes.

THÉORIE MENTALISTE: pour ces théoriciens, la réalité n'existe pas en dehors de la conscience et le psi ne pourra pas être intégré dans la science officielle sans un bouleversement important des paradigmes.

THÉORIE PHYSICALISTE: le psi est comme un autre système sensoriel et peut être expliqué par des principes de biophysique, de biochimie, et par les sciences cognitives.

TRANSCOMMUNICATION: phénomène qui affecterait essentiellement des appareils d'enregistrement (magnétophones, radios, télévisions, ordinateurs, appareils photographiques) qui enregistrent la voix, l'image d'une personne ou d'un objet, etc.

ZOOTÉLÉKINÉSIE: sorte de télékinésie (ou effet PK) qui permet l'influence ou la conduite des animaux par effet psi, autant, sinon plus, que par éducation traditionnelle behavioriste ou autre.

Ce glossaire a été rédigé grâce à la consultation de divers articles et livres publiés ou postés sur Internet. Le terme défini a plus de valeur sur le plan de l'observation que sur celui de l'explication. Un phénomène attribué à la télépathie peut très bien être de la clairvoyance ou de la précognition.

La parapsychologie sur internet

Voici quelques références qui permettront de naviguer sur Internet à la découverte des phénomènes de parapsychologie scientifique. Ces adresses guideront également vers d'autres sites. Ce sont des sites d'intérêt général puisque à ce jour, il n'existe pas de site dédié à la parapsychologie du chat.

FAQ, Frequently Asked Questions about Parapsychology:
http://hrcweb.lv-hrc.nevada.edu/crd/para1.html;
http://hrcweb.lv-hrc.nevada.edu/crd/para2.html;
http://hrcweb.lv-hrc.nevada.edu/crd/para3.html.

CONSCIOUSNESS RESEARCH DIVISION:
http://hrcweb.lv-hrc.nevada.edu/crd/frontpage.html

GROUPE D'ÉTUDES EXPÉRIMENTALES DES PHÉNOMÈNES PARAPSYCHOLOGIQUES (GEEPP):
http://members.aol.com/geepplpt/GEEPP.html

JOURNAL OF SCIENTIFIC EXPLORATION (P.O. Box 5848, Stanford, California, États-Unis 94309-5848):
http://www.jse.com — email: sims@jse.com

ORGANISATION POUR LA RECHERCHE EN PARAPSYCHOLOGIE ET SUR LES PHÉNOMÈNES DITS PARANORMAUX (OR3P) (56, chemin de Hautpoul, 31270 Cugnaux, France):
http://members.aol.com/geepplpt/or3p.htm

PARAPSYCHOLOGY SOURCES ON THE INTERNET:
http://www.ed.ac.uk/~ejua35/parapsy.htm

RHEA WHITE AND THE EXCEPTIONAL HUMAN EXPERIENCE NETWORK:
http://www4.coastalnet.com/ehenet/

RHINE RESEARCH CENTER:
http://www.mindspring.com/~rhine/index.html

Bibliographie

BAYLESS, R. *Animal Ghosts,* New York, University Books, 1970.

BEM, D. J. et HONORTON, C. «Does psi exist? Replicable evidence for an anomalous process of information transfer», *Psychological Bulletin,* 1994, vol. 115, n° 1, p. 4-18.

BERTRAND, Eugène. «Phénoménologie animale», *Renaître 2000,* 1983, n° 32.

BOBIS, Laurence. «L'évolution de la place du chat dans l'espace social et dans l'imaginaire occidental du Moyen Âge au XVIIIe siècle», *in L'homme, l'animal domestique et l'environnement du Moyen Âge au XVIIIe siècle,* Nantes, Ouest Éditions, 1993, p. 73-83.

BOBIS, Laurence. *Les neuf vies du chat,* Paris, Découvertes Gallimard, 1991.

BODSON, Liliane, éd. *L'histoire de la connaissance du comportement animal,* Liège, Université de Liège, 1993.

BODSON, Liliane. «Les débuts en Europe du chat domestique», *in Le Chat,* Paris, Société d'Ethnozootechnie, 1987, p. 13-37.

BOURDIN, Monique. *Feline psychogenic alopecia and behavioural disorders,* Brussels, FECAVA, 1995, p. 241-242.

BURROWS, I. E. «Introduction», *in* BURGER, I.H. *Les bénéfices de la possession d'un animal de compagnie,* Symposium Waltham n° 20, BVA Publications, 1990.

CAMPBELL, A. «Treatment of tumours by PK», *Journal of the Society for Psychical Research,* 1978, vol. 44, n° 738, p. 428.

CHAFFIN, Kelly et BEAVER, Bonnie. «Testing cats using paired odors», *Bulletin of Veterinary Clinical Ethology,* 1993, vol. 1, p. 33-39.

CHAMPIGNY, Myriam. *Monde Chat,* Lausanne, Payot, 1977.

CLUTTON-BROCK, Juliet. *The British Museum Book of Cats (Ancient and Modern),* Londres, British Museum Press, 1994.

COSTA DE BEAUREGARD, O. «La rationalité du paranormal», *Sciences et Avenir,* 1995, hors-série n° 101, p. 74-78.

CRICK, F. *L'hypothèse stupéfiante — À la recherche scientifique de l'âme,* Paris, Plon, 1994.

CROY, Paola. «La chasse aux sorcières», *Parasciences: le vrai, le faux et l'idiot, Sciences et Avenir,* 1995, hors-série n° 101, p. 58-60.

CYRULNIK, B. *La naissance du sens,* Paris, Hachette, 1991.

CYRULNIK, B. *Mémoire de singe et paroles d'homme,* Paris, Hachette, 1983, 1984.

DAW, N. W. «Neurophysiology of colour vision», *Physiological Review,* 1973, p. 53.

DEHASSE, Joël. *Le chat cet inconnu,* Bruxelles, Vander, 1985, 1989.

DEHASSE, Joël et DE BUYSER, C. *Socio-écologie du chat,* PMCAC, 1993, vol. 28, p. 469-478.

DEHASSE, Joël. «Histoire de la zoopsychiatrie», *in* Bodson, Liliane éd., *L'histoire de la connaissance du comportement animal,* Liège, Université de Liège, 1993, p. 471-486.

DEHASSE, Joël. *L'éducation du chat,* Montréal, Éditions de l'Homme, 1993.

DEHASSE, Joël. «Les raisonnements du chat», *L'intelligence animale, Sciences et Avenir,* 1995, hors-série, n° 103, p. 41.

DEHASSE, Joël. *Chiens hors du commun,* Montréal, Le Jour éditeur, 1996.

DEHASSE, Joël. «L'animal de compagnie: l'approche systémique dans la compréhension des problèmes comportementaux et de la fonction des animaux de compagnie», *in* BODSON, Liliane, éd. *L'animal de compagnie: ses rôles et leurs motivations au regard de l'histoire,* Colloques des connaissances zoologiques, Liège, Université de Liège, 1997, p. 147-154.

DEHASSE, Joël. «Feline urine spraying», *Applied Animal Behaviour Science,* 1997, vol. 52, p. 365-371.

DEVOE, A. «Le sens de l'orientation chez les animaux», *in Le grand livre des animaux,* Paris, Montréal, Sélection du Reader's Digest, 1965.

DIERKENS, J. et DIERKENS, Christine. *Manuel expérimental de parapsychologie,* Paris, Casterman, 1978.

DIGARD, Jean-Pierre. *L'homme et les animaux domestiques — Anthropologie d'une passion,* Paris, Fayard, 1990.

DRÖSCHER, V. B. *Les sens mystérieux des animaux,* Paris, Laffont, 1965.

DRÖSCHER, V. B. *Ils se déchirent mais ils s'aiment,* Paris, Seghers, 1975.

ELGUIN, Gita H. et ONETTO, B. «Treatment of tumours by PK», *Acta psiquiat. psiccol. Amer. lat.,* 1968, vol. 14, n° 47. Cité par Anthony Campbell.

FRIEDMANN, E., KATCHER, A. H., LYNCH, J. J. et THOMAS, S. A. *Animal companions and one year survival of patients after discharge from a coronary care unit,* Public Health Reports, 1980, vol. 95, p. 307-312.

GADDIS, V. et GADDIS, Margaret. *The strange world of animals and pets,* New York, Cowles, 1970.

GERVET, J., LIVET, P. et TÊTE, A. *La représentation animale,* Nancy, Presses universitaires de Nancy, 1992.

GORDON, Jones. *Proceedings of the Society for Psychical Research,* 1894, vol. 10, p. 127.

GOUINEAU, M. «André Malraux, la voyante et les chats», textes reçus de P. Macias.

GREIFFEMBERG, *Proceedings of the Society for Psychical Research,* 1890, vol. 6, p. 240.

GRIFFIN, D. R. *Animal thinking,* Londres, Harvard University Press, 1984.

HANSEN-STEIGER, Sherry et STEIGER, B. *Mysteries of Animal Intelligence,* New York, Tom Doherty Associates, 1995.

HAYNES, Renée. «The psi-function in animals», *in The hidden springs — An inquiry with ESP,* Hallis & Carter, 1961.

HEDIGER, H. «Proper names in the animal kingdom», *Experientia,* 1976, vol. 32, p. 1357-1364.

HÉRAN, F. «Chats contre chiens. Éléments statistiques pour une histoire sociale des intellectuels», *in Homme, animal, société: III. Histoire et animal,* Toulouse, Presses de l'Institut d'études politiques, vol. I, p. 373-383.

HERRICK, F. H. «Homing powers of the cat», *Sci. Mon.,* 1922, vol. 14, p. 526-539.

HOUSE, J. S., LANDIS, K. R. et UMBERSON, D. «Social relationships and health», *Science,* 1988, vol. 241, p. 540-545.

ILLINGWORTH, R. S. *Développement psychomoteur de l'enfant,* Paris, Masson, 1990.

KEARNEY, E. L. *Proceedings of the Society for Psychical Research,* 1894, vol. 10, p. 156.

LAGRANGE, P. «Le grand partage», *Parasciences: le vrai, le faux et l'idiot. Sciences et Avenir,* 1995, hors-série n° 101, p. 10-14.

LESSING, Doris. *Les chats en particulier,* Paris, Albin Michel, 1983.

LIMET, H. «L'observation des animaux dans les présages en Mésopotamie ancienne», *in* BODSON, Liliane, éd., *L'histoire de la connaissance du comportement animal,* Liège, Université de Liège, 1993, p. 119-132.

LIVET, P. «La représentation animale: un problème philosophique et épistémologique», *in La représentation animale,* Nancy, Presses universitaires de Nancy, 1992, p. 17-33.

LONG, W. J. *How Animals Talk,* New York, Harper, 1919, cité par Sheldrake.

LYDECKER, Beatrice. *Stories the animals tell me,* Oregon City, Published by the author, s.d.

MACIAS, Pierre. *Communications personnelles.*

MÉHEUST, B. «Épistémologiquement correct», *Parasciences: le vrai, le faux et l'idiot. Sciences et Avenir,* 1995, hors-série n° 101, p. 47.

MÉRY, Fernand. *Le guide des chats,* Paris, Le Livre de Poche, Librairie générale française, 1973.

MOELK, M. «Vocalizing in the house cat: a phonetic and functional study», *American Journal of Psychology,* 1944, vol. 57, p. 184-205.

MORRIS, R. L., HARARY, S. B., JANIS, J., HARTWELL, J. et ROLL, W. G. «Studies of communication during out-of-body experiences», *The Journal of the American Society for Psychical Research,* 1978, vol. 72, n° 1.

MOTTE, P.A. *La vision du chat,* Toulouse, Thèse pour le doctorat vétérinaire, 1978.

ORTEGA, J. «Les sens mystérieux du chien», *Revue Chien 2000,* 1983, n° 82, p. 26-27 et 35-37.

OSIS, Karlis. «A test of the occurrence of a psi effect between man and the cat», *The Journal of Parapsychology,* 1952, vol. 16, p. 234-256.

OSIS, Karlis. et BOND-FOSTER, Esther. «A Test ESP in Cats», *The Journal of Parapsychology,* 1953, vol. 17, p. 168-186.

PAGEAT, Patrick. *Functions and use of the allomarking pheromones in the cat. Usefulness of a structural analogue,* Proceedings, 4th ESVCE meeting & 17th SAVAB national congress, Brussels, 1995.

PAGEAT, Patrick. *Functions and use of the facial pheromones in the treatment of urine marking in the cat. Interest of a structural analogue,* Proceedings of the XXIst congress of the WSAVA, Jerusalem, 1996, p. 197-198.

PAGEAT, Patrick. «La communication chimique dans l'univers des carnivores domestiques», *Le Point Vétérinaire,* février 1997, vol. 28, n° 181, p. 27-36.

PAGEAT, Patrick. *Pathologie du comportement du chien,* Paris, Éditions du Point Vétérinaire, 1995.

PEDRAZZANI, J.-M. *Le mystérieux sixième sens des animaux,* Paris, Belfond, 1980.

PERRET, P. *Anthologie de la poésie érotique,* Nil éditions, 1995.

PIAGET, Jean. *Biologie et connaissance,* Paris, Gallimard, 1967.

PREMACK, D. et WOODRUFF, G. «Does the chimpanzee have a theory of mind?», *Behav. Brain Science,* vol. 1, p. 515-26, 555-629, vol. 3, p. 615-23.

PRYOR, Karen. «Don't shoot the dog! The new art of teaching and training», New York, Bantam Books, 1985.

RADIN, D. éd. *FAQ, Frequently Asked Questions about Parapsychology.* http://hrcweb.lv-hrc.nevada.edu/crd/para1.html; http://hrcweb.lv-hrc.nevada.edu/crd/para2.html; http://hrcweb.lv-hrc.nevada.edu/crd/para3.html.

RANDLES, Jenny et WARRINGTON, P. *UFOs: a British Viewpoint,* Robert Hale, 1979.

RENSCH, B. «Notes & comments», *New scientist,* 1965.

RHINE, Joseph B. «The Present Outlook on the Question of Psi in Animals», *Journal of Parapsychology,* 1951, vol. 15, p. 230-251.

RHINE, Joseph B. et FEATHER, Sarah. «The Study of Cases of PsiTrailing in Animals», *The Journal of Parapsychology,* 1962, vol. 26, n° 1, p. 1-22.

SANOFI SANTÉ ANIMALE. *Feliway dossier scientifique. Le comportement territorial du chat: 1. Les phéromones faciales, 2. Les griffades. Dossier technique: Le marquage urinaire est dans la nature de tous les chats.*

SCHMIDT, H. «PK Experiments with Animals as Subjects», *The Journal of Parapsychology,* 1970, vol. 34, p. 255-261.

SCHUL, Bill. *The psychic power of animals,* Greenwich, Connecticut, Fawcett, 1977.

SCOTT, J. P. *Animal behavior,* Chicago, The Univesrity of Chicago Press, 1958, 1972.

SERPELL, J. A. «Preuves des effets à long terme de la possession d'un animal familier sur la santé humaine», *in* BURGER, I. H. *Les bénéfices de la possession d'un animal de compagnie,* Symposium Waltham n° 20, BVA Publications, 1990, p. 1-7.

SHELDRAKE, Rupert. *Sept expériences qui peuvent changer le monde,* Monaco, Éditions du Rocher, 1995.

SMITH, Penelope. *Animal Talk — Interspecies telepathic communication,* Point Reyes Station (California), Pegasus Publications, 1989.

STEAD, W. T. *Borderland, a Case Book of True Supernatural Stories,* New Hyde Park, New York, University Books, 1970, p. 323-324.

STEIGER, B. et HANSEN-STEIGER, Sherry. *Strange powers of pets,* New York, Berkeley Books, 1992.

THORNE, Chris. «Evolution and domestication», *in The Waltham Book of Dog and Cat Behaviour,* Oxford, Pergamon Press, 1992.

TURNER, D. C. et STAMMBACH-GEERING, K. «Évaluation du possesseur et éthologie des relations homme-chat», *in* BURGER, I. H. *Les bénéfices de la possession d'un animal de compagnie,* Symposium Waltham n° 20, BVA Publications, 1990, p. 27-33.

VARVOGLIS, Mario. *La rationalité de l'irrationnel,* Interéditions, p. 77-78, cité par Pierre Macias.

VICTOR, Jean-Louis. *Animaux surdoués, animaux médiums,* Paris, Pygmalion, 1980.

VINCENT, J.-D. *La chair et le diable,* Éditions Odile Jacob, 1996.

WHITE, Rhea. Exceptional Human Experience Network, Internet.

WRIGHT, J. C. et MOORE, D. *Comments on animal companions and one-year survival of patients after discharge,* Public Health Reports, 1982, vol. 97, p. 380-381.

WYLDER, J. *Psychic pets — the secret world of animals,* New York, Harper & Row, 1979.

WYRWICKA, W. «Imitation of mother's inappropriate food preference in weanling kittens», *Pavlovian Journal of Biological Science,* 1978, vol. 13, p. 55-72 *(in* Turner, p. 17).

YONNET, P. *Jeux, modes et masses (1945-1985),* Paris, Gallimard, 1985.

Table des matières

**le jour,
éditeur**

Ouvrages parus au Jour

Affaires, loisirs, vie pratique

* **L'affrontement**, Henri Lamoureux
* **Les bains flottants**, Michael Hutchison
* **Conte pour buveurs attardés**, Michel Tremblay
* **La France à la québécoise**, André Bergeron et Émile Roberge
* **Le guide du répondeur bien branché**, Robert Blondin et Lucie Dumoulin
* **J'avais oublié que l'amour fût si beau**, Évette Doré-Joyal
* **Jean-Paul ou les hasards de la vie**, Marcel Bellier
* **Oslovik fait la bombe**, Oslovik
* **Questions réponses sur vos droits et recours**, François Huot

Animaux

L'amstaff (American Staffordshire terrier), Dr Joël Dehasse
Attirer les oiseaux, les loger, les nourrir, André Dion
Le bâtard, Dr Joël Dehasse
Le beagle, Dr Joël Dehasse
Le berger allemand, Dr Joël Dehasse
Le berger belge, Dr Joël Dehasse
Le bichon maltais, Dr Joël Dehasse
Le bobtail, Dr Joël Dehasse
Le bouvier bernois, Dr Joël Dehasse
Le bouvier des flandres, Dr Joël Dehasse
Le boxer, Dr Joël Dehasse
Le braque allemand, Dr Joël Dehasse
Le braque de Weimar, Dr Joël Dehasse
Le caniche, Dr Joël Dehasse
Les caniches nains et moyens, Dr Joël Dehasse
Le chat de gouttière, Nadège Devaux
Le chat himalayen, Nadège Devaux
Chats hors du commun, Dr Joël Dehasse
Chiens hors du commun, Dr Joël Dehasse
Le chow-chow, Dr Joël Dehasse
Le cochon d'Inde, Michèle Pilotte
Le cockatiel (perruche callopsite), Michèle Pilotte
Le cocker américain, Dr Joël Dehasse
Le cocker spaniel, Dr Joël Dehasse
Le colley, Dr Joël Dehasse
Le dalmatien, Dr Joël Dehasse
Le doberman, Dr Joël Dehasse
Le dogue allemand (le danois), Dr Joël Dehasse
L'éducation du chien, Dr Joël Dehasse
L'épagneul breton, Dr Joël Dehasse
Le fox-terrier à poil dur, Dr Joël Dehasse
Le golden retriever, Dr Joël Dehasse
Le husky, Dr Joël Dehasse
Les inséparables, Michèle Pilotte
Le Jack Russell terrier, Dr Joël Dehasse
Le labrador, Dr Joël Dehasse
Le lapin, Manon Tremblay
Le lhassa apso, Dr Joël Dehasse
Le persan chinchilla, Nadège Devaux
Les persans, Nadège Devaux
Les pinsons, Michèle Pilotte
Le pit-bull, Dr Joël Dehasse

Le rottweiler, Dr Joël Dehasse
Les schnauzers, Dr Joël Dehasse
Secrets d'oiseaux, Pierre Gingras
Le serin (canari), Michèle Pilotte
Le serpent, Guy Deland
Le shar-peï, Dr Joël Dehasse
Le sheltie, Dr Joël Dehasse
Le shih-tzu, Dr Joël Dehasse
Le siamois, Nadège Devaux
Le teckel, Dr Joël Dehasse
Le westie, Dr Joël Dehasse
Le yorkshire, Dr Joël Dehasse

Ésotérisme, santé, spiritualité

L'astrologie pratique, Wofgang Reinicke
Combattre la maladie d'Alzheimer, Carmel Sheridan
Dans l'œil du cyclone, Collectif
* Échos de deux générations, Sophie Giroux et Benoît Lacroix
La féminité cachée de Dieu, Sherry R. Anderson et Patricia Hopkins
Le grand livre de la cartomancie, Gerhard von Lentner
Jeûner pour sa santé, Nicole Boudreau
La méditation — voie de la lumière intérieure, Laurence Freeman
Le nouveau livre des horoscopes chinois, Theodora Lau
Où habite le bon Dieu?, Marc Gellman et Thomas Hartman
La parole du silence, Laurence Freeman
* Pour en finir avec l'hystérectomie, Dr Vicki Hufnagel et Susan K. Golant
Le pouvoir de l'auto-hypnose, Stanley Fisher
La prière, Dr Larry Dossey
Prodiges et mystères de la vie avant la naissance, Dr P. W. Nathanielz
Questions réponses sur la maladie d'Alzheimer, Dr Denis Gauvreau et Dr Marie Gendron
Questions réponses sur la ménopause, Ruth S. Jacobowitz
Questions réponses sur les matières grasses et le cholestérol, M. Brault-Dubuc et
     L. Caron-Lahaie
Renaître, Billy Graham
Sagesse amérindienne, Dhyani Ywahoo
S'initier à la méditation, Manon Arcand
Une nouvelle vision de la réalité, Bede Griffiths
Un monde de silence, Laurence Freeman
Un mot dans le silence, un mot pour méditer, John Main
* Le vol de l'oiseau migrateur, Joseph Campbell
Votre corps vous écoute, Barbara Hoberman Levine

Essais et documents

* 1759 La bataille du Canada, Laurier L. LaPierre
* L'administration et le développement coopératif, Marcel Laflamme et
     André Roy
* Les années Trudeau — La recherche d'une société juste, T. S. Axworthy et P. E. Trudeau
* Le Dragon d'eau, R. F. Holland
* Elle sera poète, elle aussi! Liliane Blanc
* Femmes et politique, Yolande Cohen, Andrée Yanacopoulo et Nicole Brossard
* Les femmes sont-elles allées trop loin?, Francine Burnonville
* Hans Selye ou la cathédrale du stress, Andrée Yanacopoulo
* Hiérarchie ethnique dans la grande entreprise, Jean-Marie Rainville
* L'histoire des femmes au Québec, Le collectif Clio
* Jacques Cartier - L'odyssée intime, Georges Cartier
Jésus, p.d.g. de l'an 2000, Laurie Beth Jones
Les mythes à travers les âges, Joseph Campbell
* Trudeau – l'essentiel de sa pensée politique, P. E. Trudeau et R. Graham

Psychologie, vie affective, vie professionnelle, sexualité

---

* Pour l'Amérique du Nord seulement.

Cet ouvrage a été achevé d'imprimer
en novembre 1999.

 IMPRIMÉ AU CANADA